DER ALTE LIBANON

KARL-HEINZ BERNHARDT

DER ALTE LIBANON

VERLAG ANTON SCHROLL & CO · WIEN UND MÜNCHEN

Lizenzausgabe (1977) für den Verlag Anton Schroll & Co, Wien
Zeichnungen Hans-Ulrich Herold · Gestaltung Joachim Kölbel
Printed in GDR
ISBN 3-7031-0438-4

Inhalt

Die im vorliegenden Buch zitierten oder erwähnten altorientalischen Texte sind in Übersetzung zugänglich bei J. B. Pritchard, Ancient Near Eastern Texts Relating to the Old Testament, Princeton ³1969. Die wichtigsten Texte bietet auch J. P. Brown, The Lebanon and Phoenicia, Beirut 1969, der außerdem noch einen Teil der herangezogenen antiken und alttestamentlichen Quellen in Übersetzung und mit Kommentar zusammenstellt. Die phönikischen Texte liest man am besten nach bei H. Donner/W. Röllig, Kanaanäische und aramäische Inschriften, Wiesbaden 1968, Bd. II, die ägyptischen Inschriften aus der Zeit der 18. Dynastie bei W. Helck, Urkunden der 18. Dynastie, Berlin 1961. Das schon länger bekannte einschlägige altvorderasiatische Textmaterial ist in deutscher Übersetzung zugänglich bei H. Greßmann, Altorientalische Texte zum Alten Testament, Berlin/Leipzig ²1926. Ausgewählte Texte bringt K. Galling, Textbuch zur Geschichte Israels, Tübingen ²1968. Zu den zitierten literarischen Texten aus dem alten Ägypten vgl. auch die ältere Übersetzung von A. Erman, Die Literatur der Ägypter, Leipzig 1923.
Die Bücher des Alten und Neuen Testamentes werden im Text wie folgt abgekürzt: Gen. = Genesis, 1. Buch Mose; Ex. = Exodus, 2. Buch Mose; Num. = Numeri, 4. Buch Mose; Ri. = Richter; Sam. = Samuel; Kö. = Könige; Chron. = Chronik; Esr. = Esra; Neh. = Nehemia; Est. = Esther; Ps. = Psalmen; Jes. Sir. = Jesus Sirach; Jes. = Jesaia; Jer. = Jeremia; Hes. = Hesekiel; Matth. = Matthäus; Mark. = Markus; Luk. = Lukas; Ap.Gesch. = Apostelgeschichte.

Zwischen Meer und Steppe

«Gewiß ist es, daß unvergleichliche balsamische und ungemein wohlriechende Kräuter auf solchem Gebürge wachsen, die sehr fett und kräftig sind ...»

Jonas Kortens Reise, Halle 1751, S. 470

Unter den Küstengebirgen im Osten des Mittelmeeres nimmt der Libanon nach Ausdehnung und Höhe die erste Stelle ein. Er begleitet die Küste von der breiten Senke von Homs bis zum tiefeingeschnittenen Litani-Tal auf einer Strecke von etwa 170 Kilometern und erreicht eine Breite von fast 50 Kilometern. Seine Berge, Hochflächen und Schluchten bedecken ungefähr 5000 Quadratkilometer. Der Libanon besteht in der Hauptsache nur aus einer einzigen riesigen Scholle, deren Kamm in seinem nördlichen Drittel die höchste Erhebung erreicht (Kurnet es-Sauda 3083 Meter). Im Süden bleibt das Gebirge unter 2000 Meter und sinkt nach Galiläa hin auf Mittelgebirgshöhe ab.

Vor allem drei geologischen Eigentümlichkeiten verdankt der Libanon seine im Vergleich zu anderen vorderasiatischen Gebirgen reiche und leicht erschließbare Natur und damit seine Bedeutung für Wirtschaft, Kultur und Geschichte der Alten Welt. Zunächst zu nennen ist eine geomorphische Besonderheit, die Gliederung des Westabhangs des Gebirges in ziemlich breite Stufen. In dem warmen Mittelmeerklima mit hochliegender Vegetationsgrenze gestatten sie Bodenbau und Besiedlung bis unmittelbar unterhalb des Kammes. Nutzbar wird diese günstige Voraussetzung freilich erst durch entsprechende Bewässerungsverhältnisse. Wenn auch hierin gute Bedingungen bestehen, so hat das seine Ursache in einer zweiten geologischen Eigentümlichkeit, in der großen Höhe und in der Küstennähe des Gebirges. Als höchste Erhebung in weitem Umkreis und dem feuchten Seeklima unmittelbar ausgesetzt, zieht der Libanon beträchtliche Niederschläge auf sich. In der Küstenebene liegt der durchschnittliche Regenfall um 1000 Millimeter, im Gebirge stellenweise über 1500 Millimeter. Solche hohen Werte werden in Vorderasien sonst nirgends erreicht. Infolge der großen Höhe des Libanon ist auch die jahreszeitliche Verteilung der Niederschläge günstig. Die Hauptmenge des Regens fällt zwar zwischen Ende November und Mitte April; zu vereinzelten Gewitterschauern im Gebirge kommt es aber selbst während der im Umkreis des Libanon allgemein regenlosen Sommermonate. Für den Wasserhaushalt vorteilhaft ist es, daß ein großer Teil der winterlichen Niederschläge im Gebirge als Schnee niedergeht. In

Kammnähe zieht sich der Schmelzprozeß bis in den Sommer hin, und das *Tafel 1* Schmelzwasser speist Flüsse und Bewässerungsanlagen in der regenarmen Jahreszeit. Die drei größten ganzjährig Wasser führenden Flüsse Syriens und Palästinas – Nahr el-Asi (Orontes), Nahr Litani (Leontes) und Jordan – haben ihre Quellen im Libanon.

Eine Folge des Reichtums an Niederschlägen ist die intensive sekundäre Gliederung des Westabhanges des Gebirges. Allmählich haben sich hier in dem weichen Kalk- und Sandstein weitverzweigte und tiefeingeschnittene Talsysteme gebildet, oft von großartiger Schroffheit und jedem Ver- *Tafel 1, 2, 6, 16* kehr feindlich. Da sie bereits an der obersten Stufe des Westhanges, dicht unter dem Gebirgskamm, sehr ausgeprägt sind, gliedern sie den Libanon in einzelne streng voneinander geschiedene Abschnitte. Diese Gliederung hat zu der für die kulturelle Entwicklung des Libanongebietes bedeutsamen Erscheinung geführt, daß auch heute noch der Verkehr in nordsüdlicher Richtung und umgekehrt ausschließlich auf die Küstenebene oder auf das Hochtal zwischen Libanon und Antilibanon angewiesen ist.

Die dritte geologische Voraussetzung für die Fruchtbarkeit des Libanon ist die eigentümliche Beschaffenheit des Kalkgesteins, aus dem das Gebirge vorwiegend aufgebaut ist. Man unterscheidet zwei Kalksteinschichten, zwischen die eine mehr oder weniger mächtige Sandsteinformation mit Mergelschichten eingebettet ist. Der obere Kalkstein gehört der Kreidezeit an. Er ist weich, wasserdurchlässig und zerklüftet leicht. Seine Farbe ist bräunlich in unterschiedlicher Abschattung. An der Oberfläche nimmt er jedoch, wenn er längere Zeit der Luft ausgesetzt ist, eine graue, granitähnliche Färbung an, die charakteristisch ist für weite Gebiete der Libanonlandschaft. Die untere Kalksteinschicht aus der Jurazeit ist durch die Faltung des Gebirges bis in Kammhöhe emporgeschoben worden. Deshalb wird sie nicht nur in den tiefeingegrabenen Tälern angeschnitten, sondern tritt auch auf dem Kamm des südlichen Libanon zutage, wo die Erosion den oberen Kreidekalk und die darunter befindlichen Sandsteinhorizonte abgetragen hat. Im Unterschied zum oberen Kalkstein hat der rotbraune Jurakalk keine Neigung zur Graufärbung. Dies deutet auf einen höheren Eisengehalt. Tatsächlich ist Eisenerz vorhanden und an verschiedenen Stellen abbauwürdig. Wichtiger jedoch für die Wirtschaft des Libanongebietes ist das Verwitterungsprodukt der beiden Kalksteinschichten. Bei der Weichheit des Gesteins bilden sich ständig große Mengen an Kalkerden, die infolge des warmen Klimas besonders reich an Eisenoxid sind. Dies erklärt die dunkelrote Farbe der Kalksteinerde, die deshalb von den Fachleuten ‹terra rossa› genannt wird. Die Roterde ist von großer Fruchtbarkeit, besonders auch an jenen Stellen, wo sie mit den Zerfallsprodukten der Sandstein- und Mergelschichten vermengt auftritt. Von den Flüssen in die Ebenen transportiert, bildet sie dort die Grundlage für einen ertragreichen Anbau. Die Bedeutung der ‹terra rossa›-Bildung wird noch dadurch erhöht, daß sich im Libanon nach der Vernichtung des ursprünglichen Waldkleides fast nirgends Humusböden bilden können. Sie bietet zugleich auch günstige Voraussetzungen für die Wiederherstellung der Baumvegetation, um die man seit einiger Zeit mit Erfolg bemüht ist.

Die der Besiedlung und Bodenkultur durchweg freundlichen Bedingungen
Abb. Seite 10 werden gemäß der jeweiligen Höhenlage in unterschiedlicher Weise wirksam und nutzbar. Deshalb haben die sehr verschiedenartigen Kleinlandschaften des Libanon im Hinblick auf Vegetation und Bodenbau ihren eigenständigen Charakter. Als erste dieser Libanonlandschaften sei die Küstenebene vorgestellt, die von den Einheimischen schlicht es-Sahel, ‹die Ebene›, genannt wird. Im allgemeinen ist sie sehr schmal und zudem an verschiedenen Stellen von bis ans Meer vorstoßenden Ausläufern des Gebirges unterbrochen. Eine Breite von mehr als drei Kilometern erreicht der Küstensaum nur zwischen Saida (Sidon) und Sor (Tyros) sowie im Norden ab Trablus (Tripoli). Dort weichen die Nordausläufer des Libanon ziemlich weit von der Küste zurück, so daß in der Akkar-Ebene größere Flächen für den Ackerbau zur Verfügung stehen. Im übrigen ist für den Küstensaum die Fruchtbaumkultur charakteristisch. Berühmt sind die ausgedehnten Orangengärten von Trablus und Saida. Das subtropische Klima mit sehr heißen, luftfeuchten Sommern und milden Wintern bei guten Bewässerungsverhältnissen läßt hier jede Frucht der warmen Zone gedeihen. Sogar die Banane wird seit Jahrhunderten in einer wohlschmeckenden Kümmerform angebaut.

Tafel 25 Die Küste selbst ist überwiegend felsig. Dennoch ist sie verhältnismäßig rascher Veränderung unterworfen. Während der Winterstürme kommt es regelmäßig zu kleinen Landverlusten, die allerdings Anschwemmungen oder Flußablagerungen an anderen Stellen wieder ausgleichen. Wichtig für die wirtschaftliche und kulturelle Entwicklung der Küstenregion waren die zahlreichen kleinen Buchten, die günstige natürliche Häfen boten.

Das auf es-Sahel folgende ‹Mittelland› (el-Wasat), dem der Gebirgshang bis in eine Höhe von etwa 1500 Metern zugerechnet wird, ist ebenso wie
Tafel 4, 66 die Küstenebene heutzutage dicht besiedelt. Weite Ackerflächen bietet jedoch die terrassenförmige Abstufung des Westabhanges des Libanon nicht. Dafür ist die sekundäre Gliederung durch die verzweigten Talsysteme viel
Tafel 6 zu ausgeprägt. Immerhin ist die unterste Stufe des ‹Mittellandes›, vor allem im Norden zwischen Batrun und Trablus, ziemlich breit und eben. Aber auch hier gibt man meistens den Baumkulturen, und zwar dem Ölbaum

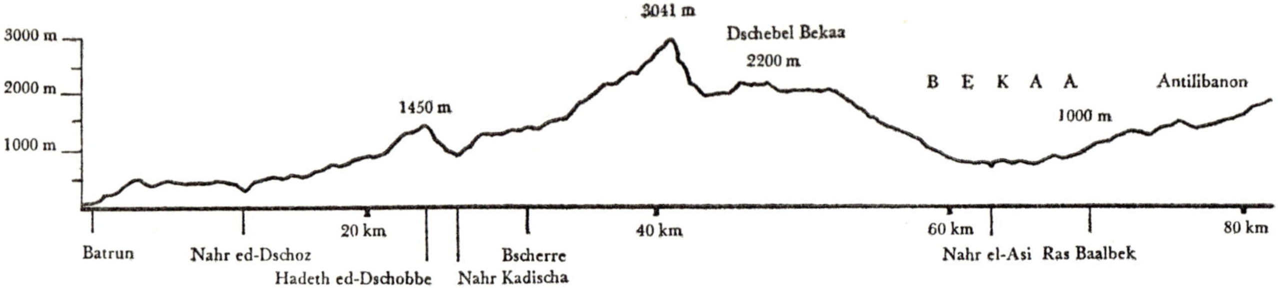

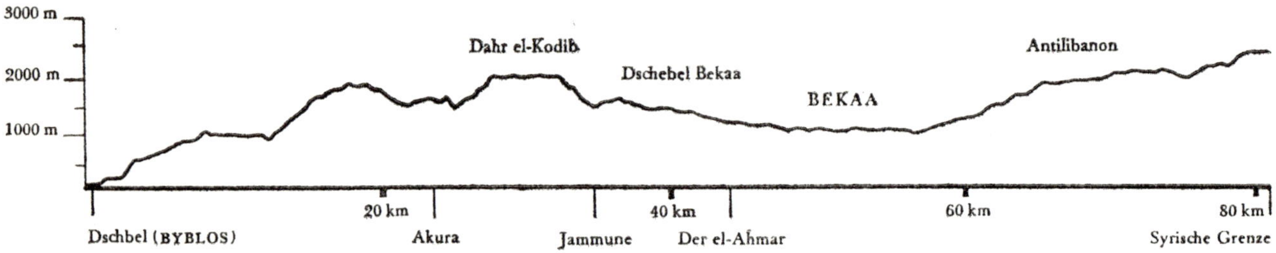

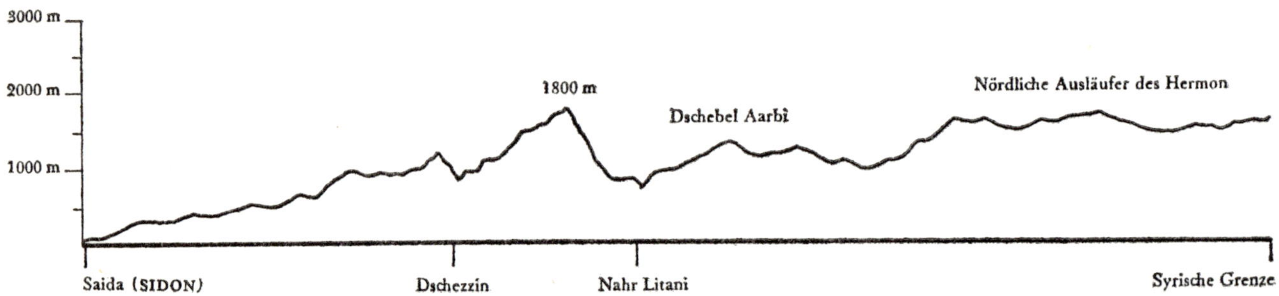

sowie jenen Fruchtbäumen, die keinen Frost vertragen, den Vorzug vor dem Ackerbau. In den höheren Lagen gedeihen Äpfel, Pfirsiche, Aprikosen, Birnen und Nüsse in reicher Fülle und lohnen die Anlage kostspieliger Terrassen und Bewässerungsvorrichtungen an den Hängen. Von der einst blühenden Seidenraupenzucht zeugen noch zahlreiche Maulbeerbäume. Der Weinstock liefert nahe der oberen Grenze des ‹Mittellandes› seine besten, nicht selten pflaumengroßen Beeren. *Tafel 61, 63*

Insgesamt nehmen die landwirtschaftlich oder gärtnerisch genutzten Flächen nur einen geringen Teil des ‹Mittellandes› ein. Gerade in dieser Region ist dem Libanon der Charakter des Waldgebirges weithin noch erhalten geblieben, oder – wie man wohl richtiger sagen muß – er hat ihn wiedergewonnen, sei es durch Schonung des Wildwuchses, sei es durch Anpflanzung von menschlicher Hand. In manchen Gegenden erinnert die hügelige Landschaft, mit Hainen zwischen Feldern und Gärten, beherrscht von Ruinen alter Burgen der Kreuzfahrerzeit oder von Türmen stattlicher Kirchen europäischen Stils, sehr an unsere Mittelgebirge.

Charakteristisch sind die merkwürdigen Felsbildungen, die den Westhang des Gebirges beleben. Bewunderung genießt die gewaltige, 35 Meter spannende Naturbrücke Dschisr el-Hadschar bei Faraja, an deren regelmäßiger Formenschönheit wahrscheinlich der Mensch nicht unbeteiligt gewesen ist. Wahre Labyrinthe seltsamer Felsbildungen prägen die Gegend zwischen dem Nahr Ibrahim und dem Nahr el-Kelb. Größere oder kleinere Höhlen und Grotten sind allerwärts zu finden. Überhaupt haben sich an vielen Stellen die vom Gebirge kommenden Wasser unterirdische Abflüsse geschaffen, die nach kilometerlangem Lauf als überraschend starke Quellen wieder an die Oberfläche treten. Besonders ist dies dort zu beobachten, wo die undurchlässigen Mergelhorizonte der Sandsteinschicht von der Erosion angeschnitten worden sind. Regen und Schmelzwasser durchdringen den darüberliegenden Kreidekalkstein rasch, folgen dem Mergelhorizont und gelangen gesammelt dort ins Freie, wo der Mergel ansteht, manchmal aus mächtigen Quellhöhlen ins Tal stürzend. Solche Quellen versiegen selbst im Spätsommer nicht gänzlich. Für die Bewässerung der Terrassenkulturen im Bereich des ‹Mittellandes› und für die Trinkwasserversorgung sind sie deshalb von großer Bedeutung. Allem Anschein nach nicht allzu selten liegt allerdings der Quellhorizont unter der Meeresoberfläche. Die größte dieser Quellen befindet sich bei Ras Schekka, drei Kilometer vom Ufer entfernt in 60 Meter Tiefe. Antike Autoren wissen von einer nutzbaren unterseeischen Quelle bei der Insel Er-Ruad (Arados) an der syrischen Küste.

Tafel 5

Querschnitte durch den Libanon (zweifach überhöht)
oben:
Zwischen Batrun und Ras Baalbek
Mitte:
Zwischen Dschbel und der syrischen Grenze
unten:
Zwischen Saida und der syrischen Grenze

Die Hochgebirgszone des Libanon wird von den Einwohnern treffend ed-Dschurd, das ‹kahle Land›, genannt. Mächtige, graue Kalksteinkuppen und mit Gesteinsblöcken oder Geröll bedeckte Halden beherrschen die Landschaft, die durch die letzte steile Stufe des Westhanges vom ‹Mittelland› deutlich abgehoben ist. Ständig bewohnte Niederlassungen gibt es in den Lagen über 1600 Meter kaum. Die landwirtschaftliche Nutzungszone reicht etwas weiter hinauf. Hin und wieder begegnet man noch in 1900 Meter Höhe dem Anbau von Getreide und Feldfrüchten in kleinen Talmulden. Wirklich ‹kahl› sind nur die Geröllhalden der Gipfel, die Felsschroffen und die lockeren Anhäufungen düsterer Gesteins- und Aschemassen vulkanischer Herkunft am nördlichen Dschebel el-Kneze, wo der Jurakalk den Kamm des Gebirges einzunehmen beginnt. Sonst fehlt es aber nirgends an

Vegetation und Tierleben. Selbst dort, wo die Verkarstung des Gebirges weit fortgeschritten ist, gedeihen sogar anspruchsvollere Gewächse, wenn sich nur etwas Roterde zwischen den Felsen bilden und halten kann. Im Frühjahr bedecken sich die Hänge mit einem reichen Blütenflor, der sich in den Kammlagen bis in den Frühsommer hinein hält. Wühlmäuse, Heuschrecken, Eidechsen und anderes Kleingetier decken den Adlern und Turmfalken, die man noch öfters über den Schluchten und Hochebenen schweben sieht, einen reichen Tisch. Auch Reste der alten Waldbedeckung sind allenthalben, mehr oder weniger spärlich, anzutreffen. Größere Haine bildet an verschiedenen Stellen noch die berühmte Libanonzeder. Ausgedehnte dünnbestockte Mischwaldungen finden sich im Norden des Hochlibanon, im Umkreis der vom Massiv des Kurnet es-Sauda herabkommenden Quelltäler des Nahr Abu Musa. In dieser wilden, schwer zugänglichen Felslandschaft haben sich der kleine braune Libanonbär und der Wolf bis in die zwanziger Jahre unseres Jahrhunderts halten können. An ihre Anwesenheit erinnern heute nur noch die Namen der Ain ed-Dib (‹Wolfsquelle›) und der Ain ed-Dibbe (‹Bärenquelle›).

Farbtafel I

Der Kamm des Libanon ist größtenteils schmal und verläuft fast schnurgerade von Norden nach Südwesten. Nur im Bereich des Kurnet es-Sauda ist diese klare Linie gestört. Der Gebirgskamm teilt sich hier in zwei Grate, die beide die Höhe von 3000 Metern übersteigen. Nach Süden zu sinken beide Grate allmählich zu einer sechs bis zehn Kilometer breiten hügeligen Hochebene ab, die sich nur zwischen 1850 und 2150 Meter über den Spiegel des Mittelmeeres erhebt. Dieser Sattel, der sich in südlicher Richtung über zwanzig Kilometer bis zum Massiv des Dschebel Sannin erstreckt, war im Altertum eines der Kerngebiete des Zedernwaldes. Heute ist er waldlos und Sommerweide der Schaf- und Ziegenherden. Die starke Weidenutzung hat die Vegetation des alten Waldlandes weitgehend selektiert. Nur jene wenigen Gewächse, die selbst von der genügsamen Ziege verschmäht werden, gedeihen ungestört. Überhaupt liegt in der Weidenutzung heutzutage die wirtschaftliche Bedeutung der Hochgebirgsregion des Libanon.

vgl. Abb. Seite 23

Der Ostabhang des Libanon ist von ganz anderem Charakter als die Stufenlandschaft westlich des Gebirgskammes. Plötzlich bricht hier die hochgepreßte Scholle des Kreidekalkes ab, so daß eine bis zu 1500 Meter hohe und steile Wand entsteht. Nur dort, wo die Abflüsse des Gebirges den Steilhang aufgeschlossen haben, konnten sich Einzelgehöfte oder kleine Weiler festsetzen. Diesen meist nur wenig eingeschnittenen Tälern folgen auch die zahlreichen und zum Teil alten Paßwege. Überhaupt ist der Libanonkamm nicht verkehrsfeindlich. Im Winter bringen freilich Schnee und Nebel selbst auf den modernen Paßstraßen den Verkehr oft zum Erliegen.

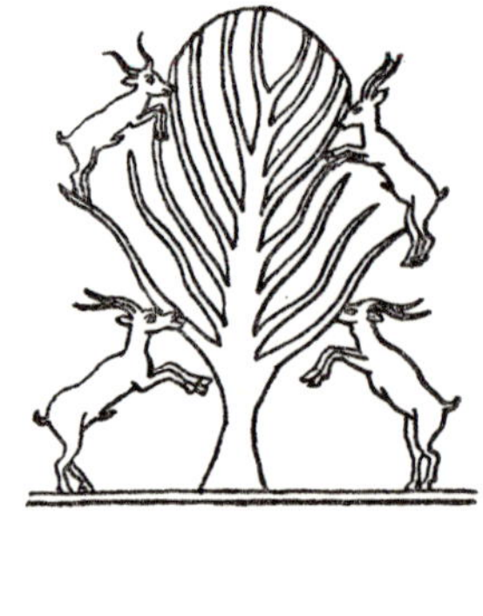

Während der trockenen Sommermonate ist es aber an vielen Stellen nicht schwierig, den Gebirgskamm zu Fuß oder beritten in wenigen Stunden zu passieren.

Während im Süden des Libanon der östliche Steilhang unmittelbar in die Ebene übergeht, trennt in seinem nördlichen Teil – etwa ab Zahle – das nach Norden zu breiter werdende Hügelland des Dschebel Bekaa den Gebirgsabfall von der Ebene. Steigt man vom Libanonkamm herab, dann trifft man hier zunächst auf ein schmales Tal in einer Höhenlage zwischen 1300 und 1700 Metern. Darauf folgt noch einmal gebirgiges Gelände und dann erst die Ebene zwischen Libanon und Antilibanon. Der Einschnitt zwischen dem Libanonkamm und dem Dschebel Bekaa war im Altertum ein wichtiger Transportweg für die Holzabfuhr aus den Bergwäldern. Die wenigen Siedlungen des Tales haben dort ihre Stätte, wo ganzjährig wasserführende Quellen zutage treten. Das ist ziemlich selten der Fall, da die Quellhorizonte tiefer liegen. Immerhin kommt es nach der Schneeschmelze zur Bildung kleiner Seen, von denen die Birket von Jammune am bekanntesten ist. Da sie im Sommer rasch zu einem kleinen Tümpel zusammenschrumpft, vermutet die Volkssage, daß sie die Adonisquelle von Afka, jenseits des Gebirgskammes, speist. Das ist freilich nicht gut möglich, weil die Quelle 300 Meter über dem Niveau des Sees von Jammune liegt.

Tafel 65

Der Dschebel Bekaa ist heutzutage weithin kahl und kaum besiedelt. Ein freundlicheres Landschaftsbild bieten lediglich der äußerste Süden und Norden des Berglandes. Im Süden besteht es nur aus einem schmalen Gebirgskamm, in den mit gewisser Regelmäßigkeit im Abstand von zwei bis drei Kilometern Quertäler eingeschnitten sind. Diese Täler sind wegen ihres fruchtbaren Mergelbodens und der guten Bewässerungsverhältnisse seit alter Zeit dicht besiedelt. Wein und Obst gedeihen in reicher Fülle. Bekannt sind die Kirschenplantagen im Tal des Nahr el-Habis. Im Norden dagegen finden sich in dem viel breiteren Bergland noch größere Waldungen, abseits von guten Wegen und deshalb wenig bekannt. Erwähnung verdient der ausgedehnte Zedernwald (etwa 350 Hektar) bei es-Swaise, wenige Kilometer nördlich des Wadi esch-Scharbine, das seinem Namen ‹Zypressental› nicht mehr entspricht, da seine Hänge vornehmlich von Eichengestrüpp überzogen sind.

Tafel 81

Das landwirtschaftlich bedeutendste Gebiet des Libanon ist die Hochebene zwischen Libanon und Antilibanon. In altorientalischer Zeit unter der Bezeichnung Amka (‹das Tal›) bekannt, von den Griechen als Kölesyria, das ‹hohle Syrien›, bezeichnet, trägt sie heute den Namen el-Bekaa, ‹die Niederung›. Geologisch ist sie ein Teil der Grabensenke, die vom Amanus bis zum Roten Meer verläuft. Als eine nur 8 bis 12 Kilometer breite Ebene

Ziegen als Waldverwüster

wird die Bekaa malerisch von den Kämmen des Libanon und des Antilibanon umschlossen, die sich bis zu 2000 Meter über die durchschnittlich 900 Meter über dem Mittelmeer liegende Niederung erheben. Ihr mittlerer Teil ist von fruchtbarer Roterde bedeckt und bietet dem Ackerbau ideale Voraussetzungen. Weniger günstig sind die Verhältnisse im Norden der Bekaa. Hier weicht das fruchtbare Ackerland zunehmend steinigen, fast wüstenhaften Flächen, auf denen nur nach den Winterregen für kurze Zeit die Steppenkräuter grünen. An einigen Stellen zeigen sich auch Hügel feinen schwärzlichen Gerölls, die an alte vulkanische Tätigkeit erinnern. Zu beobachten ist dergleichen zum Beispiel im Umkreis des merkwürdigen Monuments von Hermel, das selbst auf einem Unterbau aus schwarzem Vulkangestein ruht. Die Reliefs des Monuments zeigen Jagdszenen mit Hirsch, Eber und Bär, also mit Wildtieren, deren Existenz in der öden Landschaft am Nordausgang der Bekaa man sich heute kaum vorstellen kann. Offensichtlich enthalten die Darstellungen einen Hinweis auf den viel günstigeren Zustand dieser Gegend im Altertum, als die ursprüngliche Waldvegetation noch nicht gänzlich verschwunden war.
Bewässerungsprobleme stellt auch der nach seiner Bodenbeschaffenheit ungleich fruchtbarere mittlere Teil der Bekaa. Dies mag merkwürdig erscheinen angesichts der großen Zahl von Quellen, die am Fuße des Libanon, in geringerer Zahl auch am Fuße des Antilibanon entspringen und immerhin zwei stattliche Flüße, den Nahr Litani (Leontes) und den Nahr el-Asi (Orontes) speisen. Zeitweilig ist sogar direkter ‹Wasserexport› bezeugt. Daran erinnern noch Reste eines Kanals am Westrande des Antilibanon, der von den starken Quellen bei Lebwe nach Norden führt und wahrscheinlich zum Wasserversorgungsnetz des 180 Kilometer entfernten Palmyra gehörte. Die an sich also recht günstigen Bewässerungsverhältnisse vermögen aber gewisse Nachteile des Klimas nicht auszugleichen. Im Unterschiede zum Westabhang des Libanon herrscht in dem Hochtal östlich des Gebirges ein ausgeprägtes Binnenklima. Die Sommer sind heiß und trokken, die Winter verhältnismäßig kalt und rauh. Die Niederschläge sind geringer als auf dem Westhang des Gebirges, da die Bekaa in seinem Regenschatten liegt. Ungünstig wirkt sich ihre stärkere Konzentration auf die Wintermonate aus. Die Niederschläge des Winters und die Schmelzwasser durchfeuchten zwar die Ackerkrume gründlich; aber intensive Sonneneinstrahlung und große Lufttrockenheit nehmen rasch dem Boden bis in Metertiefe die Feuchtigkeit. Reiche Erträge setzen also in der Bekaa ein funktionierendes Bewässerungssystem voraus.

Die Bekaa hat weithin eine eigenständige Entwicklung durchlaufen. Für die Küstenstädte ist sie bis in hellenistische Zeit nur als Verkehrsweg von Bedeutung gewesen. Mit dem Zugang zur Bekaa über die Pässe des Libanon gewannen sie Anschluß an die wichtige Nordsüdverbindung, die von Nordsyrien nach Ägypten führte. Diese Verbindung war in altorientalischer Zeit von besonderem Wert, weil die Küstenstraße erst spät zu einem leistungsfähigen Verkehrsweg ausgebaut worden ist und der östliche Karawanenweg über Damaskus und durch das Ostjordanland länger und beschwerlich war. Bei größeren militärischen Unternehmungen war es ohnehin aus Versorgungsgründen stets angebracht, die fruchtbare Bekaa für den Marsch von Nord nach Süd oder umgekehrt zu wählen. Solche Heereszüge passierten seit der Mitte des zweiten Jahrtausends v. Chr. immer wieder die Ebene und forderten von ihren Bewohnern erhebliche wirtschaftliche Leistungen. Hinzu kam das öfters erfolgreiche Bestreben der benachbarten Staaten – Damaskus im Osten, Hamat im Norden und Israel im Süden –, die Bekaa unter ihre Kontrolle zu bekommen. Eine gedeihliche Entwicklung war in dieser Situation wenigstens in vorhellenistischer Zeit unmöglich, wenn auch der Zwischenhandel und die Unterhaltung von Karawanenstationen in ruhigen Zeiten ihren Gewinn abwerfen mochten.

Viel günstiger waren demgegenüber die Standortbedingungen der Städte in der Küstenebene. Ihren Rücken deckte das Libanongebirge, das außerdem Naturprodukte lieferte, die in Altvorderasien sehr begehrt waren. Der Wall des Libanon war zwar für den Handelsverkehr verhältnismäßig leicht übersteigbar, nur mit großen Schwierigkeiten dagegen für die Heere fremder Eroberer. Die Gliederung der Küste durch schwer passierbare Vorgebirge in natürliche Abschnitte förderte die Bildung von Stadtstaaten, die zahlreichen Häfen die Orientierung der Expansion auf überseeische Gebiete. Abgesehen von Tyros, dessen Hinterland sich ohne eine markante Gebirgsschranke nach Obergaliläa öffnet, haben die Küstenstädte erst seit hellenistischer Zeit in größerem Umfange Ländereien jenseits des Libanon in ihren Besitz gebracht.

Das Bild von den Landschaften des Libanon bliebe einseitig, wenn nicht auch die zerstörenden Naturkräfte Erwähnung fänden, die oft Tod und Vernichtung über Mensch und Menschenwerk gebracht haben. Gerade der wohl schrecklichsten unter den verderbenbringenden Naturgewalten, dem Erdbeben, ist der Libanon ebenso wie das übrige syrisch-palästinische Küstengebiet bis in die Gegenwart unterworfen. Am furchtbarsten sind die Auswirkungen derartiger tektonischer Katastrophen, wenn eine Flutwelle die Erdstöße begleitet, wie es uns alte Autoren von den Beben der Jahre 138, 70 v. Chr. und 551 n. Chr. an der syrisch-libanesischen Küste berichten. Das große Erdbeben vom Jahre 551 n. Chr. soll allein in Beirut 30 000 Tote gefordert haben, die Katastrophe um 70 v. Chr. an der syrischen Küste insgesamt 170 000. Der Archäologe begegnet den Spuren solcher Naturkatastrophen auf mancher Ausgrabungsstätte. Der ruinenhafte Zustand der Tempel römischer Zeit im Libanon mit in sich versetztem Großquaderwerk, zusammengesunkenen Mauern und umgestürzten Säulen zeugt anschaulich von der Gewalt der Erdstöße. Auch der neueren Zeit sind Erdbebenkatastrophen nicht fremd geblieben. Erwähnt seien nur das Erdbeben vom Jahre 1759, das unter anderem erhebliche Zerstörungen an den Bauten von Baalbek anrichtete, die Katastrophe vom Jahre 1822, die vorwiegend das nördliche Syrien betraf und 40 000 Todesopfer forderte, sowie das Beben vom Jahre 1837, das insbesondere in Sidon arge Zerstörungen anrichtete. Daß man stets mit Erdstößen rechnete, zeigen die Versuche, durch entsprechende Baumaßnahmen ihre Wirkung auf feste Gebäude zumindest abzuschwächen. Ein besonders anschauliches Beispiel bietet das mit Balken durchzogene Mauerwerk des Königspalastes von Ugarit aus dem vierzehnten Jahrhundert v. Chr. Vielleicht erklärt sich auch die Einführung von Unterbauten aus überdimensionalen Großquadern seit Beginn der herodianischen Zeit aus dem Streben nach Erdbebenfestigkeit auf Grund der Erfahrungen, die man während der dicht aufeinanderfolgenden Katastrophen in den Jahren 160, 138, 70 und 41 v. Chr. gemacht hatte.

Älteste Siedlungen

> «Die Schritte, durch die die Herrschaft des Menschen verwirklicht wurde, sind langsam gewesen, und ihre Wirkungen haben allmählich zugenommen.»
>
> *V. G. Childe, Der Mensch schafft sich selbst, Dresden 1959, S. 71*

Das bekannte Schlagwort von der ‹neolithischen Revolution› ist nur mit Einschränkung zutreffend. Gewiß ist der Übergang zur Ackerbaukultur ein Vorgang, der das Leben des Steinzeitmenschen in allen Bereichen grundlegend veränderte. Diese Veränderung ist aber das Ergebnis einer sehr langen Entwicklung. Wahrscheinlich steht am Anfang der Versuch, die Ausbreitung von Fruchtbäumen künstlich zu fördern und geeignete Wildtiere in Umzäumungen zu hegen. Gewiß sind diese Verbesserungen der Voraussetzungen für den Nahrungserwerb nicht ohne äußeren Zwang erfolgt. Abnahme des Wildbestandes und Zunahme der Kopfzahl der Jäger- und Sammlergruppen mögen dabei eine entscheidende Rolle gespielt

I
Zedernwald
im Dschebel Baruk

haben. Mit Beginn des Mesolithikums (etwa ab 12 000 v. Chr.) ist jedenfalls auch im Libanon die Erschließung neuer Nahrungsquellen erkennbar. In der mittleren Steinzeit nehmen nach Ausweis der Funde unter den immer mehr verfeinerten, ‹mikrolithisch› gewordenen Artefakten aus Feuerstein und Knochen die Angelhaken und harpunenähnlichen Jagdgeräte für den Fischfang an Zahl und Qualität deutlich zu, ein Hinweis darauf, daß man nunmehr auch den Reichtum des Meeres mit verbesserten Methoden zu nutzen sucht. An der Küste kommt es in diesem Zeitraum zur Bildung erster Fischersiedlungen, die freilich zunächst nicht mehr waren als eine Ansammlung von zeitweilig bewohnten, bescheidenen Hütten. Die Verringerung des Aktionsradius solcher sich überwiegend dem Fischfang widmenden Familien nötigte dann auch zu intensiverer Nutzung der pflanzlichen Nahrungsquellen.
Das Neolithikum, dessen Beginn man heute in das auslaufende achte Jahrtausend legt, bedeutete nicht nur den Übergang zur Ackerbaukultur und zum Leben in Siedlungen, es brachte auch eine stärkere Differenzierung der vorher nach ihren Lebensgewohnheiten ziemlich einheitlichen Steinzeitmenschen mit sich. Während in manchen Gegenden die Einführung des Ackerbaues frühzeitig erfolgte, blieb der Mensch in anderen Gebieten noch lange auf der Stufe des Jägers und Sammlers, besonders in einem waldigen Gebirgsland wie dem Libanon. Als im Jordantal die erste städtische Siedlung mit Tor und Mauer auf dem Boden des späteren Jericho bereits lange Zeit bestand, war der Libanon noch der Aufenthalt von Jägern und Fischern, die nur gelegentlich zur Bodenkultur übergingen.
Die älteste archäologisch genauer bekannt gewordene Siedlung im Libanon stammt erst aus der späteren Phase des Neolithikums, in der es der Mensch gelernt hatte, Gefäße aus Ton herzustellen. Diese teilweise freigelegte Niederlassung befindet sich im Stadtgebiet des späteren Byblos, das deshalb als die nachweisbar älteste ‹Stadt› im Libanon angesehen wird. Es handelt sich aber nur um Reste dürftiger Häuschen einer kleinen Fischersiedlung aus dem Beginn des fünften Jahrtausends. Jede Hütte enthielt nur einen einzigen Raum von nicht mehr als 4 bis 5 Quadratmeter Grundfläche, war also eher Unterschlupf als Wohnraum.
Wie in anderen neolithischen Siedlungen in der Umwelt des Libanon wurden auch im ältesten Byblos die Toten unter den Fußböden der Hütten begraben. Das geschah auf einfachste Weise durch Aushebung einer kleinen Grube, in die der Tote in Hockerstellung gelegt wurde. Für diesen merkwürdigen Brauch der Hausbestattung, der auch in viel späterer Zeit gelegentlich noch anzutreffen ist, gibt es verschiedene Erklärungsversuche. Vielleicht wollte man den Toten auch weiterhin gleichsam im Kreise der

Familie halten. Es kann auch sein, daß man den Körper lediglich vor wilden Tieren schützen wollte, was bei einer Bestattung außerhalb der Siedlung kaum möglich war. Ob und in welcher Form damit der Glaube an eine Fortexistenz nach dem Tode verbunden war, wissen wir nicht.

Es deutet alles darauf hin, daß Byblos lange Zeit hindurch eine sehr bescheidene Fischersiedlung geblieben ist. Auch während der auf das Neolithikum folgenden archäologischen Periode, die man nach dem allmählichen Aufkommen der Verwendung von Kupfer Chalkolithikum (Kupfersteinzeit, etwa ab 4100 v. Chr.) nennt, scheint sich ihr Charakter nach Ausweis der Ausgrabungsbefunde nur wenig geändert zu haben. Das Byblos dieser Zeit (um 3500–3200 v. Chr.) ist freilich ausgedehnter und nimmt bereits ungefähr die Fläche der späteren Akropolis ein. Auch die Häuser sind größer und solider geworden. Die flachen Dächer bestehen aus dünnen Nadelholzstämmen, die eine darüberliegende festgewalzte Lehmschicht abdichtet, wie es auch heute noch in vorderasiatischen Dörfern weithin der Brauch ist. Nach ihrem Grundriß sind die Einraumhäuser jetzt von unterschiedlicher Gestalt, was möglicherweise mit dem Zweck zusammenhängt, dem sie jeweils dienen. Neben rechteckigen Häusern gibt es einen Typ mit einer apsisähnlichen Erweiterung und schließlich auch Rundbauten. Sie erinnern an die bekannten syrischen ‹Bienenkorbhäuser› und waren vielleicht Speicherbauten, in denen die Ernte einer schon entwickelteren Ackerbaukultur aufbewahrt wurde. Die einzelnen Häusergruppen verbinden bereits mit Kieselstein gepflasterte Wege. Auf einen gewissen Wohlstand und auf Handelsbeziehungen deuten Reste von Gold- und Silberschmuck, während Kupfer als Material für Werkzeuge und Waffen offenbar keine besondere Kostbarkeit mehr darstellt. Auffallend sind neue Formen der in der Qualität verbesserten Keramik und größerer Aufwand bei der Bestattung der Toten. Die Beisetzung unter dem Fußboden der Wohnhäuser wird beibehalten; aber man verscharrt die Verstorbenen nicht mehr, sondern bettet sie in große Keramikgefäße. Über 1800 solcher Bestattungen *Tafel 7*
sind in Byblos freigelegt worden. Beigegebene Krüge und Becher deuten darauf hin, daß man den Toten mit einer Wegzehrung versah. Wahrscheinlich hat man auch durch Totenopfer für seine ‹Fortexistenz› gesorgt.

Die fortgeschrittene Kultur des libanesischen Chalkolithikums steht sicher in engem Zusammenhang mit der Entwicklung in Altvorderasien überhaupt. Dieser Zusammenhang wird sichtbar an der libanesischen Keramik dieser Epoche, die mit der Keramik von nordsyrischen und mesopotamischen Ausgrabungsstätten nahverwandt ist. Zweifellos bezeugt sich hierin ein ziemlich enger Kontakt zwischen den Gebieten früher menschlicher Kultur in Vorderasien. Sicherlich spielen dabei Handelsbeziehungen eine wichtige Rolle. Träger und Verbreiter neuer kultureller Impulse im Chalkolithikum scheinen aber in der Hauptsache Bevölkerungselemente zu sein, die gegen Ende des fünften Jahrtausends aus den Steppen am Rande des Kulturlandes in den Bereich des sogenannten ‹fruchtbaren Halbmondes›, der sich von Palästina über Nordsyrien zum südlichen Zweistromland erstreckt, eingedrungen sind. Man nimmt an, hierbei auf die erste erkennbare Einwanderungswelle semitischer Bevölkerungselemente in das vorderasiatische Fruchtland zu stoßen.

Gegen Ende der Kupfersteinzeit beginnt der Libanon im Handelsleben eine größere Rolle zu spielen. Bauholz aus seinen Wäldern wird bereits im vordynastischen Ägypten verwendet. Gewiß ist der Holzimport noch nicht erheblich gewesen. Das gelegentliche Auftreten ägyptischer Expeditionen im libanesischen Küstengebiet blieb aber sicher nicht ohne die Entwicklung fördernde Rückwirkungen. Das Stadium der bescheidenen Fischer- und Ackerbauersiedlungen wird deshalb wohl schon früher überschritten worden sein, als es auf Grund der uns zur Zeit vorliegenden archäologischen Befunde den Anschein hat.

Deutlich erkennbar ist jedenfalls auch an den Ausgrabungsergebnissen von Byblos, daß im Übergang von der Kupfersteinzeit zur Frühbronzezeit (etwa 3200–3000 v. Chr.) rasch einige wichtige Voraussetzungen der Stadt-

Tafel 21 kultur entstanden. Erste Anzeichen schützender Befestigungen zeigen sich, zunächst beschränkt auf die Umwallung einzelner Häusergruppen, die wohl jeweils Lebensraum einer Großfamilie waren. Die Toten werden nicht mehr innerhalb der Siedlung bestattet. Der Typ des den klimatischen Bedingungen angepaßten libanesischen Hauses entsteht. Von den Wohnbauten des Binnenlandes unterscheidet es ein schwach ansteigendes Firstdach, wie es auch heute noch in den Küstengebirgen mit ihren reichen Niederschlägen weithin üblich ist. Die Dachkonstruktion dieser schon recht stattlichen Häuser ist eigentümlich. Der Firstbalken wird durch einen starken säulenähnlichen Pfosten in der Mitte des Hauses gestützt. Weitere Pfosten an den Wänden sichern die Kehlbalken. Das wichtigste Element ist bei dieser Konstruktion jene tragende Mittelsäule, die lange Zeit für den in Byblos bezeugten Hausbau charakteristisch bleibt. Sie erinnert an den ‹Hausbaum› der Wohnbauten der norddeutschen Backsteingotik.

Merkwürdig ist die Verknüpfung des byblischen ‹Hausbaumes› mit der ägyptischen Mythologie. Nach der Version der Osirislegende, die Plutarch (46–120 n. Chr.) überliefert, wird der Sarg mit dem toten Osiris von seinem Mörder Seth ins Meer geworfen. Die Strömung treibt ihn an den Strand von Byblos. Eine an dieser Stelle wurzelnde Tamariske umschließt im Laufe der Zeit den Sarg mit ihrem Stamm. Der gewaltige Baum er-

scheint dem König von Byblos geeignet, als zentraler Pfosten für den größten Saal seines Palastes zu dienen. Die Tamariske wird gefällt und ihr Stamm diesem Zwecke zugeführt, ohne daß der in ihm befindliche Sarg bemerkt wird. Inzwischen ist Isis auf der Suche nach ihrem Gatten bis nach Byblos gelangt. Durch Orakel wird der Sarg in der Holzsäule ermittelt. Der König läßt sie herausreißen und übergibt den Sarg der Isis ...
Zweifellos ist diese Legende nicht so alt, wie manche Forscher meinen, die in dem Kampf zwischen Osiris und Seth eine Widerspiegelung der Auseinandersetzungen zwischen Ägypten und semitischen Einwanderern gegen Ende des vierten oder gar schon des fünften Jahrtausends sehen. Wichtiger sind die Vorstellungen, die die Legende von den Beziehungen zwischen Ägypten und Byblos vermittelt. Sie setzt voraus, daß diese Beziehungen uralt sind und einen mythisch-kultischen Aspekt haben. Bedeutungsvoll ist dabei die Verknüpfung mit Elementen des Vegetationskultes in der für den Libanon als Land des Holzexportes kennzeichnenden Form des Baumkultes. Auch darin zeigt sich, in welchem Maße der Libanonwald die engen geschichtlichen Verbindungen zwischen dem Libanon und dem Nilland von Anfang an bestimmt hat.

Die Zedernwälder

> «Siehe, eine Hochzeder, eine Zeder auf dem Libanon, mit schönen Zweigen und von hohem Wuchs, und bis in die Wolken ragte ihr Wipfel ...»
> *Hesekiel 31,3*

Mit gutem Grund ziert die Zeder die Flagge des Staates Libanon. Jahrtausende hindurch ist der Libanon das ‹klassische Land› der Zeder gewesen. Ihr Ruhm ist indes nicht unbestritten geblieben. Die knorrigen, stark verzweigten Veteranen des berühmten Zedernhains von Bscherre, an die man üblicherweise zunächst denkt, wenn von Zedern die Rede ist, sind als Bauholz kaum geeignet. Man hat deshalb versucht, die im Alten Testament als ‹eres› und in akkadischen Texten als ‹erinu› erwähnte Nutzholzart aus dem Libanon mit anderen Koniferen zu identifizieren. Aber weder der baumwüchsige Wacholder (Juniperus excelsa) noch die Kilikische Tanne (Abies cilicica) kommen ernsthaft in Betracht, zumal sie unter ungünstigen Standortbedingungen ebenso degenerieren wie die ehrwürdigen Exemplare von Cedrus libani bei Bscherre, die bereits in der Jugend durch Ziegenfraß *Abb. Seite 12*

Die Zedernwälder des Libanon

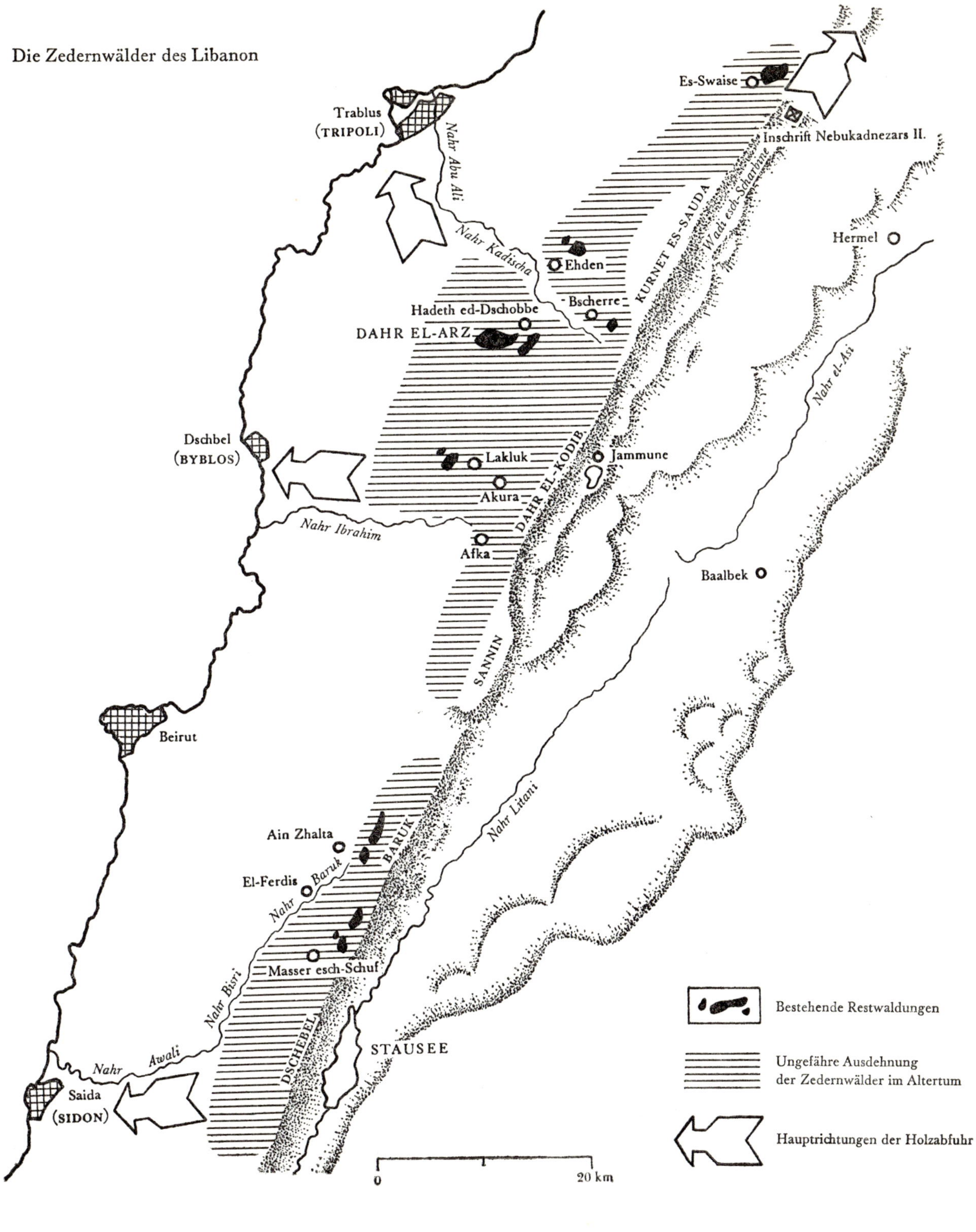

und Schneebruch entstellt worden sind. In geschlossenen und geschonten Beständen gedeiht die Zeder wesentlich geradwüchsiger und schlanker. Dafür fehlt es im Libanon auch heute nicht an Beispielen. Immerhin ist unverkennbar, daß die botanischen Bezeichnungen in den altorientalischen und antiken Quellen nicht immer exakt sind. Mit Verwechslungen, insbesondere zugunsten der Zeder, ist öfters zu rechnen. Im übrigen sind Balken und Gegenstände aus dem Holz der Libanonzeder bei Ausgrabungen in Ägypten und Mari in größerer Menge geborgen worden. Es kann also kein Zweifel an der Identität der Zeder bestehen, die von den Libanesen noch mit dem alten Namen ‹ars› beziehungsweise ‹aris› bezeichnet wird.

Die wirtschaftliche Bedeutung der Libanonzeder im Altertum beruhte zunächst einfach darin, daß sie als der charakteristische Waldbaum des Hochgebirges große Bestände bildete. Nutzholz aus dem Libanon war eben überwiegend Zedernholz. Der quantitativen Bedeutung der Zedernwälder entsprach die qualitative des Zedernholzes. Von den Kritikern der Zeder wird ihr Holz als weich und wenig dauerhaft bezeichnet. Das trifft aber nur für das unter der Rinde sitzende Splintholz zu. Der Kern besteht aus einem rötlichen, wohlduftenden Holz, das hart und dauerhaft ist. Wichtige Nebenprodukte waren Harz und Pech sowie das durch Destillation gewonnene Zedernöl. Die Produktion von Öl aus Zedernzweigen wird gelegentlich auch heute noch auf altertümliche Weise zwischen zwei Steintafeln unter Einwirkung von Feuer betrieben.

Die Zedernwälder waren kein Monopol des Libanon. Angetroffen wurden sie überhaupt im syrischen und kleinasiatischen Küstengebirge, auf Zypern und in Nordwestafrika. Die besondere Bedeutung des Libanon unter diesen Zederngebieten lag in seiner Nähe zum Nilland. Das alte Ägypten konnte seinen wachsenden Holzbedarf nicht aus eigenem Aufkommen dekken. Die Verwendungsbreite der einheimischen Hölzer war beschränkt, vor allem wegen ihrer großen Härte und ihres knorrigen Wuchses. Man nutzte sie dennoch und entwickelte sogar große Schiffskörper, die nur aus kurzen Planken von Akazien- und Sykomorenholz zusammengedübelt waren. Den Mangel an Stabilität suchte man durch mächtiges Tauwerk zu beheben, das den Rumpf des Schiffes wie in einem Netz zusammenhielt. Erstaunlicherweise waren solche Schiffe seetüchtig. Der Libanon wurde auf dem Seeweg erreichbar und damit auch der Holzvorrat seiner Wälder. Die älteste inschriftliche Nachricht über ägyptischen Holzimport aus dem Libanon in einem Auszug aus den Annalen von drei aufeinanderfolgenden Regierungsjahren des Pharao Snofru (etwa ab 2630 v. Chr.) berichtet bezeichnenderweise von der Verwendung eines Teiles des mit vierzig Schiffen eingeführten Materials für den Schiffbau. Quantitativ darf man sich das Er-

Ägyptisches Seeschiff aus der Flotte des Königs Sahure (um 2500 v. Chr.). Relief im Totentempel des Königs in Abusir. Das Schiff ist in den Hafen zurückgekehrt, der Mast bereits umgelegt. Die kleinen kahlköpfigen Gestalten an Bord des Schiffes sind Sklaven.

gebnis der großangelegten Expedition nicht zu erheblich vorstellen. Das Eigengewicht der ägyptischen Schiffe war hoch und die Besatzung zahlreich. Auf manuelle Fortbewegung durch Ruder durfte man nicht verzichten, denn bei der Rückfahrt hatte man die Strömung und meistens auch den Wind gegen sich. Die Ladefähigkeit kann also nicht bedeutend gewesen sein. Aus dem herbeigeschafften Material werden dann im Jahr nach dem Eintreffen der Flotte auch nur drei Schiffe gebaut, die offenbar repräsentativen Zwekken des Herrschers dienen sollten. Bei Handelsschiffen hat man sich wohl darauf beschränkt, nur die Bauteile aus Importholz herzustellen, für die einheimisches Material ganz ungeeignet war. Das gilt vor allem für die seit Mitte des zweiten Jahrtausends eingeführte Querversteifung der Schiffe durch von Bord zu Bord eingezogene Deckbalken. Die Einschnürung des Schiffskörpers durch ein umlaufendes Tau wurde dadurch entbehrlich. Die Längsstabilität der unverändert kiellosen Schiffe mußte aber nach wie vor durch ein gewaltiges Tau hergestellt werden, das in straffer Spannung Bug und Heck miteinander verband. Um solche kiellosen Schiffe sicher durch die Wogen lenken zu können, mußten die schon bei kleineren Fahrzeugen 6 bis 8 Meter langen Steuerruder starker Beanspruchung gewachsen sein. Deshalb bevorzugte man zu ihrer Herstellung das im Wasser besonders dauerhafte Holz der Libanonzeder. Weniger geeignet war es wegen seiner Schwere zur Anfertigung von Schiffsmasten. Wenn nach Hes. 27,5 der Mast des symbolischen Staatsschiffes von Tyros aus dem Stamm einer Libanonzeder besteht, entsprach das schwerlich den Gepflogenheiten des Schiffbaues. Diesem Zweck dürften die Kilikische Tanne oder die Aleppo-Kiefer, die auch zu den Waldbäumen des Libanon gehört, besser gedient haben.

Abb. Seite 26

Vielleicht der größte Teil der ägyptischen Holzimporte aus dem Libanon wurde für kultische Zwecke verwendet. Neben der Innenausstattung von Tempeln standen ebenfalls Schiffsbauten im Vordergrund. Wie für die

Menschen war auch für die Götter Ägyptens das Schiff das Verkehrsmittel. Zum Tempelinventar gehörten stets Barken für Götterprozessionen. Solche Schiffe wurden aus wertvollen Importhölzern erbaut, vom «Besten der Terrasse», wie man den Libanon in treffender Erfassung seiner geomorphischen Struktur auch nannte. Selbst in Zeiten äußerer Schwäche suchte man unter erheblichen Schwierigkeiten für diesen Zweck Zedernholz im Libanon zu erwerben, wie der Bericht des Wen-Amon zeigt, der um 1080 v. Chr. nach Byblos reiste, «um Bauholz zu holen für das große, herrliche Schiff des Amun-Re, des Götterkönigs». Offenbar kam als Material für den Bau eines Götterschiffes nur Zedernholz in Betracht. Als Grabbeigaben waren Schiffe auch im Totenkult anzutreffen, damit der Tote im Jenseits nicht ohne Beförderungsmittel blieb. Üblicherweise genügten diesem Zweck kleine Modelle. Während des Alten Reiches wurden jedoch an den Grabplätzen der Könige Nilboote bis zu 50 Meter Länge regelrecht mitbestattet. Das Material auch für diese Zeremonialschiffe war vorwiegend Holz von Zedern und anderen Bäumen aus dem Libanon. Weiterhin war zur Bestattung der Toten in Holzsarkophagen, die zu allen Zeiten in Ägypten mehr oder weniger üblich war, ebenfalls Importholz begehrt. Einen beträchtlichen Anteil am Holzimport beanspruchten die als dauernder Aufenthaltsort der Toten möglichst solide und den Wohnungen der Lebenden ähnlich gestalteten

Tafel 11–14

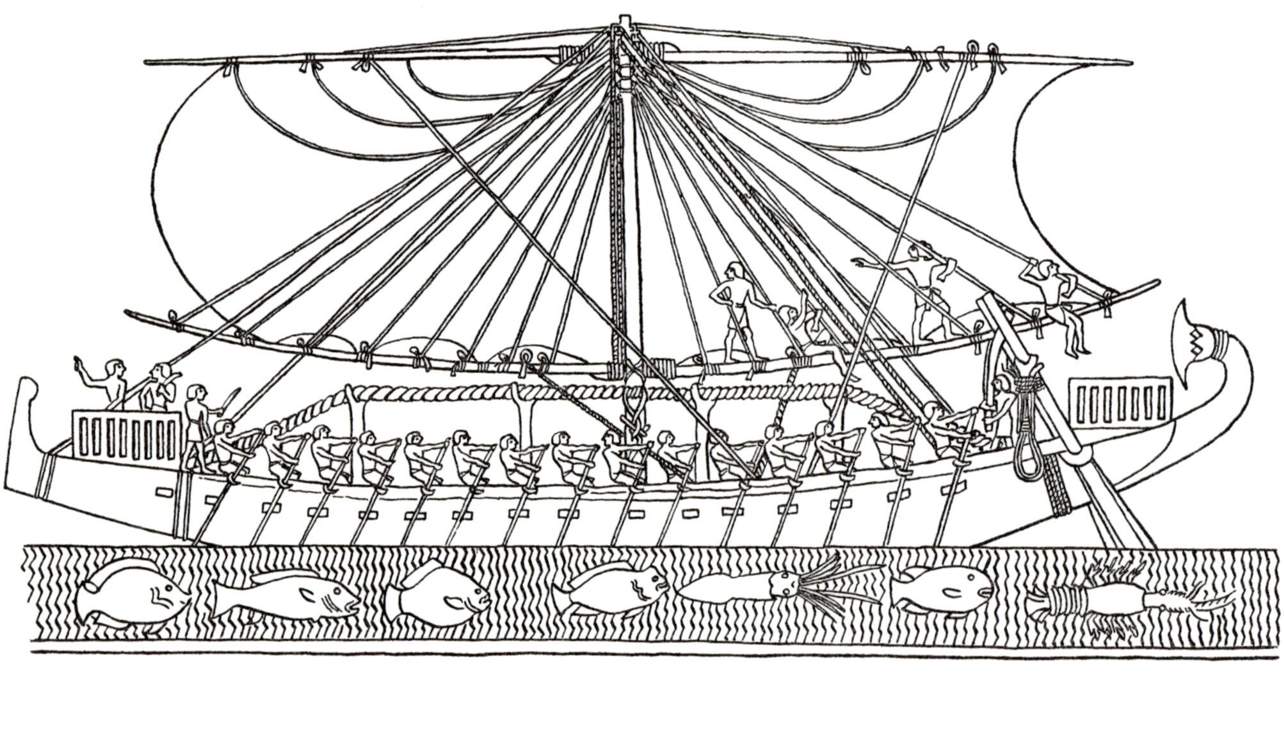

Grabanlagen, besonders die großzügigen unterirdischen Gräber der Könige und Vornehmen in der frühdynastischen Zeit und in der Epoche des Alten Reiches (um 3000–2300). Hierbei waren manchmal über vierzig Räume mit massiven und bei den Haupträumen zugleich weitspannenden Holzdecken zu versehen. Sie mußten stark genug sein, die Last des auf ihnen gehäuften Grabhügels zu tragen. Schließlich erforderte die Totenbestattung noch große Mengen an konservierendem Zedernharz zur Ausfüllung der Leibeshöhle der Mumien. Auch im Kult waren Zedernprodukte zum Räuchern und Parfümieren unentbehrlich.

Dieser Überblick mag genügen, um die Bedeutung des Imports von Holz und Waldprodukten aus dem Libanon für Ägypten zu veranschaulichen. Mesopotamien war in nicht geringerem Maße auf Holzeinfuhr angewiesen; doch gab es für die Staaten im Zweistromland näher liegende Waldgebiete. Erst mit der fortschreitenden Erschöpfung dieser Wälder wurde der Libanon im ersten Jahrtausend v. Chr. stärker am Holzexport nach Mesopotamien beteiligt. Etwas früher erschienen bereits die syrisch-palästinischen Kleinstaaten auf dem libanesischen Zedernmarkt. Genauer informiert sind wir über den Zedernimport Salomos von Israel für seine Repräsentationsbauten. Der Anteil des Zedernholzes im Baugeschehen ist nach dem biblischen Bericht (1. Kö. 6 f.) sehr hoch gewesen. Der Tempel wurde nicht nur mit Zedernbalken gedeckt, sondern auch im Inneren mit Zedernbrettern getäfelt. «Das ganze Haus bestand im Inneren aus Zedernholz, ..., so daß kein Stein zu sehen war» (1. Kö. 6, 18). Mit gutem Grunde konnte man den Tempel das «Zedernhaus» Jahwes, des Gottes Israels, nennen (2. Sam. 7, 7). Nur den Fußboden hatte man aus Bohlen von Zypressenholz gefügt, das ebenfalls aus dem Libanon stammte. Zedernholztäfelung hatte auch der Thron- und Gerichtssaal (1. Kö. 7, 7). Ein eigentümliches Bauwerk war das «Libanonwaldhaus», mit einer Grundfläche von 50 × 25 Meter das größte Gebäude im Palastkomplex des salomonischen Jerusalem. Seine Decke aus Zedernbalken trugen 45 Säulen, jede 15 Meter hoch.

Ägyptisches Seeschiff aus der Flotte der Königin Hatschepsut (etwa 1490–1468). Relief im Totentempel der Königin in Der el-Bahri. Auffällig ist die Entwicklung der Steuerruder gegenüber dem Schiffstyp des Alten Reiches.

Eine interessante Parallele zum Tempelbau Salomos begegnet uns in den Baalmythen, die in der alten nordsyrischen Hafenstadt Ugarit bei Ausgrabungen aufgefunden worden sind und in der vorliegenden Gestalt etwa aus dem vierzehnten Jahrhundert v. Chr. stammen. In diesen Texten wird unter anderem von einem Tempelbau für den ugaritischen Stadtgott Baal berichtet. Es wird dabei eine Tempelanlage vorausgesetzt, die offensichtlich dem gleichen Typ wie der salomonische Tempel angehört. Auch dieses Heiligtum des Baal wird als Zedernhaus beschrieben und der Libanon als Herkunftsort des Zedernholzes gepriesen. Das ist auffällig, denn es wuchsen in alter Zeit im Massiv des Dschebel el-Akra, dem Sitz des

Baal von Ugarit, selbst genügend Zedern. Außerdem lag landeinwärts, nur 30 Kilometer von Ugarit entfernt, ein größeres Zederngebiet. Dort, im nördlichen Dschebel el-Ansarije, ist bei dem Gebirgskurort Slenfe an schwer zugänglicher Stelle gegenwärtig noch ein Zedernhain anzutreffen. Man kann nun erwägen, ob zur Entstehungszeit der Baalsdichtung die Zedernbestände im Umkreis von Ugarit schon erschöpft waren, was aber kaum zutrifft. Es mag auch sein, daß man in der Hafenstadt Ugarit überhaupt sein Zedernholz aus den südlichen Küstenstädten auf dem Seeweg bezog, weil der Schiffstransport eben doch viel einfacher war. Nicht von vornherein ausgeschlossen ist aber auch eine religionsgeschichtliche Erklärung. Danach wäre der Libanon der ‹Waldgarten› der Götter gewesen, dessen Zedernhaine das allein als angemessen angesehene Bauholz für die Zedernhäuser der Götter boten. Die hiermit bereits ins Blickfeld gelangte religiöse Bedeutung der Libanonzedern wird im folgenden noch nähere Erörterung erfahren. Zunächst sind erst noch einige wichtige wirtschaftsgeschichtliche und geographische Gesichtspunkte zu berücksichtigen.

Wie ging der Erwerb des Zedernholzes vor sich? Wo und auf welche Weise wurde es geschlagen, zu Tal gebracht und verschifft beziehungsweise auf dem Landweg weitertransportiert? Das Vorgehen der ägyptischen Expedition im dritten Jahrtausend ist allem Anschein nach sehr einfach gewesen. Man rüstete eine stattliche Flotte aus, stach in See und erreichte bei günstigem Wind schon nach vier bis fünf Tagen einen geeigneten Landeplatz an der libanesischen Küste. Mit der Anwerbung einheimischer Arbeitskräfte hat man sich wahrscheinlich nicht erst lange aufgehalten. Eine Axt aus dem Inventar einer ägyptischen Holzfällereinheit jener Zeit, die im Tal des Nahr Ibrahim gefunden wurde, deutet darauf hin, daß man sich der ungewohnten Arbeit des Holzschlagens im Gebirge selbst unterzog. Die Mannschaft einer Flotte von vierzig Schiffen war zahlreich genug, um diese Arbeit zu leisten. Man muß wohl mindestens mit drei- bis viertausend Mann rechnen. Diese stattliche Truppe genügte auch zur militärischen Sicherung des Unternehmens, zumal damals die Siedlungen an der libanesischen Küste kaum eine größere Streitmacht aufzustellen vermochten. Im übrigen war es nicht schwierig, sich mit den Einheimischen zu verständigen und ihr Wohlwollen zu erringen. Dies bestätigen die ziemlich zahlreichen Votivgaben ägyptischer Pharaonen oder Beamter aus der Zeit der II. bis VI. Dynastie, die aus den Ruinen des ältesten Stadttempels von Byblos geborgen werden konnten. Die Annahme wird nicht fehlgehen, daß man sich nicht nur die Götter, sondern auch die Stadtfürsten durch ein ansehnliches Geschenk geneigt machte. Im übrigen waren die Ägypter keine Unbekannten in den Küstensiedlungen am Fuße des Libanon. Einen Austausch anderer *Tafel 19*

Güter hat es auch zur Zeit der frühdynastischen Epoche und des Alten Reiches schon gegeben. Ob man aber bereits von einer Kolonie ständig ansässiger ägyptischer Geschäftsleute in den größeren Siedlungen an der libanesischen Küste sprechen kann, ist ungewiß und wenig wahrscheinlich. Auch wenn das Holz von den Ägyptern nicht ‹frei Landungsbrücke› gekauft, sondern von ihnen selbst geschlagen und verladen wurde, kamen die Küstenbewohner bei solchen Expeditionen sicherlich auf ihre Kosten. Die zahlreiche Mannschaft mußte mit Nahrungsmitteln versorgt werden. Man brauchte Frischproviant für die Rückreise, für die wegen der ungünstigen Windverhältnisse in der Regel mindestens das Doppelte der Zeit für die Hinfahrt veranschlagt werden mußte. Mit Gewalt war dabei nichts zu erreichen, denn die noch nicht sehr zahlreichen Bewohner der Küstensiedlungen konnten sich jederzeit rasch mit ihrer Habe ins unzugängliche Gebirge flüchten. Die Sicherung der Verpflegungsbasis war also abhängig von einem guten Verhältnis zu den Einheimischen. Man mußte zahlen, was verlangt wurde.
Derartige Expeditionen waren nur sinnvoll, solange es Hochwaldbestände in günstigen Lagen, möglichst in Küstennähe, gab. Dies kann an verschiedenen Stellen der Fall gewesen sein. Die geringsten Schwierigkeiten gab es dort, wo das Gebirge der Küste nicht allzu fern ist und die natürlichen Häfen zahlreich sind. Solche Bedingungen bestehen vor allem in dem zwischen Beirut und Batrun liegenden Küstenabschnitt. In diesem Bereich liegt auch der Nahr Ibrahim, in dessen Tal jene ägyptische Axt gefunden wurde. Vor allem die nördlich des Ibrahimtales ansetzende mittlere Gebirgsterrasse, die heute den Namen Dschebel el-Kura trägt, ist altes Waldland. Vielleicht lag hier das Land Negu (ngw), das ägyptische Inschriften aus der Zeit des Neuen Reiches als Herkunftsort der Zedernimporte nennen. Ein Rest des Zedernbestandes ist dieser Gegend erhalten geblieben. Einige sehr kleine Haine finden sich noch in einem bis über 1900 Meter aufsteigenden Massiv der mittleren Gebirgsterrasse nördlich der Straße zum modernen Wintersportzentrum Lakluk. Selbst diese entlegenen Restbestände in unmittelbarer Nähe des Aufstiegs zur Kammzone liegen nur fünfzehn Kilometer von Byblos entfernt. Von den sich weiter westlich erstreckenden Hängen des Dschebel el-Kura aus waren überhaupt nur wenige Kilometer zu bewältigen. In diesem Hinterland von Byblos dürfte das älteste und wichtigste Zederngebiet für den Export nach Ägypten zu suchen sein. Dem entspricht auch die Intensität der ägyptischen Beziehungen zu Byblos. Nicht ohne Grund trugen die ägyptischen Seetransporter die Bezeichnung ‹Byblosschiffe›. Vermutlich ist man bald von den halbmilitärischen Zedernexpeditionen abgekommen. Der Aufwand dürfte dem Gewinn nicht entsprochen haben. Letztlich war es doch billiger, die Arbeit des Fällens und des Trans-

portes zur Küste den kundigen Einheimischen zu überlassen und das Holz ‹frei Landungsbrücke› einzukaufen. Immerhin wird uns noch aus der Regierungszeit des ersten Herrschers des Mittleren Reiches Amenemhet I. (1991–1962) von einer Zedernexpedition mit zwanzig Schiffen berichtet.

Wie im einzelnen die Ausbeutung der Wälder vor sich ging, erfahren wir aus ägyptischen Texten des Neuen Reiches und der Spätzeit. Besonders aufschlußreich ist dafür der schon erwähnte Bericht des Wen-Amon: Nachdem die finanzielle Seite des Geschäftes geklärt ist, sendet der König von Byblos 300 Mann und 300 Zugochsen in den Wald, um den Auftrag ausführen zu lassen. Die Bäume werden gefällt und bleiben zunächst den Winter über liegen. Im folgenden Sommer schleppt man sie zur Küste und lagert sie dort, zur Verschiffung bereit. Entsprechend berichtet auch schon Thutmosis III. (1468–1436) davon, daß die einheimischen Fürsten die Stämme für die Fahnenmasten mit Rindern vom Gebirge zum Hafen hinabführen ließen. Sehr große Zahlen an Arbeitskräften und Zugtieren überliefert aus viel späterer Zeit der römische Geschichtsschreiber Diodor Siculus (1. Jahrhundert v. Chr.). Danach soll der Diadochenherrscher Antigonos im Jahre 315 v. Chr. 8000 Mann und 1000 Gespanne Ochsen zum Herabführen des Holzes eingesetzt haben.

Verschiedentlich ist erwogen worden, ob man sich beim Zutalführen der Stämme nicht auch des Wasserweges bedienen konnte. Es ist jedoch keiner der in Betracht kommenden Flüsse oder zeitweilig Wasser führenden Bachläufe zum Abflößen geeignet. Es sind wilde Schluchten, stellenweise eng und voller Felsklippen, die allenfalls Scheithölzer, jedoch keine dreißig Meter langen Stämme passieren können. Bezeugt ist allerdings der Floßtransport auf dem Meere durch den Vertrag über Lieferung von Zedern- und Zypressenholz, den Salomo von Israel mit Hiram I. von Tyros abschloß. Nach dem biblischen Text verpflichtet sich Hiram: «Meine Leute sollen das Holz vom Libanon ans Meer hinabschaffen. Dann werde ich daraus Flöße auf dem Meer herstellen lassen und sie an den Ort bringen, den du mir nennen wirst. Dort lasse ich sie wieder auseinandernehmen, und du kannst sie abholen» (1. Kö. 5,9). In diesem Falle werden die Stämme dem Käufer gleichsam bis an die Tür geliefert, und zwar bis nach Jafa (Joppe), wie wir aus der Notiz über einen ähnlichen Transport für den Wiederaufbau des Jerusalemer Tempels nach 538 v. Chr. erfahren (Esr. 3, 7). Die Zweckmäßigkeit dieses Verfahrens leuchtet ein. Etwa 170 Kilometer Seeweg sparten rund 200 Kilometer Landweg mit zum Teil sehr schwierigen Terrainverhältnissen ein. Vorausgesetzt ist dabei, daß Hiram die Holzlieferung den Wäldern im Hinterland von Sidon entnahm, das um die Wende vom zweiten zum ersten Jahrtausend unter tyrischer Oberhoheit stand.

1
Blick auf die Kirche von Bscherre, die Kadischa-Schlucht und die südliche Kehre
der Zedernpaß-Straße (Schneeverhältnisse Mitte Mai)

2
Schlucht
des Nahr Kadischa
und Libanonkamm
von der Straße
Ehden – Bscherre

3
Das Dorf Serghaja im Antilibanon, an der alten Straße
Baalbek – Damaskus (um 1920)

4
Blick von Ain Sofar an der Paßstraße Beirut – Schtora
nach Westen (um 1920)

5
Dschisr el-Hadschar («Steinbrücke»)
bei Faraja. Die Naturbrücke
hat eine Spannweite von 35 m.

6

Unterlauf des Nahr Kadischa bei Kusba. Am Nordhang Hamatura, eines der zahlreichen Klöster des «Heiligen Tales». Im Hintergrund links erscheinen die ausgedehnten Ölbaumpflanzungen auf der unteren Gebirgsterrasse und die Küstenebene um Trablus.

Vermutlich schon frühzeitig haben sich die libanesischen Holzexporteure auf die Lieferung von Fertigteilen eingestellt. Welchen Transportweg man auch einzuschlagen gedachte, in jedem Falle war eine Verringerung der zu transportierenden Masse von Vorteil. So berichtet Wen-Amon von der Verladung verschiedener «behauener Hölzer», unter anderem des Vorder- und Hinterstevens für das Staatsschiff des Gottes Amun. Auch Flaggenmasten kamen schon in halbfertigem Zustand nach Ägypten und brauchten allenfalls nur noch zusammengesetzt zu werden. Dies mag einen ägyptischen Künstler aus der Zeit Sethos' I. (1305–1290) dazu verleitet haben, den Libanonwald einem Bambusdickicht ähnlich darzustellen. Bereits Thutmosis III. ließ kleine Ruderbarken an Ort und Stelle zimmern und im Hafen von Byblos nach Ägypten verladen. Dieser Herrscher berichtet auch über die Verwendung von im Libanongebirge hergestellten Schiffen für militärische Unternehmungen des ägyptischen Heeres. Während seines achten Feldzuges in Asien ließ er «viele Schiffe aus Zedernholz» bauen. «Sie wurden auf Wagen gesetzt, von Rindern gezogen. Sie fuhren vor meiner Majestät, um den großen Fluß (d. i. Euphrat) zu überqueren ...» Man darf in diesen Schiffen wohl nur etwas größere Ruderboote vermuten. Dennoch ist ihr Transport über eine Strecke von mindestens 350 Kilometern eine beachtliche Leistung. Soweit uns die Quellen Auskunft geben, hat Thutmosis' III. Schiffstransport zum Euphrat erst ein Jahrtausend später in größerem Maßstabe eine Wiederholung gefunden. Der griechische Schriftsteller Flavius Arrian (1. Jahrhundert n. Chr.) berichtet, daß Alexander der Große kurze Zeit vor seinem Tode Schiffe aus Phönikien an den Euphrat bringen ließ. Es soll sich um größere Fahrzeuge mit sieben Ruderbänken gehandelt haben, die man zerlegt transportierte und am Euphratufer wieder zusammensetzte. Der etwas ältere römische Historiker Quintus Curtius hat jedoch von dem Vorgang eine etwas andere – wahrscheinlich richtigere – Vorstellung. Danach hätte Alexander Holz im Libanon schlagen, nach Thapsakos (Thiphsah) am Euphrat bringen und dort die Schiffe bauen lassen.

Abb. Seite 38

Wie schon erwähnt, haben die Staaten des Zweistromlandes lange Zeit ihren Holzbedarf in den südlichen Randbergen Kleinasiens, insbesondere im Amanus, dem ‹Zedernberg› der keilinschriftlichen Quellen, decken können. Vielleicht sind aber auch gelegentlich schon in früherer Zeit die Wälder des Libanon von mesopotamischen Holzexpeditionen aufgesucht worden. So wird ein derartiges Unternehmen des Königs Jahdunlim von Mari (1825–1793) auf den Libanonwald bezogen. Der Bericht darüber nennt allerdings den Namen des Waldgebietes nicht. Deutlich wird nur seine Nähe zum Meer; aber diese Bedingung war auch bei Amanus und Dschebel el-Ansarije gegeben. Allenfalls wäre an die nördlichen Ausläufer des Libanon

7
Krugbestattung aus Byblos (4. Jahrtausend v. Chr.)
8
Kohlenmeiler aus Stämmchen und Ästen der Steineiche in der Gegend von Faraja

Fällen von Libanonzedern für Sethos I. Relief an der Außenwand des Amun-Tempels in Karnak. Sethos ist rechts außerhalb des Bildausschnittes dargestellt. Die Stämme sollen nach der zum Relief gehörigen Inschrift dem Bau eines Nilschiffes sowie für Flaggenmasten am Amun-Tempel dienen. Der Künstler hat offenbar nur vage Vorstellungen vom Aussehen der Libanonbäume, die er pappelähnlich darstellt.

zu denken, die Mari am nächsten lagen. Nicht genau zu bestimmen ist auch die Herkunft der «Duft- und Harzhölzer, Zedern, Zypressen und Myrthen», deren Eintreffen aus Katna in einem Mari-Text erwähnt wird. Bei der Lage von Katna (heute Mischrife, 25 Kilometer nordöstlich von Homs) kommt wohl eher der Dschebel el-Ansarije in Betracht. Die früheste sichere Erwähnung des ‹Labnani› als Ziel einer mesopotamischen Zedernexpedition fällt in die Zeit des Assyrerkönigs Tiglatpileser I. (1114–1076). Eine

intensivere Ausbeutung der Libanonwälder durch Assur setzte aber erst
Tafel 9, 10 in der Zeit des neuassyrischen Reiches nach 900 v. Chr. ein.

Die äußeren Bedingungen des Holztransportes nach Assyrien waren ungünstig. Selbstverständlich war man bestrebt, den beschwerlichen Landweg abzukürzen. So war es möglich, ähnlich wie Hiram von Tyros zu verfahren und die Stämme wenigstens einen Teil der Strecke auf dem Meer von der libanesischen Küste bis zu einem der nordsyrischen Häfen zu bringen, vielleicht noch ein Stück den Orontes hinauf bis in die Gegend des späteren Antiochien. Für den Weitertransport stand die alte nördliche Karawanenstraße über Aleppo/Harran als kürzeste Verbindung zur Verfügung. Ungefähr 600 Kilometer Landweg waren bis ins Kerngebiet des assyrischen Reiches zu bewältigen. Möglich war es freilich auch, nach Erreichen des Euphrat die Hölzer auf dem Flußwege zunächst bis Babylon weiterzubefördern. Dann konnte die Ladung über Land zum Tigris gebracht werden, um schließlich den rasch strömenden Tigris aufwärts bis zu den Städten Assyriens durch Menschenkraft getreidelt zu werden. Eine Reliefdarstellung aus dem Palast Sargons II. (721–705) in Khorsabad (Dur-Scharrukin) bezeugt, daß man tatsächlich Bauholz auf diese Weise transportiert hat.

Günstiger waren selbstverständlich die Transportbedingungen für den Holzexport nach Babylonien, zumal die babylonischen Herrscher die Zedernbestände im nordöstlichen Libanon bevorzugten, deren Holz durch die Bekaa an der Ostseite des Gebirges auf dem Landwege unmittelbar zum Euphrat geführt wurde. Nebukadnezar II. (605–562) hat in seiner Inschrift im Wadi esch-Scharbine (früher auch unter dem Namen Wadi Brisa bekannt) eine Beschreibung der Arbeiten hinterlassen, die in diesem Gebiet zur Vorbereitung des Abtransportes der Zedern erforderlich waren: «Was kein früherer König vermocht hatte, führte ich aus. Ich durchschnitt steile Berge, spaltete Felsen, öffnete Wege und baute auf diese Weise eine glatte Straße für die Zedern ...»

Gewiß übertreibt Nebukadnezar den Umfang der Wegebauten in diesem vordem noch nicht erschlossenen Zederngebiet des nordöstlichen Libanon. Es ist aber ebenso gewiß, daß der Holztransport nach Mesopotamien in jedem Falle eine schwierige Aufgabe war. Mit Importholz aus dem Libanon ging man deshalb in Assyrien und Babylonien sehr sparsam um. Nur für den Bau von Tempeln und Palastanlagen stand es in größerer Menge zur Verfügung. Wenn es beim Propheten Zephania (2, 14) im Spruch gegen Ninive heißt «... das Käuzlein wird in der Fensterhöhle rufen, Raben werden auf der Schwelle sitzen; denn er (Gott) hat das Zederngetäfel abgerissen ...», dann wird deutlich, daß man Zedernholz nicht nur für tragende Elemente der Repräsentativbauten, sondern – wie der reiche

Salomo – auch für den Innenausbau verwendete. Insbesondere brauchte man für die gewaltigen Palast- und Festungstore der neuassyrischen Zeit (2 bis 5 Meter breit und 4,5 bis 7,5 Meter hoch) Zedern- und Zypressenholz bester Qualität. Für den Schiffbau ist Importholz in Mesopotamien nur selten herangezogen worden. Sanherib von Assur (704–681) berichtet zwar gelegentlich von syrischen Handwerkern, die in Ninive Kriegsschiffe bauten. Über die Herkunft des dafür benutzten Holzes macht er jedoch keine Angaben. In der griechischen Legende von der sagenhaften Königin Semiramis wird dagegen ausdrücklich vermerkt, daß sie die Schiffbauer aus Phönikien, Syrien und Zypern mit importiertem Koniferenholz versehen habe, um Flußschiffe für den Übergang über den Indus bauen zu lassen.

Angesichts der Transportschwierigkeit wurde normalerweise das Holz seiner Bestimmung gemäß gleich auf den Holzplätzen im Libanon zugeschnitten, wie es auch beim Export nach Ägypten üblich war. Die ‹große Marinedarstellung› aus dem Palast Sargons II. zeigt die Beförderung rohbearbeiteten Materials auf Deck und im Schlepp. *Tafel 10* Einfacher war der Transport von kleineren Bauelementen, da man dafür Kamelkarawanen einsetzen konnte. Einem guten Lastkamel kann man zum Beispiel zwei Zedernbalken von 3 Meter Länge und 15 Zentimeter Durchmesser auf längere Strecken zumuten. Hin und wieder sieht man auch heutzutage noch im Libanon das Dromedar als ‹Holztransporteur› im Einsatz. Der wohl längste Überlandtransport führte Zedernholz aus dem Libanon in den Iran zu den Palastbauten der Achämenidenkönige, deren prachtvolle Zedernhäuser von antiken Schriftstellern gerühmt werden. Über den Transportweg meldet Darius I. (521–485) in seiner Inschrift über den Burgbau von Susa: «Das Zedernholz, es wurde von einem Berg namens Libanon gebracht. Die Assyrer führten es nach Babylon. Von Babylon brachten es Karer und Jonier (wohl Kriegsgefangene?) nach Susa.»

Die kommerzielle Seite der Ausbeutung der Libanonwälder bedarf noch einer ergänzenden Erörterung. Selbstverständlich waren stets beide Partner bestrebt, ein möglichst gutes Geschäft abzuschließen. Für den Importeur war es der Idealfall, wenn er selbst in den Besitz der Waldungen gelangte. Vielleicht noch günstiger war es, wenn die gewünschten Holzmengen von den Waldbesitzern als Tributleistung kostenlos ‹frei Landungsbrücke› oder gar ‹frei Haus› geliefert wurden. Dabei konnte auch der administrative Aufwand reduziert werden, der bei einer Eigenbewirtschaftung groß und hemmend gewesen wäre. Eine derartig vorteilhafte Position hat die Asienpolitik der Pharaonen des Neuen Reiches dem Nilland auf längere Zeit hinaus verschafft. Man muß freilich dabei bedenken, daß nach altägyptischer Auffassung alle Länder der Herrschaft des ägyptischen Reichsgottes

Amun-Re untertan waren und deshalb auch ganz normale Handelsbeziehungen auf der Basis gegenseitigen Vorteils als Tributleistungen interpretiert wurden. Jedenfalls hat Thutmosis III. die Ausbeutung der Zedernwälder bald nach seinem ersten Asienfeldzug im Interesse der ägyptischen Staatswirtschaft geregelt. In dem Bericht des Beamten Sen-nefer, der unter Thutmosis III. eine Zedernexpedition leitete, wird für die Bezeichnung des byblischen Zedernforstes ein Wort verwendet, das im Ägyptischen üblicherweise eine königliche Domäne meint. Offenbar ist die Bewirtschaftung dieser ‹Domäne› dann dem byblischen Vasallen übertragen worden. In seinen späteren Inschriften kann sich Thutmosis III. des reichen Eingangs an Zederntributen erfreuen. Die «Häuptlinge des Libanon» bauen «Königsschiffe» und bringen sie, gefüllt mit anderen Tributen, nach Ägypten. Alljährlich werden die Zedern pünktlich an den Hof geliefert. «Nichts ließ ich von ihnen den Asiaten übrig.» Dieses System hat mit einigen Unterbrechungen lange Zeit funktioniert.

Möglicherweise hat Ägypten in dieser Zeit im byblischen Zederngebiet einen Stützpunkt unterhalten, damit die Tributleistung glatt vonstatten ging und kein illegaler Einschlag vorkam. Solch ein Stützpunkt könnte die rätselhafte «Stadt im Zederntal» gewesen sein, die in einem Gedicht auf Ramses II. (1290–1223) Sieg über die Hethiter bei Kadesch Erwähnung findet. Dieses Zederntal spielt auch in einem ungefähr gleichzeitigen ägyptischen Literaturwerk, dem ‹Märchen von den beiden Brüdern›, eine wichtige Rolle. Zumeist wird es mit der Bekaa identifiziert, durch die üblicherweise die Heere der Pharaonen gen Norden zogen. Es ist aber nicht einzusehen, warum man die Bekaa Zederntal genannt haben sollte. Im ‹Märchen von den beiden Brüdern› hat das Zederntal überdies Zugang zum Meer, was vielleicht nicht erfunden ist. Die topographische Beschreibung des Zuges Ramses' II. könnte gut auf eines der Täler im Hinterland von Byblos zutreffen, zumal es nicht an anderen Hinweisen dafür fehlt, daß die Ägypter in jener Zeit öfters die Paßwege über den Libanon benutzten.

In Zeiten der außenpolitischen Schwäche des Pharaonenreiches verkehrte sich das Verhältnis zu den libanesischen Fürsten rasch ins Gegenteil. Der unglückliche Wen-Amon bekommt das in der Zeit des Niedergangs nach dem Ende des Neuen Reiches deutlich zu spüren. In drastischer Weise schildert er die Unbilligkeiten, die er auf seiner Einkaufsreise für die Götterbarke des Amun erfährt. Der König von Byblos springt mit Wen-Amon um, wie er es für richtig hält, und versteht es, auch das Letzte aus des Ägypters nicht sonderlich gut versehener Reisekasse herauszuholen. Geringen Eindruck macht auf diesen Geschäftsmann die theologische Argumentation, auf die Wen-Amon bezeichnenderweise noch nicht verzichtet:

«Du stehst da und feilschst um den Libanon mit Amun, seinem Herrn!» Als solides Geschäft zwischen befreundeten Nachbarn erscheint dagegen der Zedernhandel Hirams von Tyros mit Salomo von Jerusalem, dem ein entsprechendes Geschäft mit David bereits vorausgegangen war. Als Gegenleistung verlangt Hiram von Salomo Weizen und Olivenöl. Die Mengen, die vertragsgemäß jährlich geliefert werden mußten, waren außerordentlich hoch: etwa 3500 Tonnen Weizen, was ungefähr dem Ertrag von 40–50 Quadratkilometer Ackerfläche entsprach, und rund 7000 Hektoliter feinstes Olivenöl. Ob die Zahlenangaben wirklich zuverlässig sind, weiß man nicht. Überhaupt ist an dem alttestamentlichen Bericht über den Handelsvertrag (1. Kö. 5) durch spätere Bearbeitung manches hinzugefügt und übertrieben worden. So ist zum Beispiel von der Entsendung von 30000 Fronarbeitern durch Salomo zur Unterstützung der Arbeitskräfte Hirams die Rede (5,13f.), was eindeutig als fromme Fiktion zu erkennen ist und auch in dem Vertragstext Hirams (5,8ff.) nicht erwähnt wird. Zweifellos dürfte aber der große Zedern- und Zypresseneinkauf nicht billig gewesen sein. Die Reaktion Hirams auf Salomos Kaufantrag ist vom alttestamentlichen Erzähler sicher richtig wiedergegeben: «Als Hiram diese Botschaft Salomos vernahm, freute er sich außerordentlich ...» (5,21).
Die Vermutung liegt nahe, daß der Zedernhandel mit mesopotamischen Interessenten in friedlichen Zeiten auf ähnliche Weise vor sich gegangen ist. Aus den assyrischen Königsinschriften erfahren wir freilich nur von der Eroberung der Zedernwälder mit dem Schwert oder von Zederntributen, die unterworfene Könige zu liefern hatten. Die Zedernexpedition Sanheribs von Assur wird in dem gegen ihn gerichteten Spruch des Propheten Jesaja ganz im Stile einer assyrischen Königsinschrift geschildert: «Mit der Menge meiner Streitwagen ersteige ich die Höhen der Berge, den höchsten Gipfel des Libanon. Ich haue nieder den Hochwald seiner Zedern, die besten seiner Zypressen und dringe vor bis zu seinem obersten Gipfel, in seinen dich-

Assyrische Soldaten beim Transport von Bauholz

testen Baumgarten» (Jes. 37, 24). In der Phase der Beutezüge der frühen Herrscher des neuassyrischen Reiches dürfte der Einsatz von assyrischem Militär für das rasche Zusammenbringen einer möglichst umfangreichen Holzbeute üblich gewesen sein. Auf den Bildfriesen der Bronzebeschläge, mit denen Salmanassar III. (858–824) das Tor seines Palastes in Balawat zieren ließ, stellt der Künstler assyrische Soldaten beim Transport von Rundhölzern zum Sammelplatz dar. Nach der Errichtung einer ständigen Oberherrschaft Assurs im westasiatischen Küstengebiet konnte man – nach dem Beispiel der Pharaonen – Vasallenfürsten mit solchen Arbeiten betrauen. Einer großangelegten Aktion rühmt sich Asarhaddon (680–669). Angeblich rief er zwölf Vasallen von der Küste, darunter die Herrscher von Byblos und Tyros, sowie zwölf Stadtkönige von Zypern zusammen. «Sie alle sandte ich aus und ließ sie unter schrecklichen Schwierigkeiten nach Ninive, der Stadt meiner Herrschaft, als Baumaterial für meinen Palast mächtige Balken, lange Bohlen und dünne Bretter von Zedern und Zypressen transportieren, Produkte der Sirara (Hermon?)- und Libanonberge ...» Sein Nachfolger Assurbanipal (668–633) hat wenige Jahrzehnte später ein ähnliches Unternehmen für den Neubau des Tempels des Mondgottes Sin in Harran in Gang gebracht. «Erhabene Zedern» vom Libanon und «Zypressen mit gutem Duft» vom Sirara, «welche die Könige des Meeresufers, mir untertänige Knechte, gefällt hatten und von ihren Bergen ... mühsam nach Harran hatten schleppen lassen», standen zur Verfügung. Derartige Tribute waren mit harten Fronpflichten für die Bevölkerung der Waldgegenden verbunden. Auf die Folgen spielt Nebukadnezar in seiner Inschrift im Wadi esch-Scharbine an, indem er die Herrschaft Assurs, «eines ausländischen Feindes», über den Libanon verurteilt. Die Einwohner hätten sich zerstreut und seien in entlegene Gegenden geflohen. Er aber habe den Feind vertrieben und die Einheimischen wieder zu ihren Wohnplätzen zurückgeführt. «Ich machte die Einwohner des Libanon in Sicherheit zusammenleben und ließ sie von niemand beunruhigen.» Es mag sein, daß die Neubabylonier weniger hart bei der Aushebung der Bevölkerung zu Frondiensten verfuhren. Sicher aber ist es, daß Nebukadnezar und andere neubabylonische Könige Zedern und Zypressen vom Libanon nicht nur durch Pioniereinheiten zu Tale bringen ließen. Es dürfte sich also für die Bewohner der Gegenden im Umkreis der Zedernstandorte wenig geändert haben. Dies trifft auch für die Geschichte der Ausbeutung der Zedernwälder in den folgenden Jahrhunderten zu. In hellenistischer Zeit forderte nicht nur der Schiffbau zunehmend umfangreichere Eingriffe in die Zedernbestände, auch der Bedarf an langstämmigem Bauholz für die großräumiger werdenden öffentlichen und privaten Bauten wuchs rasch. Die entwickelte

Kriegstechnik zehrte ebenfalls an den Wäldern des Libanon. Alexander der Große bezog für die Belagerungsarbeiten gegen die Inselstadt Tyros Holz vom Libanon. Johann von Gischala, einer der Führer im jüdischen Krieg gegen Rom, baute Verteidigungsmaschinen aus Zedernbalken, die für Erweiterungsvorhaben am Jerusalemer Tempel in der von römischen Truppen eingeschlossenen Stadt lagerten.

Angesichts der verstärkten Ausbeutung suchte man durch Schutzmaßnahmen die Wälder vor Überbeanspruchung oder gar Vernichtung zu bewahren. Vielleicht hat schon Thutmosis III. damit begonnen, indem er den byblischen Zedernforst zur königlichen Domäne erklärte. Während der assyrischen Oberherrschaft ist dagegen nichts von einer den Bestand schonenden Bewirtschaftung zu spüren. Den auch in dieser Zeit neben Tributleistungen und unentgeltlicher Selbstentnahme durch Militäreinheiten einherlaufenden Holzhandel der waldbesitzenden Hafenstädte scheinen die assyrischen Behörden eher gefördert als eingeschränkt zu haben. Genauer bekannt sind Schutzmaßnahmen erst aus persischer Zeit. Als sich Nehemia im Jahre 445 v. Chr. vom Hofe Artaxerxes' I. als Statthalter nach Jerusalem begab, bat er den Großkönig vor seiner Abreise um «einen Brief an Asaph, den königlichen Forstmeister, daß er mir Holz liefere, damit man die Tore der Tempelburg aus Balken zimmern kann, sowie für die Stadtmauer und für das Haus, in dem ich wohnen werde» (Neh. 2, 7 f.). Interessant ist die Amtsbezeichnung des Asaph. Wörtlich übersetzt lautet sie «Wächter des Paradieses (hebr. pardes) des Königs». Paradies, ein persisches Lehnwort mit der Grundbedeutung ‹Einhegung›, bezeichnet hier nicht einen Garten, sondern ein königliches Forstreservat. Solche Paradiese haben im Libanon an verschiedenen Stellen bestanden. Eines befand sich in der Umgebung des Monuments von Hermel. Vielleicht bewahrt auch der Name des Dorfes El-Ferdis, unweit der Zedern des Dschebel Baruk, noch die Erinnerung an eines der Paradiese der Perserzeit. Sehr genau sind wir informiert über die Schutzmaßnahmen, die der römische Kaiser Hadrian um 134 n. Chr. ergriff. Hadrian nahm das gesamte Hochwaldgebiet des Libanon für den Fiscus in Besitz und markierte die Grenzen des Reservats durch Felsinschriften und Stelen mit Besitz- und Verbotshinweisen. Von diesen Inschriften sind mehr als hundert erhalten geblieben, die über den Umfang des zu jener Zeit noch mit Zedern und anderen Nutzhölzern bestockten Gebietes Auskunft geben. Die Grenze des Reservats entspricht ungefähr der Grenze des für das Gedeihen der Zeder überhaupt geeigneten Gebietes. Die extensive Ausbeutung der Zedernwälder hatte also zwar die schlagbaren Bestände stark reduziert, nicht jedoch die Ausdehnung der Zedernvegetation.

vgl. Seite 14

9
Fällen von Nadelholz im Libanon und Transport bis zur Küste. Relief aus dem Palast Sargons II. von Assur in Khorsabad (um 700 v. Chr.)

10
Entladen einer Holztransportflotte aus dem Libanon in einem nordsyrischen Hafen zur Weiterbeförderung auf dem Landwege zum Euphrat. Die Balken werden sowohl auf Deck als auch im Schlepp geführt. In der Mitte links am Pier ein mischgestaltiger Meergott, unter dessen Schutz die Flotte glücklich in das Hafenbecken einlief. Relief aus dem Palast Sargons II. von Assur in Khorsabad (um 700 v. Chr.)

11, 12
Ägyptischer Sarg aus Zedernholz. Fundort unbekannt, Spätzeit

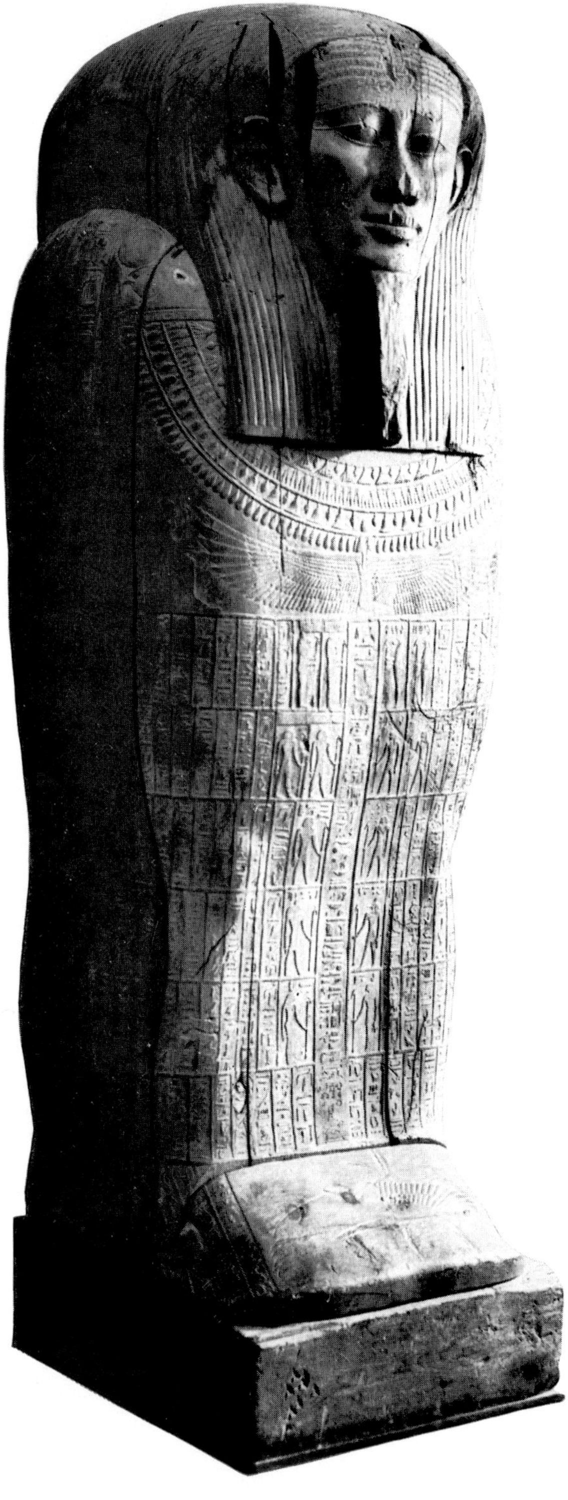

13, 14
Ägyptischer Sarg aus Zedernholz (Detail von Tafel 11, 12).
[13] Darstellung der Göttin Nut. [14] Tote und Schutzgottheiten. Die «Söhne des Horus» bilden die erste Reihe. Es handelt sich um Schutzgottheiten der vier Krüge mit Eingeweiden, die neben dem Sarg des mumifizierten Toten aufgestellt wurden. Die beiden Horussöhne auf der rechten Seite sind mit Pavian- und Falkenkopf versehen, während das vom Holzbildhauer nicht vollendete Paar auf der linken Seite Hunde- beziehungsweise Menschenkopf trägt.

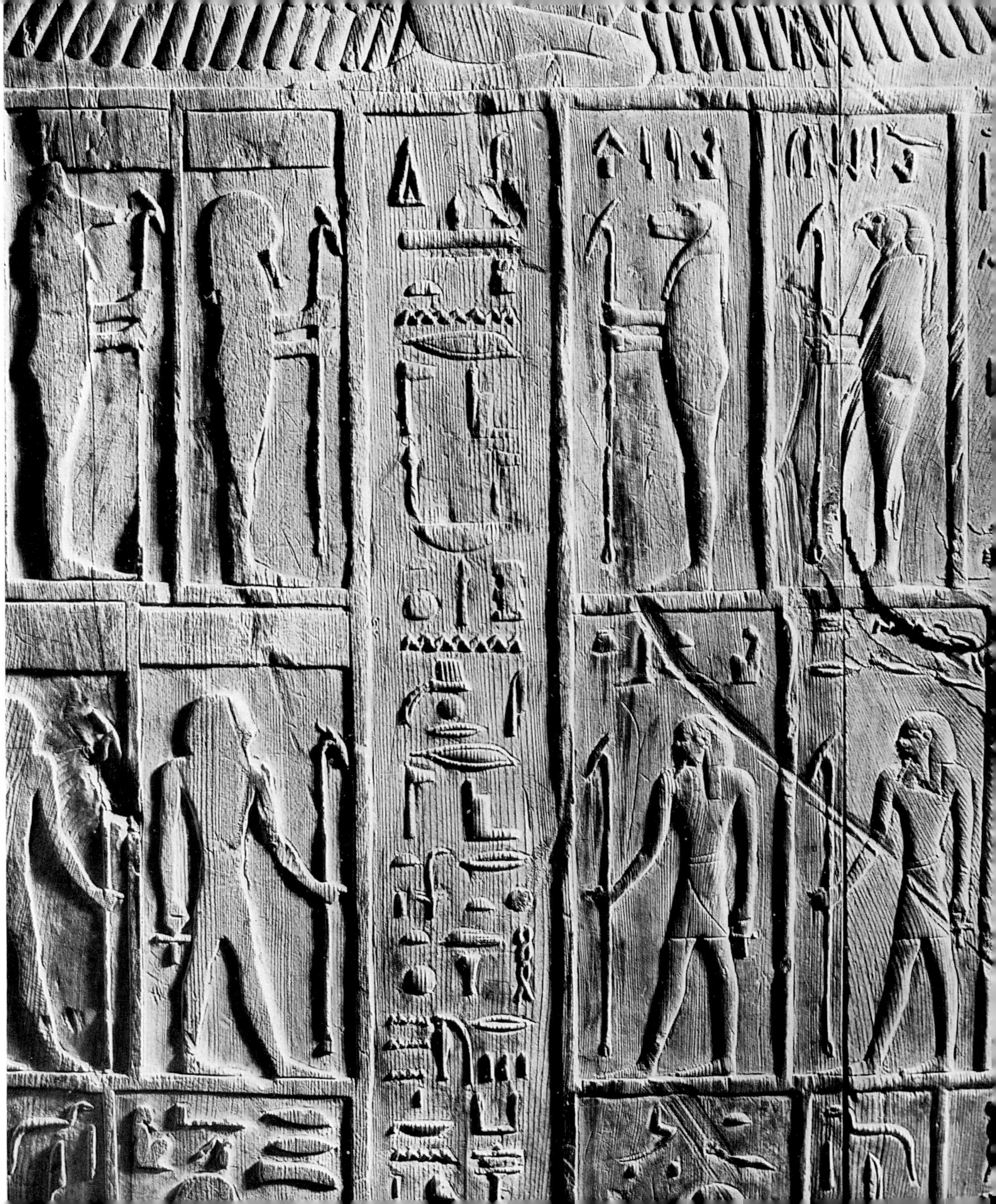

15
Der el-Kalaa: Tempelruine mit eingebautem Klostergebäude.
Erhalten sind teilweise die Säulen des Pronaos und das aus mächtigen Quadern bestehende Podium. Außenmaße der Cella 28×11 m

Bei den günstigen Bedingungen und der starken Vermehrung der Zeder, um die sich auch auf steinigem Boden rasch zahlloser Jungwuchs schart, war eine solche Reduzierung auch nicht zu befürchten. Die Vernichtung der Ze-

Abb. Seite 12

dernwälder ist vornehmlich eine Folge der Ziegenhaltung, der mit der Besiedlung der mittleren Gebirgsterrasse seit byzantinischer Zeit in zunehmender Ausdehnung jeder Baumnachwuchs zum Opfer fiel. Einen Anteil an der Waldvernichtung mögen auch die Köhler haben, die im Libanon selbst aus

Tafel 8

dünnen Stämmchen Holzkohle zu brennen verstehen. Verheerend hat sich auf die Restwaldungen die Eisenbahn ausgewirkt, deren Brennstoffbedarf während des ersten Weltkrieges die Axt des Holzfällers auch in vordem wenig berührte Waldgegenden dringen ließ.

Die Zeder in Poesie und Mythos

> «Der Dornstrauch, der im Libanon ist, sandte zur Zeder im Libanon und ließ ihr sagen: Gib deine Tochter meinem Sohn zum Weibe! Aber das Wild im Libanon lief über den Dornstrauch und zertrat ihn.» *2. Könige 14,9*

Man wird der Bedeutung der Libanonzedern im Altertum nicht gerecht, wenn man allein die wirtschaftlichen Aspekte betrachtet. In den Texten wird sehr oft auch auf das ästhetische Naturerlebnis des Zedernwaldes angespielt. Der imposante Anblick der prachtvollen Bäume, ihr wohltuender Schatten, der angenehme, eigentümliche Duft finden immer wieder Erwähnung. Der Ägypter war freilich für dieses Naturerlebnis nicht sehr aufgeschlossen. Ihm erweckte allein schon der Gedanke an die dichten Wälder Vorder-

Abb. Seite 52

asiens mit Regen, Nebel und sogar Schneefall, voll wilder Tiere und räuberischer Menschen, Unbehagen. Bezeichnenderweise ist in dem ägyptischen ‹Märchen von den beiden Brüdern› das Zederntal der abgelegendste Teil des von Ägypten kontrollierten Vorderasien. Zugleich ist aber auch die Zeder in dieser Erzählung ein Baum von besonderer Bedeutung, dem der jüngere der beiden Brüder sein Herz «oben auf die Blume legt», um es vor Feinden zu sichern. Wird der Baum gefällt, dann muß er mit ihm sterben. Doch gibt es auch dann noch Rettung innerhalb von sieben Jahren, wenn der ältere Bruder das Herz unter der gefällten Zeder auffindet und ins Wasser legt. So geschieht es dann auch, als der Pharao eine Expedition ausschickt, um den jüngeren Bruder durch das Fällen der Zeder, seines

‹Lebensbaumes›, zu töten. Der ältere findet nach vierjährigem Suchen endlich doch noch das Herz. Es gleicht einer Frucht des Zedernbaumes ... Die Fabel ist nicht ohne zutreffende Naturbeobachtungen. Die Frucht der Zeder, vor allem wenn sie noch nicht ausgereift ist und sich geöffnet hat, kann bei etwas Phantasie schon als ein Herz erscheinen. Sie liegt tatsächlich gleichsam auf «der Blume» des Zedernbaumes. Die Zedernzapfen wachsen nach oben aus den breitgefächerten Zweigen heraus und erwecken den Eindruck, als lägen sie auf einer grünen Matte.

Ziemlich reich an Zedernpoesie ist das Alte Testament. Das kann nicht überraschen, da selbst der weise König Salomo in seinen Liedern «die Bäume von der Zeder auf dem Libanon bis zum Ysop, der aus der Mauer herauswächst» besang (1. Kö. 4, 33). Als der höchste und majestätischste Baum des Libanon ist die Zeder der König der Bäume. Ihre Eigentümlichkeiten sind deshalb in die Bilder- und Gleichnissprache eingegangen. So sproßt der Gerechte wie eine Zeder (Ps. 92, 13); aber auch der übermütige Pharao wird mit einer Prachtzeder auf dem Libanon verglichen, die im Gewittersturm Gottes zusammenstürzt (Hes. 31). Poetisch ist der auf den Hohenpriester Simon bezogene Vergleich: «... war rings um ihn der Söhne Kranz wie Zedernsetzlinge auf dem Libanon» (Jes. Sir. 50, 12). Dagegen erscheint der Vergleich des Nilpferdschwanzes mit einer Zeder einer etwas barocken Dichterphantasie entsprungen zu sein (Hiob 40, 17).

Wie oft im Altertum greift die poetische Anwendung über in den religiösen Bereich. Besonders aufschlußreich sind in dieser Hinsicht die alttestamentlichen Überlieferungen, die in ziemlicher Breite die Vorstellung von einem Gottesgarten auf dem Libanon bezeugen. In diesem Gottesgarten dominieren selbstverständlich die Zedern als die Bäume Gottes im engeren Sinne. Bemerkenswert ist dabei, daß der Zederngarten auf dem Libanon in Beziehung gebracht wird zu Jahwe, dem Gott Israels. «Die Bäume Jahwes werden sich sättigen, die Libanonzedern, die er gepflanzt hat», heißt es im Psalter (104, 16). Beim Propheten Hesekiel wird sogar der mythische Weltenbaum als Libanonzeder in den Gottesgarten versetzt (Hes. 31, 1 ff.). Auch in die Endzeit-Vorstellungen hat der Gottesgarten Eingang gefunden. «Die Pracht des Libanon» mit seinen Zedern, Zypressen und anderen Bäumen wird nach dem neuen Jerusalem kommen (Jes. 60, 13). Sonderbar ist das widersprüchliche Verhältnis Jahwes zu dem Gottesgarten auf dem Libanon. Er ist der Schöpfer, zugleich aber auch der Vernichter seiner Pracht: «Siehe, der Herr, Jahwe der Heerscharen, zerschlägt die Äste der Kronen mit Schreckensgewalt. Die Emporragenden werden gefällt und die Hohen sinken nieder. Zusammengehauen wird das Dickicht des Waldes mit dem Eisen, und der Libanon fällt durch einen Gewaltigen» (Jes. 10, 33 f.).

Wie bei anderen ähnlichen Äußerungen liegt auch in diesem Falle eine bildliche Anwendung vor, und zwar auf die Jerusalem um 734/733 v. Chr. bedrohenden Koalitionspartner Rezin von Damaskus und Pekach von Israel. Das Bild kann aber nicht von ungefähr entstanden sein. Wie ist man zu der Vorstellung gelangt, daß Jahwe der Besitzer und zugleich auch der Vernichter des Gottesgartens auf dem Libanon sei? Psalm 80, 11 bietet einen Hinweis zur Erklärung. Auch an dieser Stelle ist von den Zedern im Gottesgarten die Rede. Besitzer der Zedern ist jedoch der Gott El. Das deutet auf die Übernahme der Funktion eines kanaanäischen Gottes El, der Herr des Libanon gewesen ist, durch Jahwe. Ein solcher Vorgang ist nicht singulär. Weiß man doch, daß Jahwe die Funktionen einer ganzen Reihe von alten Göttern des Kulturlandes übernommen hat. Die Verbindung des Gottes El mit dem Gottesgarten auf dem Libanon ist auch außerhalb des Alten Testaments bezeugt. In einem Text aus dem alten Ugarit ist von Wein die Rede, «dem höchsten Stolz des Libanon, den der Tau benetzt, den El gepflanzt hat». Die Zedern scheinen nach ugaritischer Vorstellung jedoch speziell dem Gott Baal zu unterstehen. Es mag sein, daß El im Wandel der ugaritischen Göttergeschichte diese Funktion an Baal abgetreten hat. Entsprechendes läßt sich auch in anderer Hinsicht beobachten. Jedenfalls steckt auch hinter dem im Alten Testament mit Jahwe identifizierten Zederngott eher ein Gott vom Typ des Baal. Das kommt besonders in der Schilderung seines Wirkens als Gewittergott zum Ausdruck, eine Aufgabe, die El üblicherweise nicht anvertraut ist. Psalm 29, der sich vermutlich sehr eng an ein älteres kanaanäisches Vorbild anschließt, bezeugt die Verbindung zwischen Gewittergott und Zedernwald: «Der Donner Jahwes zerschmettert die Zedern. Fürwahr, Jahwe zersplittert die Zedern des Libanon» (Ps. 29, 5 f.). Die Identität von Zedern- und Gewittergott ist ohne weiteres einsichtig, da sie sich vom Standort der Zedernwälder aus an Hand schlichter Naturerfahrung zwanglos ergibt. Auch in der Schilderung der Beziehungen des ugaritischen Baal zu den Zedern tritt gerade der Zug des Gewittergottes stark hervor. Er ist der Gott, vor dessen Hand «die Zeder ohnmächtig niedersinkt», wie es in einem der Baal-Texte poetisch ausgedrückt wird. Es sei an dieser Stelle noch einmal erinnert an die Parallelen zwischen dem Tempelbau für Baal von Ugarit und dem Tempelbau für Jahwe in Jerusalem. Beide bewohnen Zedernhäuser vom Libanon ähnlichen Typs. Alle diese Übereinstimmungen im Verhältnis zweier zeitlich und räumlich so weit voneinander entfernten Göttergestalten zum Zederngarten auf dem Libanon werden verständlich, wenn man erkennt, daß beide, der Stadtgott von Ugarit und der Stadtgott von Jerusalem, mit dem Baal des Zedernwaldes identifiziert worden sind. Die Auffassung von der

Gefahren der Bärenjagd in den vorderasiatischen Wäldern. Ägyptisches Sandsteinrelief vom Tempel in Luxor aus der Zeit Ramses II. (1290–1223)

Identifizierung des Zederngottes vom Libanon mit Jahwe erfährt noch eine Unterstützung durch die besonderen Umstände des Jerusalemer Tempelbaues. Es sind Fachleute aus Tyros, die das Zedernhaus für Jahwe nach dem ihnen vertrauten Tempelmodell errichten.

Eines der wichtigsten Heiligtümer des Baal vom Libanon kennen wir ziemlich genau. Es handelt sich um den zu Beirut gehörigen Bergtempel, oberhalb von Bet Meri, 732 Meter über dem Meeresspiegel. In den Ruinen *Tafel 15* des Tempels befindet sich heute ein maronitisches Kloster, das den Namen Der el-Kalaa (Festungskloster) trägt. Die Ausgrabungen der letzten Jahre haben eine ausgedehnte Anlage freigelegt, zu der außer dem Tempel noch verschiedene kleinere Heiligtümer gehören. Von der Bedeutung dieser Kultstätte zeugt auch eine Reihe von Inschriften, die den Herrn des Tempels als Baal Markod bezeichnen. In römischer Zeit trug er den gewichtigen Titel ‹Jupiter Optimus Maximus Balmarcodes›. Der Name des Gottes wurde schon im Altertum als ‹Herr des Tanzes› interpretiert. Was mit ‹Tanz› gemeint ist, wird durch alttestamentliche Parallelen deutlich. Die Verbalform des Beinamens Markod wird nämlich gerade im Zusammenhang mit der Schilderung der Verwüstung des Zederngartens durch Jahwe gebraucht: «Er macht den Libanon tanzen wie ein Kalb, den Sirjon (Antilibanon) wie einen Wildstier» (Ps. 29, 6; ähnlich 114, 4 ff.). Gemeint ist die Naturerscheinung des Erdbebens, die im Gebiet des Libanon nicht selten *vgl. Seite 15 f.* ist. Baal Markod ist danach als der ‹Herr des Erdbebens› zu verstehen, der die Berge tanzen läßt. Die Richtigkeit dieser Interpretation wird bestätigt durch die Gleichsetzung des Baal Markod in Weihinschriften aus dem Der el-Kalaa mit dem Poseidon Enosichthon, dem ‹Erderschütterer›.

Der Baal vom Libanon ist als der Herr des höchsten Gebirges in Syrien/Palästina und seiner Bergwälder eine in weitem Umkreis verehrte Gestalt gewesen. Der gelehrte Philo von Byblos zählt ihn zu den bedeutendsten Berggöttern Kanaans. Bei den Hethitern, die das Bestreben hatten, möglichst viele und ferne Götter ihrem Pantheon einzuverleiben, begegnet er als Schwurgottheit im Zusammenhang mit Vertragsabschlüssen. In Ägypten hat der Baalskult in der Zeit der besonders engen Verbindung mit dem Libanon während des Neuen Reiches breiten Eingang gefunden. In einem ägyptischen magischen Text werden böse Mächte mit den Worten beschworen: «Baal möge dich zerschmettern mit dem Zedernbaum, der in seiner Hand ist!» Diese Wendung erinnert sehr an eine Reliefdarstellung des Baal von Ugarit. Der Gott trägt in seiner Linken eine Waffe, die einem unten speerähnlich zugespitzten Baum äußerst ähnlich sieht.

Von der religiösen Bedeutung der Zedern als Bäume des Gottesgartens fällt auch Licht auf den kultischen Wert des Zedernholzes. Wie kein anderes

Der Baal von Ugarit als Wettergott mit Keule und Baum (auch als Blitz gedeutet) auf Bergen stehend. Die kleine Gestalt in Beterhaltung stellt den König von Ugarit dar. Reliefstele aus Ugarit, etwa 13. Jahrhundert v. Chr.

Holz ist es zum Bau von Gotteshäusern geeignet. Gern wird es zur Herstellung kleinerer Kultgegenstände benutzt. «Es ist das Holz, das er (der Gott Amun) liebt», sagt Thutmosis III. schlicht und eindrucksvoll. Unter dieser Voraussetzung ist das Fällen von Zedern für den Tempelbau eine fromme Handlung. Nebukadnezar zum Beispiel rühmt sich, das Bauholz für den Tempelturm in Babylon eigenhändig geschlagen zu haben. Verwerflich ist dagegen die profane Verwendung des ‹heiligen› Holzes. So wird die Entrüstung über die Heranziehung der in Jerusalem für die Erweiterung des Tempels lagernden Zedernstämme durch Johann von Gischala zur Herstellung von Verteidigungsmaschinen verständlich. Nach dem Midrasch Rabba zu 1. Mose 2, 8 hat Rabbi Jochanan gesagt: «Die Welt ist nicht wert, sich des Nutzens der Zeder zu erfreuen. Warum wurde dann aber die Zeder geschaffen? Um des Tempels willen!»

Gilgamesch, der berühmteste Frevler an den heiligen Zedern im Gottesgarten, ist im Zweistromland beheimatet. Er war König von Uruk (um 2700 v. Chr.), der erste aus dieser Stadt, der geschichtliche Konturen trägt, aber sich noch an der Grenze zu Sage und Mythos befindet. Mancherlei Legenden haben sich um seine Gestalt gerankt, die ihren Niederschlag insbesondere in dem großen Gilgamesch-Epos fanden. Vom Sonnengott Schamasch wird Gilgamesch aufgefordert, eine Strafexpedition gegen Chumbaba, den schrecklichen Hüter des heiligen Zedernforstes auf dem Götterberg, zu unternehmen. Mit seinem Freund Enkidu erreicht er nach langer Reise den Zedernwald: «Sie standen schweigend und schauten den Wald an. Sie sahen die Zedern, staunten ob der Höhe der Stämme. Sie blickten den Wald an und die breite Schneise, die in ihn hineinführt, den Weg, auf dem Chumbaba einhergeht ...» Die beiden Beauftragten des Sonnengottes befreien sich rasch von dem Eindruck der Waldeinsamkeit und beginnen mit dem Fällen einiger Zedern, um Chumbaba herbeizulocken. Dies gelingt, und der grimmige Hüter des Gotteswaldes wird von Gilgamesch erschlagen. Dennoch geht das Abenteuer für die beiden Helden nicht gut aus. Die Götter beschließen, daß wenigstens einer der beiden Frevler sterben muß, obgleich sie im Auftrag des Sonnengottes handelten. Dieses Los trifft Enkidu; aber auch für Gilgamesch scheint die Handlung im nicht erhalten gebliebenen Schlußteil des Epos den Tod zu bringen.

Höchstwahrscheinlich hat man den Zederngarten des Gilgamesch-Epos ursprünglich nicht im Libanon lokalisiert, sondern im Amanus. Es gibt aber eine Fassung des Textes aus dem Anfang des zweiten Jahrtausends v. Chr., die den Libanon als Ort des Zedernberges der Götter ausdrücklich nennt. Merkwürdig ist das in dieser Version anzutreffende Motiv vom Fällen einer heiligen Zeder auf dem Libanon, die auf dem Euphrat nach Babylon gebracht wird. Wir wissen nicht, ob irgendwelche geschichtlichen Erinnerungen hierin zum Ausdruck kommen, ob möglicherweise Gilgamesch schon bis zum Libanon vorgedrungen ist. Deutlich wird aber auch in dieser Fassung, daß man in den Zederngarten der Götter nicht ungestraft eindringt. Sehr viel später und in ganz anderem Zusammenhang sieht auch der Prophet Jesaja gerade darin einen Frevel, daß Sanherib bis zu den höchsten Zedernstandorten im Libanon vordringt und dort Zedern fällt (Jes. 37, 24).

Gilgamesch und Enkidu erblicken bei ihrem Zug durch den Zedernwald der Götter auch das Heiligtum, das sich auf dem Berge inmitten des Waldes befindet. Wie man sich solch einen Berg mit heiligem Hain und Tempel vorzustellen hat, zeigen bildliche Darstellungen von Tempelanlagen aus Mesopotamien. Besonders die assyrischen Herrscher rühmen sich der künstlichen Anlage heiliger Haine mit Zedern und anderen fremden Bäumen «wie im Amanus». Auf diese Baumgärten, die teilweise auch profanen Zwecken der Herrscher dienten, mag sich die Gerichtsankündigung Jesajas gegen den König von Assur beziehen: «Die Pracht seines Waldes und seiner Baumgärten wird er (Gott) vernichten mit Stumpf und Stiel ... Der Rest seiner Waldbäume wird dann leicht zu zählen sein, so daß sogar ein Knabe sie aufschreiben kann» (Jes. 10, 19).

Tempel mit heiligem Wald. Vor dem Tempel mit der Götterstatue ein Altar

Überraschend an der Schilderung des Heiligtums auf dem Zedernberg im Gilgamesch-Epos ist die Gottheit, die dort residiert. Erwarten sollte man einen Tempel des Baal, es handelt sich jedoch um einen Tempel der Göttin Ischtar. Es hat den Anschein, als hätte nach der Mythologie des Gilgamesch-Epos Baal eine leichte Degradierung vom Besitzer des Zedernwaldes zu seinem Wächter erfahren. Unverkennbar trägt der schreckliche Chumbaba einige Züge des Gewittergottes Baal. Auffälligerweise unterstehen nun auch im Libanon die Zedernwälder im Hinterland von Byblos nicht dem

Baal, sondern der Baalat, der Stadtgöttin von Byblos. Als der schon mehrfach zitierte Beamte Sen-nefer im Auftrage Thutmosis' III. zum Zedernfällen ins Gebirge hinaufzieht, versäumt er es nicht, der Baalat von Byblos reiche Opfergaben darzubringen. Es scheint auch, daß die Göttin im Zederngebiet selbst ein Heiligtum besaß. Die Bemerkung Thutmosis' III., wonach er die Schiffe für seine Euphratexpedition «in der Nähe der Herrin von Byblos» herstellen ließ, ist kaum anders zu verstehen. Die Ägypter haben auch die Baalat von Byblos mit einer Göttin des Nillandes, mit Hathor, identifiziert. Min-msw, der Truchseß Amenophis' II. (1436–1412), berichtet, daß er unter anderem mit der Leitung der Bauarbeiten am Tempel der «Hathor, Herrin von Byblos» beauftragt gewesen sei. Sicher hat bei

dieser Gleichsetzung der ursprüngliche Charakter der Hathor als Baumgöttin eine Rolle gespielt. Ihr unterstanden die Friedhöfe mit ihrem hohen Bedarf an Zedernholz und Zedernprodukten. Insbesondere fällt die Bereitstellung der Ruder des Totenschiffes, mit dem der Verstorbene den Totenfluß überquerte, in ihr Zuständigkeitsbereich.
Des Baal vom Libanon und der Baalat von Byblos gedenkt man heute in den Bergen des Libanon längst nicht mehr. Manches klingt aber doch in der christlichen Tradition des Libanon noch nach. In der Liturgie der Maroniten, der hauptsächlich im Libanon vertretenen christlichen Konfession, begegnet Maria unter dem Titel ‹Zeder vom Libanon›. Die ältesten Zedernhaine sind noch heute sorgsam gehüteter Besitz der Kirche, die in Bscherre und Hadeth kleine Kapellen unterhält. Das ‹Fest der Gotteszedern› wurde im Hain von Bscherre noch bis vor wenigen Jahrzehnten gefeiert. Selbst die Nachfahren der alten Pilger, die stets in Eile befindlichen Touristen, ergreift Andacht, wenn sie in den ehrwürdigen Hain von Bscherre geführt werden, um die ‹ars sleman›, die ‹Zedern Salomos›, zu bewundern. Was macht es schon aus, daß selbst die ältesten Zedernrecken von Bscherre günstigsten Falles in ihrer Jugend gerade noch die Zeit der Kreuzfahrer gesehen haben. Sie sind mehr als ein Naturdenkmal, sie sind ein Symbol des Libanon, ein Symbol seiner an Stürmen reichen Geschichte und zugleich seiner alle Unbilden überdauernden, unverwüstlichen Lebenskraft.

Die Küstenstraße am Ras el-Kelb um 1880

Der Eintritt in die Weltgeschichte

«Ich errichtete eine Stele mit meinem großen Namen im Lande Lab'an an der Küste des großen Meeres.»

Schamschi-Adad I. von Assur, 1815-1783

Wer heutzutage von Beirut an der Küste entlang nach Norden reist, spürt nichts mehr von den Schwierigkeiten, die diese Route dem Reisenden in alter Zeit bereitete. Kreuzungsfrei schwingt sich die Autobahn oberhalb der schmalen Küstenebene am Rande der unteren Gebirgsterrasse entlang. Nur das steil bis ans Meer reichende Vorgebirge am Nahr el-Kelb nötigt sie, ihren Weg für ein paar hundert Meter in das Gehäuse eines Tunnels zu verlegen. Dieser moderne Tunnelbau kennzeichnet die jüngste Phase in der langen Geschichte der Küstenstraße. Bis zum Jahre 1960 verlief sie

auf einer schmalen, dem Vorgebirge abgerungenen Stufe nur wenige Meter über dem Meeresspiegel um das Massiv des Ras el-Kelb herum. Die Vorgängerin dieser Straße, unter Kaiser Marcus Aurelius in den Jahren 179/180 n. Chr. in den Felsen gehauen und vom Präfekten Tatianus 382 n. Chr. erweitert, überquerte den Steilhang in etwa 30 Meter Höhe. Die Spuren des ältesten ausgebauten Weges aus altorientalischer Zeit führen noch steiler hinauf und zeigen, daß der Paß in jener Zeit für größere Karawanen und Kriegsheere nicht leicht und rasch, für Schwerlasttransporte überhaupt nicht zu passieren war.

An sich wäre der Übergang am Nahr el-Kelb mit seinen Wegen aus verschiedenen Zeitaltern keiner besonderen Erwähnung wert, denn es fehlt auf der Küstenroute von Palästina nach Nordsyrien nicht an ähnlichen schwer zu überwindenden Vorgebirgen. Was den Engpaß am Ras el-Kelb vor allen anderen ähnlichen Übergangsstellen auszeichnet, ist die stattliche Anzahl von Inschriften, die ein Spiegelbild von mehr als dreitausend Jahren libanesischer Geschichte sind. Wenn sich gerade hier Felsinschriften von Herrschern verschiedener Reiche und Zeiten zusammenfinden, so deutet dies freilich doch auf eine besondere Bedeutung des Übergangs, die andere Engpässe der Küstenstraße nicht aufzuweisen haben. Die topographische Situation läßt auch heute noch erkennen, daß an dieser Stelle die natürliche Grenze zwischen dem nördlichen und dem südlichen Teil der libanesischen Küstenregion verläuft. Gebildet wird diese Grenze weniger durch das Vorgebirge Ras el-Kelb, als vielmehr durch das Tal des ihm unmittelbar nördlich vorgelagerten Nahr el-Kelb, der hier seine Fluten dem Mittelmeer zuführt. Das Flüßchen selbst ist kein bedeutendes Hindernis. Die auf Strabon zurückgehende und bis in die Neuzeit hin und wieder aufgefrischte Behauptung, der Nahr el-Kelb sei im Altertum ein schiffbarer Strom gewesen, der Kauffahrteischiffe weit ins Innere des Landes getragen habe, ist in jeder Hinsicht eine Fehlinformation. Der Nahr el-Kelb ist weder schiffbar gewesen, noch hat es jemals eine Ortslage an seinem Lauf gegeben. Zur Grenze wird er durch sein tiefeingeschnittenes Tal, das nur an der Mündung, nicht aber landeinwärts zu überqueren ist. Erst seit einigen Jahren gibt es eine Straßenverbindung am Oberlauf, 15 Kilometer von der Küste entfernt, die das Tal in vielen Windungen passiert. Im Altertum bestand jedenfalls keine Möglichkeit, den Paß am Ras el-Kelb im Binnenland zu umgehen, wie es etwa am Vorgebirge von Ras Schekka, nördlich von Batrun, geschehen konnte. Der Übergang über den Nahr el-Kelb, wahrscheinlich schon in altorientalischer Zeit durch eine Brücke erleichtert, und auf schmalem Felsenpfad weiter über das steil aufragende Vorgebirge war also gleichsam ein Nadelöhr, durch das sich der Verkehr in der Küstenebene zwängen mußte. Die militärische Bedeutung eines solchen Engpasses liegt auf der Hand. Wer ihn unter seine Kontrolle bringen konnte, der hatte in der Tat Anlaß, gerade hier eine Stele aufzurichten oder eine Felsinschrift als Zeichen des Besitzes anzubringen. Es spricht für die Bedeutung des Passes am Nahr el-Kelb, freilich auch für die Macht der Tradition, wenn die Reihe der Inschriften nicht nur aus den Zeugnissen altorientalischer Herrscher besteht, sondern sich bis in die Gegenwart fortsetzt. Die militärische Bedeutung des Passes hat auch in der Lokalsage ihren Ausdruck gefunden. Nach ihr soll der Nahr el-Kelb (‹Hundsfluß›) seinen Namen dem einst an der alten Römerstraße aufgestellten Standbild eines Hundes verdanken, der beim Nahen eines Feindes so lautes Gebell erhoben habe, daß es zwei Meilen im Umkreis hätte gehört werden können. In Wirklichkeit ist freilich der arabische Name nur eine Übersetzung des für schnellfließende Gewässer öfters gebrauchten griechischen Namens Lykos (‹Wolf›). Immerhin fanden Pioniere der alliierten Truppen

Tafel 16

im Jahre 1942 beim Bau des Eisenbahntunnels die Reliefplastik eines Hundes beziehungsweise Wolfes.

Die ältesten der Inschriften am Nahr el-Kelb hat Ramses II. (1290–1223) anbringen lassen. Er war wohl überhaupt der erste Herrscher, der das Wagnis eines militärischen Vormarsches auf dem Küstenpfad unternahm. Üblicherweise benutzte man den bequemen Weg durch die Bekaa und schickte zugleich zur Flankensicherung eine Flotte an der Küste entlang, die von See aus operieren und Truppen landen konnte. Wahrscheinlich nötigte die Überlegenheit feindlicher Flottenkräfte Ramses II., von dieser bewährten Strategie abzugehen. Bereits um die Mitte des vierzehnten Jahrhunderts v. Chr. waren die Achäer zur ersten Seemacht im östlichen Mittelmeerraum geworden. Im Kampf um die Vorherrschaft in Syrien zwischen dem Hethiterreich und den Pharaonen standen sie auf der Seite der von Norden vordringenden Hethiter. Ramses II. hat mehrfach den Engpaß am Nahr el-Kelb benutzt. Er ist allein mit drei Inschriften vertreten, von denen eine allerdings dem Ruhme Napoleons III. weichen mußte. Der Chef der französischen Militärexpedition General Beaufort ließ im Jahre 1860 eine der Inschriften Ramses' II. wegmeißeln, um ohne große Mühe einen würdigen Rahmen für seine Worte zum Andenken an die von ihm unternommenen Operationen zu gewinnen.

Die Inschriften am Hundsfluß führen längst nicht bis in jene Zeit zurück, in der der Libanon in den Lauf der großen politischen Geschichte einbezogen zu werden begann. Sie sind aber ein Symbol der Geschichte des Libanon überhaupt. Es kennzeichnet diese Geschichte, daß sämtliche Inschriften von fremden Herrschern oder Feldherren stammen. Nur die jüngste unter ihnen macht eine Ausnahme. Sie ist dem Abzug der letzten französischen und englischen Truppen am 31. Dezember 1946 gewidmet.

Die kleinen Gemeinwesen, die sich im Verlaufe des vierten und dritten Jahrtausends im Gebiet des Libanon gebildet hatten, betraten nicht als aktive Mitspieler das Podium der Weltgeschichte. Ihre Rolle war von vornherein bestimmt und begrenzt durch die geographische Situation. Für die Bildung einer Großmacht fehlten die Voraussetzungen. Die natürlichen Gegebenheiten haben vielmehr dem Libanon – wie überhaupt der Küstenregion Vorderasiens – das Schicksal eines Durchgangslandes auferlegt. Diese Situation hatte ihre Vorteile, aber auch ihre sehr erheblichen Nachteile. Durchgang verlangte einerseits der Handelsverkehr. Der wirtschaftliche Austausch zwischen dem Osten Vorderasiens, der Ägäis und Ägypten lief zu allen Zeiten vorwiegend über die Häfen der Mittelmeerküste, unter denen die im Schutze des Libanongebirges liegenden zu den bedeutendsten zählten. Durchgang forderten andererseits aber auch die Heere der Groß-

mächte, wenn es um die Vorherrschaft in der Alten Welt ging. Wichtig war es dabei, das Durchgangsland selbst unter Kontrolle zu bekommen. Wer den Raum zwischen Palästina und der Orontesmündung beherrschte, der hatte die Schlüsselposition für eine Weltherrschaft in der Hand. Es kam noch hinzu, daß dieses Durchgangsgebiet Länder von großem wirtschaftlichen Reichtum umschloß, der dem politischen Oberherrn nur willkommen sein konnte. Zunächst freilich, bis zum Ende des dritten Jahrtausends, waren die Staatswesen in den weiträumigen Kulturlandschaften der Alten Welt noch nicht in der Lage, eine so weitgespannte und langfristige Großmachtpolitik zu betreiben, daß diese auch den Libanon und die ihm benachbarten Gebiete Syriens/Palästinas hätte mit einschließen können. Das Quellenmaterial erlaubt es dem von jenen Zeiten weit entfernten Historiker, sich ungefähr auszumalen, wie sich die großen Staaten des Zweistromlandes und des Niltals allmählich nach Syrien vortasten. Dieser Prozeß beginnt schon in früher Zeit. Wenn man nicht bereits den sagenhaften Zug Gilgameschs von Uruk als geschichtlichen Vorgang anerkennen will, dann hat nach unserer derzeitigen Kenntnis Meskigala von Adab um 2350 v. Chr. als erster mesopotamischer Herrscher eine Expedition zum Amanusgebirge an die Mittelmeerküste gesandt. Die Kette solcher Unternehmungen reißt dann nicht mehr ab. Fast jeder Herrscher Mesopotamiens, der größere Bedeutung beansprucht, unternimmt den Marsch zum ‹oberen Meer›, wie in den Texten aus dem Zweistromland das Mittelmeer im Unterschied zum ‹unteren Meer›, dem Persischen Golf, genannt wird. Bald dringt man weiter nach Südwesten vor.
Die wenigen Nachrichten, die uns über diese frühen Expeditionen zum Mittelmeer zur Verfügung stehen, lauten alle sehr ähnlich. Die Könige waschen ihre Waffen in den Fluten des oberen Meeres und errichten an geeigneter Stelle einen Inschriftstein, der von ihrer Anwesenheit kündet. Verfehlt wäre es allerdings, diese Züge zum Mittelmeer als Unternehmungen zur bewaffneten Exploration unbekannter ferner Länder zu deuten. Die westasiatische Küstenregion war durch einen recht intensiven und ausgedehnten Handel, dessen Zeugnisse wir an vielen Ausgrabungsstätten finden, in den Städten Mesopotamiens längst bekannt. Mit den Handelsbeziehungen stehen die bewaffneten Züge der mesopotamischen Könige nach dem Westen aber zweifellos in Zusammenhang. Ihr Auftreten in bewaffneter Demonstration stärkte die Position ihrer eigenen Handelsleute. Für sie war es nützlich, einem Staat von großer Machtentfaltung anzugehören, der augenscheinlich auch weit entfernt von seinem Territorium militärisch wirksam zu werden vermochte. Natürlich konnte ein solcher Demonstrationszug nicht alljährlich wiederholt werden, jedenfalls nicht in der frühen

Zeit der mesopotamischen Staatsentwicklung. Dies war aber auch nicht notwendig; denn der königliche Führer des Heereszuges blieb präsent in Gestalt der Stelen, die er errichtete. Nach alter Auffassung waren Bild und Namenszug einer Person mit ihr selbst identisch. Solche bildhaften Stellvertreter waren also mehr als nur Erinnerungszeichen an ein ruhmvolles Unternehmen. Sie blieben wirksam, so lange die Macht existierte, die sie repräsentierten. Von diesem Aspekt aus gesehen, ist das Errichten von Stelen und das Anlegen von Felsinschriften ein Akt der Besitzergreifung. Wenn auch der reale politische Vollzug des darin zum Ausdruck kommenden Anspruchs ausblieb, propagandistisch wurde er in jedem Falle wirksam.

Eine nicht zu enge politische Verbindung mit einer Großmacht im Zweistromland konnte für einen der Kleinstaaten in Westasien in mancher Hinsicht von Vorteil sein. Innerhalb dieser stets von vielfältigen Interessen und Gegensätzen zerrissenen Kleinstaatenwelt bedeutete allein schon die lose Zugehörigkeit zu einer Großmacht für den einzelnen Dynasten höhere Sicherheit und stärkeres politisches Gewicht. In einem Staatensystem, in dem jeder bessere Bürgermeister König von Gnaden seiner Stadtgottheit war, galt der Titel eines hohen Beamten einer fernen Großmacht viel. Selbst ein gewisser – vielleicht nur ideeller – Verlust an Souveränität konnte daher in Kauf genommen werden. Von hieraus wird es verständlich, wenn Ibdati, einer der Könige von Byblos im 21. Jahrhundert v. Chr. und der erste, den wir namentlich kennen, den Titel eines ‹ensi›, eines von den Herrschern der dritten Dynastie von Ur mittelbar abhängigen Königs trägt. Zweifellos ist die darin zum Ausdruck kommende Anerkennung der Oberherrschaft von Ur nicht die Folge eines Eroberungskrieges gewesen. Das unwillkommene Joch einer südmesopotamischen Großmacht hätte der Dynast von Byblos in jener Zeit rasch wieder abschütteln können. Beiderseitige Interessen müssen zu dieser Bindung geführt haben. Es ist überhaupt die Politik der dritten Dynastie von Ur gewesen, handelspolitisch interessante Stadtstaaten im syrischen Raum fester an sich zu binden. Im besonderen Falle von Byblos scheint es, als sei Ur an die Stelle einer älteren nominellen Oberherrschaft Ägyptens getreten, die gegen Ende des Alten Reiches um 2250 v. Chr. wirkungslos geworden war. Byblos hat zweifellos angesichts der wirtschaftlichen und politischen Schwäche Ägyptens während der ‹ersten Zwischenzeit› seine Handelsverbindungen mit Mesopotamien ausgebaut und politische Anlehnung an das Reich von Ur gesucht und gefunden. Diese Annahme ist um so einleuchtender, als auch Byblos um die
Tafel 22 Mitte des 23. Jahrhunderts v. Chr. verwüstet worden war. Nach Ausweis der Ausgrabungen beginnt es sich erst um 2100 v. Chr. wieder zu erholen.

In dieser Situation war die Bindung an das sumerische Reich von Ur besonders nützlich.
Ägypten ist also auf längere Zeit aus der Reihe der byblischen Handelspartner ausgeschieden. Demgemäß sind bei den Ausgrabungen im Libanon keine Gegenstände ägyptischer Herkunft aus dem Zeitraum zwischen Pepi II. und Sesostris I. (ca. 2270–1970) geborgen worden. Entsprechend klagt der Verfasser der ‹Ermahnungen eines ägyptischen Weisen›, die von den Zuständen während der ersten Zwischenzeit handeln: «Man setzt heute keine Segel mehr nach Byblos. Was werden wir tun, um das Zedernholz für unsere Toten zu ersetzen?»

Die Pharaonen und der Libanon

«Du durchziehst fröhlich alle Länder, und dort, wo Deine Majestät ist, gibt es niemand, der angriffe.»

Hymnus auf Thutmosis III.

Das Verhältnis Ägyptens zur vorderasiatischen Küstenregion gleicht in den Grundzügen der Syrienpolitik der frühen mesopotamischen Staaten. Auch die Pharaonen waren bestrebt, ihren Einflußbereich allmählich immer weiter auszudehnen. Die bequeme Seeverbindung zu den Handelsplätzen an der westasiatischen Küste machte jedoch die Herstellung einer sicheren Landbrücke durch Unterwerfung größerer Gebiete überflüssig. Offensichtlich war es während des Alten Reiches gelungen, Byblos und sein waldreiches Hinterland soweit unter Kontrolle zu bringen, daß der Holzexport nach Ägypten reibungslos vonstatten ging. Ägyptische Kolonie im exakten Sinne des Begriffes ist aber Byblos nie gewesen. Ägypten hat niemals Anstalten gemacht, seine Position in Byblos oder später auch in anderen Gegenden Vorderasiens durch Siedler aus dem Nilland zu festigen.
Vom byblischen Standpunkt aus gesehen, war der enge Kontakt mit Ägypten nicht ohne Vorteile, da die Pharaonen selbstverständlich bestrebt waren, ihren Handelsstützpunkt durch Erschließung benachbarter Gebiete auszubauen. Gewiß ging es dabei zunächst um holzreiche Gebirgsgegenden, Ägypten war aber auch in anderen wichtigen Gütern von Importen aus Vorderasien abhängig. Zu diesen gehörte vor allem Olivenöl. Der Ölbaum gedeiht nicht im Nilland; aber das Öl seiner Früchte ist als Nahrungsmittel und Rohstoff für kosmetische Erzeugnisse in Ägypten stets begehrt gewe-

sen. Die zahlreichen Keramikgefäße palästinisch-südsyrischer Herkunft, die sich auf archäologischen Fundplätzen bereits der ägyptischen Frühgeschichte finden, dürften Verpackungsmaterial für Olivenölimporte gewesen sein. Ein bedeutendes Olivenanbaugebiet war sicher schon in früher Zeit das
vgl. Seite 9 f.
Gebiet nördlich von Byblos. Es lag also nahe, auch diese Gegend unter ägyptische Kontrolle zu stellen und dem Territorium von Byblos zuzuordnen. Vielleicht ist das im Unterschied zur Stadt Byblos erstmalig ausgangs des 18. Jahrhunderts v. Chr. erwähnte ‹Land Byblos› hier zu suchen.

Da den Interessen der Fürsten von Byblos die Anerkennung der Oberherrschaft Ägyptens dienlich war, hat sich Byblos dann auch nach dem Intermezzo der nominellen sumerischen Oberherrschaft wieder dem ägyptischen Einfluß in der Epoche des Mittleren Reiches geöffnet. Allerdings liegt dazwischen ein dunkler Geschichtsabschnitt, in dem es Veränderungen in der herrschenden Bevölkerungsschicht gegeben zu haben scheint. Die Könige von Byblos dieser Zeit tragen westsemitische Namen und gehören zu den seit Ende des dritten Jahrtausends im vorderasiatischen Kulturland als neues Bevölkerungselement zunehmend bemerkbar werdenden Amoritern. Der in Byblos inschriftlich bezeugte ägyptische Einfluß setzt erst gegen Ende der XII. Dynastie unter Amenemhet III. (1842–1797) wieder ein, obgleich die Holzexporte nach Ägypten bereits unter Amenemhet I., dem ersten Herrscher der Dynastie, bald nach 1991 wieder in Gang gekommen sind.

Vor den Pharaonen des Mittleren Reiches stand die Aufgabe, nach einer über 250 Jahre währenden Unterbrechung wieder eine Position im Ostmittelmeerraum zu erringen. Die Methode, deren man sich bediente, lehrte bereits Cheti III., einer der Herrscher der X. Dynastie, um 2100 v. Chr. seinem Sohn Merikare: «Sende deine Statuen in ein fernes Fremdland!» Diesen Rat haben die Pharaonen des Mittleren Reiches befolgt. Sofern sie auf Schichten aus dieser Zeit gestoßen sind, haben fast alle Ausgrabungen in den Handelsstädten am östlichen Mittelmeer Statuen und andere mit den Namenszügen von Königen der XII. Dynastie gezeichnete Gegenstände freigelegt. Bei den Statuen handelt es sich bezeichnenderweise meist um Sphingen, die speziell die Macht des ägyptischen Königs versinnbildlichen. Selbstverständlich sind solche ägyptischen Kunstwerke nicht als Bezahlung für Warenleistungen in den Libanon gekommen. Welcher Geschäftsmann hätte wohl eine nicht weiterverkäufliche Granitsphinx als Zahlung für Holz, Olivenöl oder Vieh entgegengenommen! Im normalen Handelsverkehr zahlte der ägyptische Partner mit Gold, Bruchsilber, Leinengewändern, Papyrus, Hülsenfrüchten und mannigfaltigen Luxusgütern. Daneben rechnete man noch mit ‹Königsgaben›für den Stadtherrscher und die Stadt-

götter. Um die Versendung solcher Königsgaben ging es zunächst den Herrschern des Mittleren Reiches. Diese ‹Politik der Geschenke› ist erfolgreich gewesen. Sie hat Vertrauen in die wiedererstarkte wirtschaftliche und politische Macht des Pharaonenreiches erweckt und die Vorteile einer engeren Bindung an Ägypten deutlich gemacht.
‹Königsgaben› waren zugleich auch Propaganda für die altägyptische Kultur. Der Erfolg ist in dieser Hinsicht ebenfalls groß gewesen. Ein eindrucksvolles Zeugnis dafür sind die Beigaben in insgesamt neun Gräbern byblischer Könige aus der Zeit der XII. Dynastie. Das erste von ihnen wurde im Jahre 1922 entdeckt und gab Anlaß zur Eröffnung der Ausgrabung des alten Byblos, die gegenwärtig noch im Gange ist. Die Beigaben, überwiegend kleine Wertgegenstände aus Edelmetallen, Edelsteinen und Bronze, könnten ebenso aus einem ägyptischen Grab der gleichen Zeit stammen. Dennoch sind nur ganz wenige Stücke, darunter ein Juwelenkästchen aus Obsidian, das den Namenszug Amenemhets IV. (1798–1790) trägt, echte Königsgaben der Pharaonen. Alles übrige ist Nachbildung byblischer Kunsthandwerker. Man erkennt dies an der ungeschickten und fehlerhaften Wiedergabe ägyptischer Hieroglyphen und an gewissen Mängeln in der künstlerischen Qualität. *Tafel 20–24*
Wenn man kostbare ägyptische Luxusgegenstände im Byblos der mittleren Bronzezeit nachzubilden verstand, dann wirft das nicht nur Licht auf die Fertigkeit des einheimischen Handwerks. Es läßt darüber hinaus auch etwas vom Lebensstil am Königshof der Hafenstadt erkennen. Den Bestattungsgebräuchen gemäß dürfte es sich um Gegenstände handeln, die zur Paradeausstattung des Königs gehörten. Es überwiegen die Schmuckstücke, Ringe, Armreifen, Ohrgehänge, Kopfbänder und Pektorale – zierende Brustscheiben von meist rechteckiger Form, die an einem Bande getragen wurden. Ein nicht zu lokalisierender, durch Raubgrabung entdeckter Beigabenschatz enthält sogar goldene ‹Überschuhe› für das Paradepferd des Herrschers. Gebrauchsgegenstände sind dagegen selten. Immerhin gibt es Spiegel, Dolche und Lampen. Salbgefäße deuten an, daß vielleicht die bei den Ägyptern beliebte Sitte des Einsalbens mit duftenden Fetten Eingang gefunden hatte. Die hinter den Bestattungsbräuchen stehende Jenseitsvorstellung hat ägyptischer Einfluß aber nicht erreicht. Es gibt keinen Hinweis auf eine Mumifizierung der Toten. Es fehlt auch die für ägyptische Gräber so charakteristische Ausstattung mit allen notwendigen Geräten des Alltagslebens.
Bereits die nach ägyptischem Vorbild gestalteten mächtigen Sarkophage der Königsgräber von Byblos weisen die libanesischen Steinbearbeiter als Könner ihres Handwerks aus, in dem sie später einen internationalen Ruf erlangen sollten. *Tafel 17, 18*

16
Die Mündung des Nahr el-Kelb (um 1920).
Das Ras el-Kelb mit den alten Paßwegen liegt hinter dem Felsmassiv links.
Die arabische Bogenbrücke für Saumtier- und Fußgängerverkehr stammt aus dem 14. Jahrhundert n. Chr. Am rechten nördlichen Ufer ist unter dichtem Bewuchs ein alter Aquädukt zu erkennen. Heutzutage ist der Anblick durch starken Baumbestand und die neue Straßenbrücke verändert.

17, 18
Geborgene Sarkophage der byblischen Königsmetropole (erste Hälfte des 2. Jahrtausends v. Chr.).
[17] Königssarkophag.
[18] Die Säule stammt aus römischer Zeit.

19
Importierte syrische
Bären und Gefäße.
Reliefbruchstück aus
dem Totentempel
des Königs Sahure
in Abusir
(um 2500 v. Chr.)

20
Byblos: Stadtmauer um 2500 v. Chr. mit Strebepfeilern am Fuße der Kreuzfahrerfestung. Rechts vor der mit Strebepfeilern versehenen Mauer Reste der ältesten Stadtmauer um 2800 v. Chr., daran anschließend Grundmauern von Wohnbauten etwa aus der gleichen Zeit

21
Byblos: Blick von der Kreuzfahrerzitadelle auf den Palast mit rekonstruiertem Innentor (Mitte 3. Jahrtausend v. Chr.). Links neben dem Tor ein Tempel aus der gleichen Zeit. Daneben sind freigelegt die Grundmauern von Wohnhäusergruppen aus der Übergangszeit zwischen Chalkolithikum und Frühbronzezeit (um 3200 v. Chr.). In der Bildmitte vor der gewaltigen Stützmauer der zur «Königsquelle» führende Schacht. Im Vordergrund rechts die Umfassungsmauer des Baalat-Tempels (vergleiche Tafel 22), daran nach links anschließend das Terrain des ehemaligen heiligen Sees, dessen geschwungene Einfassung aus der Frühbronzezeit noch deutlich erkennbar ist.

22
Byblos: Blick von der Kreuzfahrerzitadelle auf den Balaat-Tempel. Anlage der Frühbronzezeit (um 2800 v. Chr.), nach Zerstörung rekonstruiert (um 2100 v. Chr.), umgebaut in persischer Zeit. Hinter der Umfassungsmauer Steinbruch und Reste von aus Großquaderwerk errichteten Repräsentationsbauten aus einer späteren Phase der Frühbronzezeit. Desgleichen im Bilde links (Tempel ?). Die kreisförmigen Ummauerungen auf der Oberfläche der Ruine des Baalat-Tempels sind modern.

23
Byblos: Blick von der Kreuzfahrerzitadelle auf den Rescheph-Tempel der Frühbronzezeit (um 2800 v. Chr.). Nach Zerstörung um 2200 v. Chr. wurde auf seinen Ruinen nach verändertem Grundriß der sogenannte Obeliskentempel errichtet. Um ihn zu erhalten, wurde er von den Ausgräbern umgesetzt (im Bilde links teilweise sichtbar).

24
Byblos: Rescheph-Tempel, eingelassene Tonfässer, wahrscheinlich im Zusammenhang mit Guß- oder Sprengopfern genutzt.

25
Enfe: Blick über die Halbinsel mit Resten der Befestigung. Links «Salzgärtner», im Hintergrund an der Küste Windräder zum Heben des Meerwassers in die Bassins. Der künstliche Einschnitt von Tafel 26 verläuft vor dem hochragenden eckigen Felsmassiv nach rechts.

Auch die Anlage der Gräber ist eine beachtliche technische Leistung. Man hieb bis zu 11 Meter tiefe rechteckige Schächte in den Fels und baute auf ihrem Boden die Grabkammern aus, die zum Teil durch Gänge miteinander in Verbindung standen. Nach Beendigung dieser Arbeiten wurde der Schacht mit Sand gefüllt und der viele Tonnen schwere Sarkophag aus Kalkstein oder Basalt auf die Oberfläche des aufgefüllten Schachtes transportiert. Indem man dann das Auffüllungsmaterial unter dem Sarkophag wieder wegschaufelte, senkte man ihn allmählich bis in die Grabkammer ab. Zuletzt wurde der immerhin noch bis zu 2 Tonnen schwere Deckel des Sarkophags an dafür vorgesehenen ‹Griffen› mit Seilen herabgelassen. Ein Zeugnis schon entwickelter Steinbearbeitung sind auch die

Tafel 22–24

Stadtmauern, die Tempel und die Repräsentationsbauten jener Zeit. Im Vergleich zu früheren Epochen der byblischen Geschichte nehmen sie mit ihren Nebengebäuden eine verhältnismäßig große Fläche ein. Die Wohnviertel können daher nicht sehr ausgedehnt gewesen sein. Das Einraumhaus, obgleich geräumiger als früher, ist nach wie vor die Wohnung des Bürgers, wobei die des Wohlhabenderen sich durch die sorgfältige Behandlung des Mauerwerks aus behauenen Quadern auszeichnet. Über ein volkreiches und sozial sehr differenziertes Gemeinwesen hat allem Anschein nach der Stadtkönig von Byblos in jener Zeit nicht geboten. Die gewinnbringenden Exportgeschäfte dürften hauptsächlich in seiner Hand gelegen haben. Was für den Holzhandel die Geschichte des Wen-Amon aus viel späterer Zeit so anschaulich schildert, wird auch für die Epoche des Mittleren Reiches zutreffen: Der Stadtkönig ist Herrscher und Kaufmann zugleich. Welche Machtbefugnisse der byblische König unter der Oberherrschaft der XII. Dynastie in politischer Hinsicht hatte, ist nicht genau zu umschreiben. Inschriftlich bezeugt ist für ihn aus der späteren Zeit des Mittleren Reiches ein ägyptischer Titel (katy-a), der üblicherweise mit ‹Graf› übersetzt wird, jedenfalls aber in der Rangliste solcher Ehrenbezeichnungen ziemlich weit oben steht. Man wird in diesem Titel weniger eine Beschreibung des Abhängigkeitsverhältnisses als vielmehr eine Auszeichnung zu sehen haben. Der Stadtkönig von Byblos dürfte auf diese Weise fester mit den ägyptischen Interessen verbunden worden sein, als dies die Anwesenheit einer ägyptischen Militärmission in Byblos vermocht hätte. Der König von Byblos ist in dieser Zeit also zugleich Souverän und hoher ägyptischer Würdenträger gewesen. Wie sehr die Dynasten von Byblos ihren ägyptischen Titel und die damit verknüpfte Funktion schätzten, zeigt sich auch darin, daß sie durch Kopien die Zahl der an sie gerichteten Königsgaben zu mehren suchten. Sie bedienten sich der ägyptischen Schrift und schrieben ihre Namen in Hieroglyphen. Ja, sie setzten sogar ihre Namenszüge in so-

26
Enfe: In den Felsen gehauener Graben, der die Spitze der Halbinsel vom Festland trennt. Die ausgesparte Felssäule diente der Zugbrücke als Auflage. Die Anlage stammt aus der Kreuzfahrerzeit.

27
Enfe: Kleine Slipanlage an der Nordküste der Halbinsel, angeblich phönikisch, wahrscheinlich aber erst aus der Kreuzfahrerzeit.

genannte ‹Kartuschen›, ovale Ringe, die den Geburtsnamen umschlossen. Diese Hervorhebung war in Ägypten allein dem Pharao vorbehalten.
Ägyptischer Einfluß prägt auch die Ansätze zur Entwicklung einer eigenen Schrift, auf deren Zeugnisse die Ausgräber in Byblos erstmalig im Jahre 1929 gestoßen sind. Insgesamt liegen zwei Bronzetafeln, vier Bronzespatel, eine Steintafel und drei Steintafelfragmente vor, die ungefähr aus dem zwanzigsten Jahrhundert v. Chr. stammen und ‹protobyblische› Schriftzeichen tragen. Unverkennbar ist die Anlehnung dieser Zeichen an die ägyptische Hieroglyphenschrift. Die Zahl der Zeichen, die maximal 114 betragen hat, deutet darauf hin, daß die älteste byblische Schrift am Übergang von den Silben- zur Buchstabenschrift steht. Sie dürfte allerdings nur lokale Bedeutung gehabt haben.
Wenn auch die ägyptischen Elemente dominieren, so gehören zum Bild der byblischen Kultur im ersten Viertel des zweiten Jahrtausends v. Chr. doch auch Züge anderer Herkunft. Schon vor der Zeit der XII. ägyptischen Dynastie treten an den syrisch-libanesischen Ausgrabungsstätten Bronzewaffen auf, die sich nach Qualität und Aussehen stark von älteren Gegenständen dieser Art unterscheiden. Es liegt nahe, den Entwicklungssprung durch den Einfluß eines neuen Bevölkerungselements zu erklären. Man denkt etwa an Einwanderer aus Kleinasien, dem Mutterland der Metallverarbeitung. Sicherheit ist darin freilich nicht zu gewinnen, da sich neue Techniken und Stilmotive auch über den Handel rasch verbreiten können. Überhaupt dürfte die kulturelle Leistung der Städte am Libanon in jener Zeit vornehmlich in Aufnahme und Verschmelzung der mannigfachen Einflüsse bestehen, mit denen ihre Bewohner durch die ausgedehnten Handelsbeziehungen in Berührung kamen. So finden sich unter den Beigaben der byblischen Königsgräber aus der Epoche des Mittleren Reiches neben Gegenständen ägyptischen Stils auch Kunstwerke, die Merkmale ägäischer beziehungsweise mesopotamischer Herkunft oder Vorlage tragen. Es entsteht eine eigentümliche Stilmischung, wie sie die kostbaren Prunkwaffen bezeugen, die aus dem Rescheph-Tempel in Byblos geborgen werden konnten. *Tafel 30–32*
Die Bindung an Ägypten hat die Zeit der XII. Dynastie weit überdauert. Noch Jakinel von Byblos bezeichnet sich auf seinem Siegel als «Diener des Sehetepibre», des zweiten Herrschers dieses Namens aus der XIII. Dynastie (um 1770 v. Chr.). Ein Relief zeigt, wie der byblische König Jantin dem Pharao Neferhotep I. (um 1740 v. Chr.) huldigt. Auch unter dessen Sohn Sihathor steht noch ein byblischer König namens Hasrurum in einem Suzeränitätsverhältnis. Auf der Ruinenstätte Tell Hizzin (Hazi ?) in der Bekaa fand sich sogar das Bruchstück einer Stele Sebekhoteps IV., des Nachfolgers von Sihathor. In zunehmendem Maße gewannen aber Bezie-

hungen zu anderen Staaten für Byblos und die übrigen Handelsstädte am Libanon an Bedeutung. Einiges erfahren wir darüber in den Archiven der Könige von Mari. Gubla, wie die akkadischen Texte Byblos meistens nennen, wird ziemlich oft erwähnt. Boten reisen zwischen den Herrschern beider Handelsstädte hin und her. Erstmals begegnet Byblos in den Mari-Texten als Exporteur von Gewändern und Stoffen. In einem Inventar wird eine Goldschale erwähnt, die der byblische König Jantinhammu seinem Kollegen Zimrilim von Mari (1782–1759) geschenkt hat. Dieser Jantinhammu ist wahrscheinlich mit jenem Jantin identisch, der die Oberherrschaft Neferhoteps I. anerkannte.

Der Ausgang der Mittelbronzezeit in Syrien und im Libanon liegt im dunkeln. Seit etwa 1750 v. Chr. dringt allmählich ein neues Bevölkerungselement aus dem Norden in Mesopotamien und Syrien ein, die nichtsemitischen Hurriter, verbunden mit Gruppen indoarischer Herkunft. Ägypten gerät in eine Zeit inneren Verfalls und schließlich – etwa ab 1675 v. Chr. – unter die Herrschaft von vornehmlich westsemitischen Einwanderern aus Palästina und Syrien, den sogenannten ‹Hyksos›. Die Veränderungen, die in der dunklen Zeit nach 1700 v. Chr. die Stadtstaaten am Libanon trafen, lassen sich nur ungefähr aus den archäologischen Befunden erschließen. Im Unterschiede zu vielen anderen Ortslagen, besonders in Palästina, gibt es in Byblos kein sicheres Anzeichen für eine Zerstörung. Ungünstige Veränderungen der politischen Situation werden aber an umfangreichen Arbeiten zur Verstärkung der Stadtbefestigung erkennbar. Auf unsichere Zeiten deuten auch die zahlreichen Depots mit Wertsachen, die in den byblischen Tempeln wahrscheinlich kurz vor Ende des achtzehnten Jahrhunderts v. Chr. angelegt worden sind. Die Ausgräber konnten etwa vierzig solcher in Vorratskrügen verborgenen Schätze mit über tausend Metallfiguren, Juwelen, Prunkwaffen, kleinen Kultgegenständen und dergleichen bergen. *Tafel 30–32* Manche Fachleute sehen in diesen Wertgegenständen Gründungsdepots oder Opfergaben. Es spricht aber viel dafür, daß man die Schätze angesichts einer drohenden Invasion verbarg, mögen sie auch ursprünglich Weihgeschenke gewesen sein. Da die Depots nicht wieder erhoben worden sind, müssen die Befürchtungen derer, die sie anlegten, eingetroffen sein. Es gibt auch inschriftliche Hinweise dafür, daß Byblos schon bald nach 1700 v. Chr. unter einen neuen Oberherrn geriet. Abischemu II. von Byblos ist Suzerän eines gewissen Kukkun gewesen, der offenbar lykischer Herkunft war. Wenig später regierte in Byblos ein König mit dem vermutlich lykischen Namen Kuirjan.

Das Dunkel über der Geschichte des Libanon lichtet sich erst in der zweiten Hälfte des sechzehnten Jahrhunderts v. Chr. Wieder geriet der Libanon in den politischen Einflußbereich Ägyptens. Die angenehme ‹Politik der Geschenke› wiederholte sich jedoch nicht. An ihre Stelle trat die Unterwerfung mit Schwert und Streitwagen. Die Pharaonen der ausgehenden XVII. und der jungen XVIII. Dynastie begnügten sich nicht mit der Vertreibung der Hyksos aus dem Niltal, sondern suchten Palästina und Südsyrien fest in ihre Hand zu bekommen, um eine Wiederholung der westsemitischen Usurpation Ägyptens unmöglich zu machen. Die Asienpolitik des Neuen Reiches bestimmten aber auch andere Motive. Es ging um die Weltherrschaft und um die Ausbeutung der eroberten Gebiete. Bereits der erste Feldzug Thutmosis' I. führte um 1520 v. Chr. das ägyptische Heer weit nach Nordsyrien bis auf das Ostufer des Euphrat bei Karkemisch. Pläne zur Unterwerfung Mesopotamiens waren wohl vorhanden; aber selbst Thutmosis III., der in Vorderasien aktivste unter den Herrschern des Neuen Reiches, ist über die schon von den Truppen Thutmosis' I. erreichten Ziele nicht wesentlich hinausgelangt. Die militärische Kraft Ägyptens reichte zwar zur raschen Überwindung des Widerstandes der syrisch-palästinischen Stadtstaaten aus, im nördlichen Syrien trat jedoch den Pharaonenheeren in dem jungen Hurriterstaat von Mitanni ein starker Rivale entgegen, den im vierzehnten Jahrhundert v. Chr. das ebenfalls auf die Einverleibung Syriens bedachte hethitische Großreich ablöste. Trotz immer wieder erneuter Versuche und auch zeitweiliger Erfolge hat Ägypten im nördlichen Syrien keine stabile Herrschaft errichten können. Die nördliche Grenze des ständigen und von äußeren Gegnern nur in Ausnahmefällen gestörten ägyptischen Machtbereichs verlief durch die Senke von Homs nach Osten, wobei das oft und heiß umstrittene Kadesch meistens außerhalb der ägyptischen Oberhoheit blieb.* Die Stadtstaaten am Libanon lagen also in der Etappe und blieben im allgemeinen von den direkten Kampfhandlungen der rivalisierenden Großmächte verschont.

* *Zu den geschichtlichen Vorgängen im einzelnen vergleiche H. Klengel, Geschichte und Kultur Altsyriens, Leipzig 1967, S. 52 ff.*

Über die Geschichte der Stadtstaaten in jener Zeit geben die Inschriften der Pharaonen und ihrer Beamten sowie die 1887 in Tell el-Amarna (Oberägypten) gefundenen Teile der amtlichen Korrespondenz der syrisch-palästinischen Fürsten mit ägyptischen Behörden aus den letzten Jahren Amenophis' III. und während der Regierungszeit Amenophis' IV. – etwa zwischen 1375 und 1347 – mancherlei Auskunft. Aus den ägyptischen Texten werden uns mehr als vierzig Städte an der Libanonküste und in der Bekaa bekannt, von denen ein großer Teil Selbständigkeit besaß. Ihre Identifizierung ist allerdings noch nicht in allen Fällen befriedigend gelungen. Jedenfalls waren beide Landschaften ziemlich dicht besiedelt. Hinzu kamen in größerer Kopfzahl nichtseßhafte Elemente, wie die Schosu-Beduinen und die Habiru.

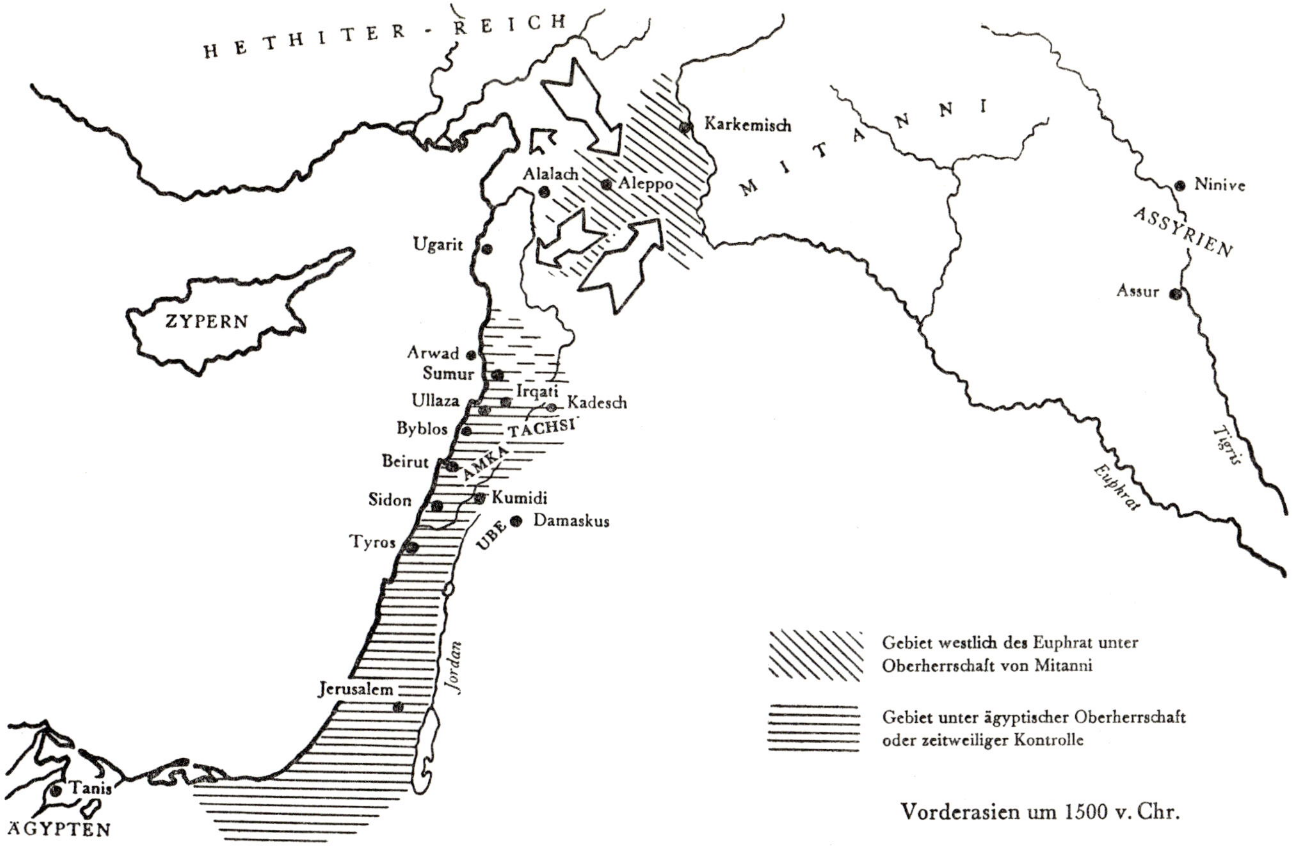

Vorderasien um 1500 v. Chr.

Nur wenig erfahren wir über die soziale Struktur. Einsam regierende Tyrannen sind die Stadtfürsten nicht gewesen. Sie waren Repräsentanten der Stadtaristokratie. Wahrscheinlich stammen auch die mit dem Mitanni-Ausdruck ‹marjannu› bezeichneten Streitwagenkämpfer als die vornehmsten Militärs aus der gleichen Schicht. Daneben waren an den Handelsplätzen die wohlhabenden Bürger, insbesondere Kaufleute und Handwerker, von einem gewissen Einfluß auf das Geschick ihres Gemeinwesens. Es gibt unter den Dokumenten von el-Amarna einen Brief der Ältesten von Irqati (heute Tell Arka) an den Pharao und zwei weitere Briefe, die ausdrücklich von Repräsentanten der Bürgerschaft von Byblos mitverfaßt worden sind. Die ökonomische Lage der unteren Schichten dürfte in Anbetracht der hohen Tributleistungen, die zu erbringen waren, sehr bescheiden gewesen sein. Die Stellung von Fronarbeitern wird öfters erwähnt. Vermutlich gab es unter der Bevölkerungsschicht, die nur ihre Arbeitskraft besaß, den sogenannten Hupschu-Leuten, eine Fluchtbewegung ins Nomadentum. Dies erklärt auch den hohen Anteil der Nomaden in den ägyptischen Gefangenenlisten.

Die ägyptische Verwaltung war ein Gemisch von kluger Ausnutzung vorhandener Strukturen und von schwerfälliger Bürokratie. Vor allem war die Wiedereinsetzung der Stadtfürsten als Vasallen nach erfolgter Unterwerfung und überhaupt die Beibehaltung des Kleinstaatensystems eine geschickte Maßnahme. Die geschichtlich gewachsene ökonomische Struktur und damit die wirtschaftliche Leistungsfähigkeit der eroberten Gebiete blieb erhalten. Bestehen blieb auch die Rivalität unter den Stadtstaaten, und sie lenkte den politischen Ehrgeiz der Dynasten in eine die ägyptische Herrschaft nicht gefährdende Richtung. Sie sorgten selber dafür, daß keiner von ihnen zu mächtig wurde.

Ein besonders wirkungsvolles Mittel, sich der Treue der Regenten zu versichern, war die Überführung ihrer Kinder als Geiseln an den ägyptischen Hof. Die Praxis der Geiselnahme hat schon Thutmosis III. von seinem ersten Asienfeldzug an befolgt. Sein Sohn und Nachfolger Amenophis II. (1432–1412) verzeichnet in einer Beuteliste 232 Söhne und 323 Töchter der syrischen «Großen». Der große Papyrus Harris aus der Zeit Ramses' III. (1182–1151) berichtet übertreibend von 10000 Jünglingen aus den unter ägyptischer Herrschaft stehenden Fremdländern, die ihre Jugend am Pharaonenhofe verbringen mußten. Wohl nur wenige von ihnen kamen später als Regenten in ihrer Heimat zum Einsatz. Immerhin bitten die Bürger von Tunip in einem der Amarnabriefe, den Sohn ihres früheren Herrschers als Stadtherrn zurückkehren zu lassen.

Unter solchen Voraussetzungen genügten zur Sicherung der ägyptischen Herrschaft zahlenmäßig sehr geringe Garnisonen. Üblich war eine Wachmannschaft von zehn bis fünfzig Mann, die aber nicht in jeder Stadt anzutreffen war, sondern nur dort, wo man der Ergebenheit des Regenten nicht sicher war. Manchmal dienten solche Garnisontruppen aber auch dem Schutz treuer Fürsten vor ihren eigenen Untertanen. Revolten der ausgesogenen Bevölkerung führten öfters zur Vertreibung oder Ermordung der Regenten.

Die wichtigsten ägyptischen Beamten und die unmittelbaren Vorgesetzten der einheimischen Stadtherren waren die Distriktskommissare, die in den Amarnabriefen den akkadischen Titel ‹rabiṣu› tragen. Hauptsitze dieser Kommissare waren Gaza im Süden sowie Kumidi und Sumur im Norden, sämtlich Orte von strategischer Bedeutung. Von Kumidi aus konnte die südliche Bekaa wirksam kontrolliert werden. Außerdem lag es an der Einmündung der alten Handelsstraße von Damaskus in die Bekaa. Für die Eleutherosebene und die Küstenstädte am Libanon war der Distriktskommissar von Sumur zuständig, das nördlich der Mündung des Nahr el-

Kebir zu suchen ist. In seiner Umgebung befanden sich die Häfen für die Anlandung von Truppen und Nachschub.

Die Kommissare hatten auch jene Gebiete zu verwalten, denen kein Stadtherrscher vorstand. Es handelte sich dabei vor allem um nicht oder nicht mehr besiedeltes Land, um die als Rohstoffquellen so wichtigen Waldgebiete und um die Besitzungen der ägyptischen Tempel, die noch im zwölften Jahrhundert v. Chr. neun Städte in Syrien/Palästina ihr eigen nannten. Außerdem standen unter ägyptischer Militärverwaltung verschiedene Stützpunkte und Festungen, insbesondere an der Küste. Zu ihnen gehörte Ullaza, wohl einige Kilometer nördlich von Trablus, ein Hafen, der vermutlich auch zur Verschiffung von Zederntributen diente. Diese Stützpunkte gewannen im dreizehnten Jahrhundert v. Chr. noch zusätzliche Bedeutung, als der Küstenpfad zum Vormarschweg der Pharaonenheere ausgebaut wurde. In allen Stützpunkten und Festungen waren stärkere Truppenkontingente stationiert. In besonderen Fällen konnten auch Feldtruppen aus der Deltaprovinz angefordert werden. Im übrigen erledigte der Pharao im Zusammenhang mit seinen Operationen in Syrien auf dem Marsch durch Palästina und den Libanon jeweils nebenbei alle etwa erforderlichen Strafaktionen.

Die Funktion eines Distriktkommissars war mit hohen Anforderungen verbunden. Ein Rabisu mußte mannigfaltigen militärischen und ökonomischen Aufgaben gewachsen sein und die zahlreichen ihm unterstellten Stadtherren in Botmäßigkeit halten. Eine zusätzliche administrative Komplizierung entstand durch die Doppelgleisigkeit der Verwaltung. Neben dem Dienstweg über den Distriktkommissar stand es den Regenten frei, sich auch unmittelbar an den Hof zu wenden, wie die Amarnabriefe beweisen. Umgekehrt standen selbstverständlich auch die Hofbehörden direkt mit den Stadtherrschern in Verbindung. Gelegentlich versäumten die Regenten nicht, Sklavinnen und andere ‹Geschenke für den König› ihren Briefboten zur Unterstützung ihrer Anliegen mitzugeben. Man kann sich gut vorstellen, daß solcher Briefverkehr mit der Krone nicht ungefährlich war, da es ja meist um Beschuldigungen gegen andere Stadtfürsten und hohe ägyptische Beamte ging. Die Beschuldigten waren verständlicherweise darum bemüht, daß gegen sie gerichtete Anklagen den Hof nicht erreichten oder wenigstens dort irgendwie ‹untergingen›. Ribaddi von Byblos beschwert sich zum Beispiel einmal folgendermaßen: «Meinen Mann sandte ich zu meinem Herrn; aber seine zwei Pferde wurden weggenommen. Einem anderen Mann wurde sein Mann (wohl der begleitende Schreiber?) weggenommen und die Tafel des Königs wurde nicht in die Hand meines Mannes gegeben.» Nicht weniger gefährlich war das Botenamt im Briefwechsel zwischen den Stadtfürsten. In diesem Falle war es die ägyptische Verwaltung, die ein Interesse am Inhalt solchen Meinungsaustauschs hatte. Bezeichnenderweise stammt ein Teil der in Tell el-Amarna gefundenen Texte aus dem Briefwechsel zwischen den Stadtfürsten, der nur auf dem Wege der Beschlagnahme nach Ägypten in die königliche Kanzlei gelangt sein kann.

Während der Zeit des Neuen Reiches befanden sich die Städte an der libanesischen Küste gegenüber den Stadtstaaten im Landesinneren in merklich günstigerer Situation. Die alte Bindung an Ägypten dürfte die Regenten der Hafenplätze den ägyptischen Behörden vertrauenswürdiger als ihre binnenländischen Kollegen gemacht haben. Sicher spielt dabei aber auch die Funktion der Küstenstädte innerhalb der ägyptischen Asienbesitzungen eine Rolle. Sie waren nicht nur Plätze zur Versorgung ägyptischer Truppen und zur Verschiffung von Tributen, sondern nach wie vor Handelszentren, an deren Gedeihen man ein Interesse hatte. Einer Sonderstellung konnte sich Byblos, das alte Zentrum des Ägyptenhandels, erfreuen. Das Verwaltungsgebiet seines Regenten umfaßte die nördliche Küstenregion bis in die Nähe des späteren Tripoli. Außer Byblos und Batruna gehörten noch Schigata und Ambi zu seinen Häfen. Den Namen von Schigata findet man in dem heutigen Dorf Schekka wieder. Eine alte Ruinenstätte ist hier allerdings nicht nachzuweisen. Ambi wird mit dem modernen Enfe identifiziert, das in der Kreuzfahrerzeit wegen seiner günstigen Lage auf einer schmalen Halbinsel eine wichtige Festung war. Es ist wenig wahrscheinlich, daß die Trennung des Landvorsprunges vom Festland durch einen gewaltigen in den Fels gehauenen Graben oder die kleine auch heute noch von Fischern benutzte Slipanlage aus altorientalischer Zeit stammt. Auch das alte Ambi kann nur ein kleinerer Hafenplatz gewesen sein. *Tafel 25–27*

Im Unterschiede zu den Küstenstädten wurden die Stadtherrschaften in der

Tributleistung von Fürsten aus den vorderasiatischen Provinzen an Tutanchamun. Die dem links (außerhalb des Bildausschnittes) dargestellten Pharao huldigenden asiatischen Fürsten sind durch vergrößerte Wiedergabe hervorgehoben. Die fast nackten Gestalten sind Sklaven. Die Tributbringer tragen kostbare Metallgefäße (Silber mit Verzierungen aus Gold). Die Steine (im

Bekaa von den Operationen der Pharaonenheere stärker in Mitleidenschaft gezogen, da sie unmittelbar im Aufmarschgebiet lagen. Besonders galt dies für die Gegend im Norden der Bekaa, an der Ausfallpforte in die Ebene von Homs. Ägyptische Texte nennen dieses Gebiet zwischen Baalbek und Kadesch das «Land Tachsi». Wenn es gerade hier öfters zu Verzweiflungsakten der Auflehnung gegen die ägyptische Oberherrschaft und zu einer starken Fluchtbewegung der Bevölkerung in die nahen Schluchten und Dikkichte des Libanon und des Antilibanon gekommen ist, so spiegelt sich darin die große Belastung wider, der die Bewohner von Tachsi durch die vorübergehende, aber oft wiederholte Anwesenheit ägyptischer Armeen ausgesetzt waren. Einen Einblick in die Operationen der Pharaonen in diesem wichtigen Etappenbereich vermittelt die Inschrift über die syrischen Feldzüge im siebenten Jahre Amenophis' II., die in zwei unterschiedlichen Fassungen aus Karnak und Memphis erhalten ist. Der Bericht setzt mit der Schilderung von Bewegungen im nördlichen Syrien ein, die das Heer bis nach Ugarit hinaufführen. Auf dem Rückweg werden die Huldigungen einiger Stadtfürsten entgegengenommen, zuletzt des Herrschers von Kadesch. Mit dem Einmarsch in die Bekaa ist dann die Ausgangsbasis wieder erreicht und der Feldzug abgeschlossen. Das Heer rastet einige Tage. Amenophis II. übt sich im Scheibenschießen und widmet sich der Jagd im Wald von Rbw, der wohl mit dem schon erwähnten Waldgebiet in der Nähe des heutigen Hermel identisch ist. Gazellen, rotfarbiges Wild (Hirsche?), Hasen und Wildesel werden erbeutet. Es schließt sich eine Befriedungsaktion gegen den unbotmäßigen Regenten von Haschabu an, das wohl südlich des Forstes von Hermel zu suchen ist. Nach der Karnak-Inschrift wird der Fürst mit seinem Sohn gefangengenommen und reiche Beute aus der Stadt, die sich offenbar schleunigst unterwirft, eingebracht. Die zu bombastischen Übertreibungen neigende Memphis-Version schildert den Vorgang als Alleinunternehmen des Pharao: «... ohne daß jemand anderes dabei war. Er kam von dort im Augenblick zurück und hatte erbeutet: 16 lebendige Streitwagenkämpfer (marjannu) hinter seinem Wagen, 20 Hände (von getöteten Feinden) an den Stirnen seiner Pferde, 60 Stiere als etwas, das vor ihm hergetrieben wurde.» Bereits auf seinem ersten Asienfeldzuge hatte Amenophis II. in dieser Gegend scharf durchgegriffen und «sieben Häuptlinge mit eigener Keule erschlagen, die sich im Bezirk Tachsi befunden hatten». Die Leichen wurden «kopfüber am Bug des Schiffes Seiner Majestät aufgehängt», nach Ägypten transportiert und dort öffentlich ausgestellt. Aus jener Zeit mag auch eine Reliefdarstellung stammen, die den Transport eines lebendig gefangenen syrischen Rebellen zeigt, der in einem Käfig am Heck des Schiffes eingesperrt ist.

vgl. Seite 14

Original rot und blau) auf den Goldschalen sind wohl Halbedelsteine.
In der oberen Reihe trägt ein Sklave einen Kupferbarren auf der Schulter.
In der zweiten Reihe wird ein Pantherfell mitgeführt.
Detail einer Wandmalerei aus dem Grab des Hui, Statthalter von Nubien, in Theben (vgl. auch Einbandbezug)

Derartig strenge Maßnahmen wirkten zweifellos lange nach und führten dazu, daß der Bezirk Tachsi und überhaupt die Bekaa während der Zeit des Neuen Reiches in ägyptischer Hand blieb. Der Hethiterkönig Murschili II. (1331–1306) meldet freilich in einem seiner Pestgebete: «Mein Vater (Schuppiluliuma I.) entsandte Fuß- und Streitwagentruppen. Sie überfielen das Grenzgebiet des Landes Ägypten, das Land Amka (= Bekaa). Und wieder entsandte er, und wieder überfielen sie.» Diese Unternehmungen, die etwa in die Jahre 1337/1335 v. Chr. fallen, wurden aber von den Hethitern selbst als Bruch von vertraglichen Grenzfestlegungen mit Ägypten und als Ursache der Anatolien heimsuchenden Pest angesehen. Sie haben jedenfalls nicht zu Veränderungen des Besitzstandes geführt, wohl aber zu einer Verwüstung des Landes Tachsi, zumal schon ein gutes Jahrzehnt vorher Auseinandersetzungen unter den Stadtherrschern dieser Gegend ausgebrochen waren, offensichtlich von den Hethitern geschürt. So beschwert sich Bieri von Haschabu über Aitakama von Kadesch, weil er zu den Hethitern übergegangen sei und die Städte des Pharao in Brand gesteckt habe. Andererseits beschuldigt Aitakama den Regenten Birjawaza von Ube. Dieser habe ihm sein Land weggenommen und die Städte verwüstet.

Durch den Verlust des nördlichen Teiles der Eleutherosebene und durch den Ausbau des Küstenpfades zu einem sicheren Anmarschweg unter den ersten Pharaonen der XIX. Dynastie gerieten die Küstenstädte in eine ähnliche Etappensituation wie die Bekaa. Wenn sich Ramses II. am Nahr

Ägyptische Hafenszene. Wandmalerei im Grab des Kenamun in Theben

el-Kelb mit gefesselten einheimischen Gefangenen darstellen ließ, dann deutet dies auf Auseinandersetzungen mit den Bewohnern, insbesondere wohl der bisher von ägyptischer Aufsicht wenig berührten Umgegend der nun wichtiger werdenden Paßwege. Die Feldzugsberichte lassen freilich von diesen Schwierigkeiten kaum etwas ahnen. Von den realen Zuständen vermittelt der Papyrus Anastasi I einen ungefähren Eindruck. Diese literarische Streitschrift schildert unter anderem – nicht ohne einige Übertreibungen – die Reise eines Mahir (‹Eilkurier›) von Nordsyrien nach Ägypten. Die Route, die der Verfasser vor Augen hat, überquert allem Anschein nach den Libanon ungefähr auf der Breite von Byblos. Zypressen, Eichen und Zedern, «die den Himmel erreichen», bedecken die Berge, so daß der «Himmel finster ist am Tage». Löwen und andere Raubtiere gibt es in Menge. Beduinen umringen den Reisenden von allen Seiten. Der Wagen des Mahir muß mit Seilen steile Pfade hinaufgezogen und durch reißende Gebirgsflüsse getragen werden. Während der Kurier, «am ganzen Leibe zermahlen», die Nacht erschöpft in tiefem Schlummer verbringt, bestehlen ihn Diebe. Als es sein Wagenlenker bemerkt, nimmt er, was sie übriggelassen haben, und schließt sich den Nomaden an. Nun muß der Mahir allein seines Weges ziehen. Als besonders gefährlich wird das Passieren der sogenannten ‹tyrischen Leiter› am Ras Nakura geschildert. Ähnliches gilt von den Engpässen des Karmel, wo Nomaden «hinter den Büschen verborgen sind ... deren Herz nicht freundlich ist, und auf Schmeicheleinen hören sie nicht». Mit dieser Schilderung stimmen die Warnungen der ägyptischen Weisheitslehren vor dem Beruf des Offiziers überein. In den syrischen Gebirgen muß «er auf der Schulter sein Brot und sein Trinkwasser wie die Last eines Esels» tragen. «Der Feind liegt versteckt im Gebüsch und der Gegner steht kampfbereit. Der Offizier marschiert und ruft zu seinem Gott: ‹Komm zu mir und errette mich!›»

Selbstverständlich haben während der 350 Jahre ägyptischer Herrschaft nicht ständig Krieg oder kriegsähnliche Zustände geherrscht. Längere Zeiträume ruhiger Entwicklung fehlten nicht. Die wirtschaftliche Belastung durch die Syrienfeldzüge der Pharaonen ist im einzelnen Falle zweifellos groß gewesen; aber es sind doch nicht mehr als höchstens sechzig solcher Unternehmungen nachzuweisen. Durchführbar waren sie jedoch nur, wenn die Wirtschaft, insbesondere die Landwirtschaft der asiatischen Provinzen intakt war und die Versorgung der Truppen gewährleisten konnte. Überhaupt mußten sich die Tributpflichten in zumutbarem Rahmen halten, wenn man nicht das Risiko eingehen wollte, sehr bald keinen Tribut mehr eintreiben zu können. Zweifellos hat es neben der Erfüllung der Abgabepflichten auch einen normalen Handelsaustausch gegeben, ganz abgesehen

von bezahlten Dienstleistungen und dem Kleinhandel zwischen den in den asiatischen Provinzen weilenden Ägyptern und den Einheimischen.
Einen Blick auf den Handelsverkehr mit den syrischen Küstenstädten gestattet die Wandmalerei im Grab des Kenamun zu Theben aus der Zeit der XVIII. Dynastie. Syrische Schiffe haben festgemacht und werden gerade entladen. Unmittelbar am Pier erheben sich kleine Buden. Warenauslagen und Waagen kennzeichnen sie als Läden von Händlern, die in der ‹Freihafenzone› ihren Geschäften nachgehen dürfen. Etwas entfernt von der Anlegestelle wird die Hauptladung von den Angestellten Kenamuns in Empfang genommen. Die demütige Haltung der Kaufleute entspricht der alten ägyptischen Auffassung jeglichen Außenhandels als Tributleistung. Es mag auch sein, daß öfters tatsächlich die Fracht teils aus Tributen, teils aus Handelsgütern bestand.

Abb. Seite 84

Interessante Aufschlüsse geben solche Hafenszenen über das Warensortiment, das von den Häfen am Libanon und überhaupt an der syrischen Küste nach Ägypten verschifft wurde. Auffällig an der Darstellung aus dem Grab des Kenamun sind die Buckelrinder, die man wohl zu Zuchtzwecken

Tribut aus den vorderasiatischen Provinzen. Gebracht werden vergoldete Tafelaufsätze und Kosmetika in den während des 2. Jahrtausends v. Chr. als Exportverpackung gebräuchlichen kleinen Tongefäßen. Die Tributbringer der oberen Reihe führen außerdem ein kleines Sklavenmädchen und ein kunstvoll verziertes Horn als Behälter für Salböl mit sich.
Unten rechts wird ein goldenes Rhyton (Trinkgefäß) in Form eines Falkenkopfes gebracht.
Wandmalerei im Grab des Sobekhotep (um 1410 v. Chr.) in Theben

nach Ägypten einführte. Ramses III. zum Beispiel erwähnt, daß er dem Amun-Tempel in Theben neunzehn Rinder verschiedener syrischer Rassen habe zukommen lassen. Das riesige Tongefäß an Bord eines der Schiffe dürfte als Weinfaß zu deuten sein, ebenso die schon an Land gebrachten Gefäße gleichen Aussehens. In den Henkelkrügen, die Sklaven im Gefolge eines Kaufherrn von Bord schleppen, ist Olivenöl zu vermuten. Die kleineren Gefäße mögen Honig oder auch Zedernbalsam und Kosmetika enthalten.

Auf den bildlichen Darstellungen von Tribut und Kriegsbeute überwiegen die Kostbarkeiten. Charakteristisch sind Gefäße aus Edelmetall und kunstvoll gestaltete Tafelaufsätze. Begehrt waren mit Gold- oder Silberblech beschlagene Prunkwagen und edle Pferde aus Nordsyrien. Wenn Kupferbarren, deren Form an ein Tierfell erinnert, auftreten, dann dürfte es sich um Importe aus Zypern handeln, die in den Vorratshäusern der Hafenstädte lagerten. Öfters befinden sich unter den Tributen lebende Wildstiere, Raubtiere und Antilopen. Schließlich fehlen Sklavinnen und Sklaven nicht.

vgl. auch Abb. Seite 82

Insgesamt ist ein breites Angebot an Exportgütern mit einem hohen Anteil von Waren des Zwischenhandels vorhanden. Die Gestaltung der Edelmetallarbeiten läßt einen beachtlichen kulturellen Entwicklungsstand erkennen, der sich auch in der Darstellung der Bewohner der asiatischen Provinzen widerspiegelt. Es handelt sich durchweg um geschmackvoll gekleidete Erscheinungen. Dementsprechend waren Stoffe aus Byblos, Sidon und Tyros selbst in ägyptischen Hofkreisen begehrt.

Das Neue Reich hat seine Asienbesitzungen ganz allmählich eingebüßt. Einen ersten Rückschlag brachte das Vordringen der sogenannten ‹Seevölker› aus dem Norden, die Kleinasien und Syrien weithin verwüsteten. Ramses III. gelang es zwar im Jahre 1175 v. Chr., die Einwanderer zurückzuwerfen, doch haben sich Seevölkergruppen auch im Libanongebiet niedergelassen. Das geschah aber – wenigstens in der Küstenebene – unter ägyptischer Kontrolle und ohne tiefergreifende Störung der alten Stadtkultur. Die Philister im palästinischen Teil der Küstenebene sind wahrscheinlich sogar von den Ägyptern als Militärkolonisten angesiedelt worden. Die von dem römischen Historiker Junianus Justinus überlieferte Nachricht, wonach der «König der Askalonier» Sidon erobert habe, enthält wohl nur die unklare Erinnerung an einen Vorgang aus späterer Zeit. Ein spürbarer Rückgang des ägyptischen Einflusses setzte unter den Nachfolgern Ramses' III. ein. Doch scheint die ägyptische Kontrolle erst mit Beginn des elften Jahrhunderts v. Chr. ihre Wirksamkeit gänzlich eingebüßt zu haben.

Der engen politischen Bindung der Stadtstaaten vom Libanon an Ägypten während der Zeit des Neuen Reiches entsprach nicht in jeder Hinsicht der kulturelle Einfluß des Nillandes. Ägyptische Sprache und Schrift haben sich nicht in den asiatischen Provinzen einbürgern können. Selbst im amtlichen Schriftwechsel des ägyptischen Hofes mit den kanaanäischen Regenten benutzte man die akkadische Keilschrift und äußerte sich in einem kanaanäisch gefärbten Akkadisch. Auch die kultischen Einflüsse Ägyptens während der Zeit des Neuen Reiches dürfen nicht überschätzt werden. Wir erfahren zwar einiges über Tempelstiftungen der Pharaonen für ägyptische Götter in den asiatischen Provinzen. In der Mehrzahl der Fälle dürfte es sich aber dabei um einheimische Kulte gehandelt haben, deren Göttergestalten mit ägyptischen Gottheiten identifiziert wurden, nicht zuletzt im Interesse der kultischen Versorgung der ägyptischen Garnisonen. Die in der Gestaltung der Kultanlagen wirksam gewordenen Einflüsse gehen meist schon auf frühere Zeit zurück. Auch im Kunsthandwerk ist die ägyptische Einwirkung nicht spürbar stärker als in der Epoche des Mittleren Reiches. Zugenommen hat dagegen der Einfluß des ägäischen Raumes, der besonders an dem hohen Anteil der nicht nur importierten, sondern auch imitierten zyprischen

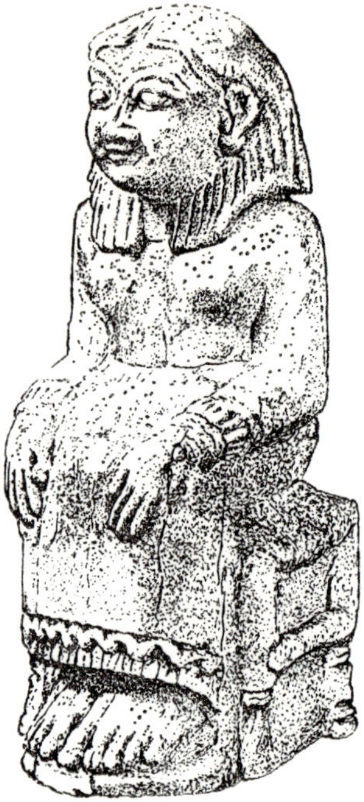

Elfenbeinfigur aus Kamid el-Loz

Phönikische Elfenbeinarbeit aus Megiddo (etwa 13. Jahrhundert v. Chr.). Möbelbeschlag mit der Darstellung einer Sphinx

Tafel 28, 29

Tafel 33

und mykenischen Keramik erkennbar wird. Die Produkte des einheimischen Kunsthandwerks bezeugen eine fortgeschrittene Stilmischung. Ein Beispiel dafür sind die schönen Möbelbeschläge aus Elfenbein, die im palästinischen Megiddo gefunden wurden und deren Herkunft aus den Stadtstaaten an der libanesisch-syrischen Küste als sicher gilt. In diesen Kleinkunstwerken vereinen sich ägyptische, ägäische und nordsyrische Elemente. Einen ähnlichen Mischstil weisen die etwa gleichzeitigen Beschläge aus dem alten Ugarit auf.* Vorwiegend ägyptische Tradition prägt die 1964 in Kamid el-Loz geborgene kleine Elfenbeinfigur. Doch zeigt sich in der Wiedergabe von Gesicht und Gewand auch einheimische Auffassung. Elemente ägyptischer und nordsyrischer Kunst vereint die Reliefdarstellung auf dem Sarkophag des Königs Ahiram von Byblos, der auf vier Löwenfiguren hethitischen Stils ruht. Allerdings führt dieses Kunstwerk, das bald nach 1100 v. Chr. entstanden sein mag, schon in das ‹Goldene Zeitalter› der Städte am Libanon.

** H. Klengel, Geschichte und Kultur Altsyriens, Leipzig 1967, S. 108 ff.*

Die Phöniker und ihre Städte

«Sidons Kind zu sein, der erzdurchschimmerten, rühm ich mich ...»
Homer, Odyssee XV, 424

Die Zeit zwischen dem Auslaufen der ägyptischen Oberherrschaft und den ersten erfolgreichen Versuchen Assurs, Syrien und den Libanon unter seine Kontrolle zu bringen, wird das ‹Goldene Zeitalter› Phönikiens genannt. Diese mehr als zwei Jahrhunderte währende Epoche der Freiheit von fremden Oberherren bot die Voraussetzung für eine eigenständige Entwicklung auf allen Gebieten der Kultur. Vor allem konnten sich im südsyrisch-palästinischen Raum erstmalig größere unabhängige Gemeinwesen bilden, die gegenüber den alten Stadtherrschaften fortgeschrittene Möglichkeiten der ökonomischen und sozialen Entwicklung hatten. Die bedeutendste Staatsgründung war in diesem Gebiet das davidisch-salomonische Reich, dessen Grenze sich zeitweilig bis zum nördlichen Ausgang der Bekaa vorschob. Allerdings hatte dieser palästinische Großstaat nur kurze Lebensdauer. Im Bereich der libanesischen Küste blieb dagegen das System der Stadtstaaten in den Grundzügen erhalten. Das war nicht nur eine Folge der geographischen Eigentümlichkeit des Küstenstreifens, sondern hatte auch in den besonderen ökonomischen Verhältnissen seine Ursache. Hafenstädte sind allgemein eher geneigt, ihren gewinnbringenden Handel auszudehnen, als nach dem Anschluß größerer Binnenlandgebiete an ihr Territorium zu streben. Ihre ökonomischen Bedürfnisse können leichter und besser durch überseeische Einfuhr und Ausfuhr gedeckt werden als durch eigenständige Erschließung ihres Hinterlandes. Dementsprechend war die phönikische Kolonisation in erster Linie handelsökonomische Expansion. Es ging nicht um territoriale Eroberungen und um die Verpflanzung von Bevölkerungsteilen. Dennoch hat beides als Folge der handelsökonomischen Expansion eine Rolle gespielt.

Die Epoche der Unabhängigkeit ist zugleich eine Zeit, in der neue Kräfte die Kultur der Stadtstaaten am Libanon nachhaltig beeinflussen. Die hier seßhaft gewordenen Gruppen der Seevölker mögen zahlenmäßig ziemlich gering gewesen sein, bedeutend war jedoch ihr kultureller Einfluß. Jene Elemente unter ihnen, die aus Kleinasien kamen, brachten das Eisen und die Kunst seiner Bearbeitung mit. Die aus der ägäischen Welt stammenden Einwanderer, die von See her die Küste Syriens und Palästinas brandschatzten und sich wohl größtenteils in den Hafenstädten niederließen, trugen zur Weiterentwicklung der Schiffahrt bei und begründeten den späteren Ruhm der Phöniker als Nation kühner Seefahrer und Entdecker. Auf Einwanderer aus Kreta geht die phönikische Buchstabenschrift zurück, deren Zeichen sich sehr eng an die kretisch-minoische Schrift anlehnen. Ihre ältesten Zeugnisse aus dem elften Jahrhundert v. Chr. sind Namenszüge auf Pfeilspitzen, die bei Nabatijet el-Foka (nördlich des unteren Nahr Litani), in der Bekaa und in der Nähe des palästinischen Bethlehem gefunden wurden. Im allgemeinen dürften die neu hinzugekommenen Bevölkerungselemente verhältnismäßig rasch in die einheimische kanaanäische Kultur hineingewachsen sein. Doch gibt es auch in Kunst und Religion mannigfache Spuren ihres Einflusses. Bezeichnenderweise zählt die biblische Überlieferung Kanaan, dessen Erstgeborener Sidon ist, nicht zu den Nachkommen Sems (Gen. 10, 15). Gleichwohl ist das semitische Element ethnisch und sprachlich dominierend geblieben.

Der Beginn der Epoche der Unabhängigkeit bedeutet einen sehr wesentlichen Einschnitt in die Geschichte und Kultur der Küstenregion des syrisch-palästinischen Raumes. Was wir üblicherweise als phönikische Zivilisation und Kultur bezeichnen, hat in dieser Zeit seine Geburtsstunde und in den Stadtstaaten an der libanesischen Küste sein Zentrum. Deshalb empfiehlt es sich auch, die Bezeichnung ‹Phöniker› für die Bewohner des Küstenstreifens zwischen Nahr el-Kebir und Ras Nakura erst von dieser Zeit an zu gebrauchen und ihre Kultur damit von der älteren kanaanäischen, die einen weit größeren Raum umfaßte, zu unterscheiden. Dieser Sprachgebrauch ist freilich insofern problematisch, als sich die ‹Phöniker› niemals selbst als ‹Phöniker› bezeichnen. Sie nennen sich, den politisch-geschichtlichen Gegebenheiten gemäß, nach ihrer Heimatstadt Sidonier, Tyrer usw. Im Hinblick auf ihre Volkszugehörigkeit bezeichnen sie sich auch in später Zeit noch als Kanaanäer. Der aus den nordafrikanischen Kolonien der Phöniker stammende Kirchenvater Augustin berichtet Anfang des fünften nachchristlichen Jahrhunderts: «Unsere Landsleute, nach ihrer Herkunft befragt, antworteten auf punisch: Wir sind Kanaanäer.» Der Name ‹Phöniker› ist also eine Fremdbezeichnung, wohl schon im Mykenischen üblich und mit dem mittelägyptischen Fenchu (fnch-w) verwandt, jedenfalls in der griechischen Welt seit Homer fest eingebürgert. Seiner Bedeutung nach hängt der Name mit dem griechischen phoinix, ‹dunkelrot›, zusammen. Üblicherweise wird dabei an den im Altertum begehrten phönikischen Purpur gedacht. Zumindest gleiche Wahrscheinlichkeit hat aber auch die Ableitung von der dunkelroten Färbung der ‹terra rossa›.

vgl. Seite 8 f.

Die Unabhängigkeit der Phönikerstädte war nicht das Ergebnis eines Freiheitskampfes, sondern die Folge einer allmählichen Entwicklung. Die Souveränität der Pharaonen ging nach und nach verloren, da man immer weniger in der Lage war, sie wirksam werden zu lassen. Die engen Beziehungen zu Ägypten blieben weithin bestehen, aber ihr Charakter veränderte sich. Die Zeit der Tributlieferungen war vorbei. Die außenwirtschaftliche Aktivität lag nunmehr vornehmlich in der Hand phönikischer Handels- und Schiffahrtsunternehmen, die in Unterägypten Kontore unterhielten. Anschaulich werden diese neuen Verhältnisse in dem schon erwähnten Reisebericht des Wen-Amon, der aus den ersten Jahrzehnten der Unabhängigkeitsperiode stammt. Das Verhalten des Königs Zakarbaal von Byblos läßt keinen Zweifel darüber aufkommen, daß die Handelsbeziehungen mit dem Tempel des Amun nichts anderes sein können als ein Geschäft auf der Basis gegenseitigen Vorteils. Offensichtlich hat der Handelsaustausch einen erheblichen Umfang erreicht. Zakarbaal erwähnt zwanzig in ägyptischen Diensten stehende Schiffe, die im Hafen seiner Stadt liegen, und fünfzig weitere Schiffe, die in Sidon ankern und von einer in Tanis ansässigen phönikischen Handelsgesellschaft gechartert worden sind. Bemerkenswerterweise hat der Herrscher von Byblos ägyptisches Personal unter seinen Bediensteten. Ägypter ist ein höherer Hofbeamter, mit dem Wen-Amon in Berührung kommt. Zur Aufheiterung des Gemüts sendet Zakarbaal dem Wen-Amon eine seiner ägyptischen Sängerinnen in sein Quartier.

Aufschlußreich ist das Bild von den Seevölkern in diesem Reisebericht aus einer Zeit, die erst wenige Jahrzehnte nach ihrem Seßhaftwerden liegt.

Bekannt wird Wen-Amon mit Angehörigen des Volksstamms der Tjeker, die sich in der Hafenstadt Dor an der palästinischen Küste als herrschende Schicht niedergelassen haben. Ihr Oberhaupt, der Fürst der Stadt, empfängt den Ägypter wohlwollend. Als Gastgeschenk werden Brot, Wein und eine Rindskeule an Bord gesandt. Wenn sich das Verhältnis dann doch trübt, so liegt die Schuld eindeutig bei Wen-Amon. Dabei zeigt sich, daß die Tjeker von Dor durchaus in der Lage sind, sich auch außerhalb der Grenzen ihres Stadtstaates Recht zu verschaffen. Mit elf Schiffen erscheinen sie vor Byblos und verlangen die Auslieferung Wen-Amons. Der Herrscher von Byblos vermag die Situation zu meistern: «Ich kann den Gesandten Amuns nicht in meinem Lande gefangen nehmen. Laßt mich ihn absenden und verfolgt ihn dann, um ihn zu fangen.» Mit diesem weisen Rat wird er beiden Seiten gerecht und vermeidet im Interesse seiner Handelsbeziehungen Komplikationen sowohl mit Ägypten als auch mit den Tjekern. Insgesamt vermittelt die Erzählung des Wen-Amon den Eindruck lebhaften Handelsverkehrs im östlichen Mittelmeerraum während des beginnenden elften Jahrhunderts. Sie zeigt aber auch, wie leicht es zu ernsten Verwicklungen zwischen den Kleinstaaten kommen konnte. Die schon erwähnte Nachricht von der Eroberung Sidons durch den König der Askalonier paßt also recht gut in diese Situation.

Ungefähr in die gleiche Zeit führen einige alttestamentliche Nachrichten. Im Debora-Lied wird unter anderem die Lage der im phönikischen Grenzgebiet seßhaft gewordenen Stämme Dan und Asser geschildert. Von Dan wird mitgeteilt, daß er «als Fremder auf Schiffen» weile, und von Asser, daß er sich «in Richtung auf die Gestade des Meeres» angesiedelt habe (Ri. 5, 17). Assers Situation wird genauer bestimmt durch eine weitere Nachricht (Ri. 1, 31 f.). Danach hat dieser Stamm die Bewohner von Akko und Sidon nicht verdrängen können und sich inmitten der Kanaanäer niedergelassen. Merkwürdig ist die Erwähnung von Sidon in diesem Zusammenhang. Die Stadt und ihre Umgebung kann nicht gut gemeint sein, da zwischen ihr und dem Siedlungsgebiet von Asser noch weitere phönikische Stadtstaaten, insbesondere das bedeutende Tyros, lagen. Vielleicht wird auf eine geschichtliche Situation angespielt, in der Sidon die Vorherrschaft über die südlichen Phönikerstädte errungen hatte. Damit stimmt der Gebrauch der Bezeichnung ‹Sidonier› für die Phöniker insgesamt im Alten Testament und bei Homer überein. Aus den alttestamentlichen Nachrichten über Dan und Asser wird jedenfalls deutlich, daß die phönikischen Stadtstaaten nicht nur ihren territorialen Bestand zu sichern wußten, sondern auch über bedeutenden wirtschaftlichen Einfluß im Hinterland verfügten.

 Die Daniten stellten ihnen Hafenarbeiter, während Asser, das eine günstigere Position im Kulturland erlangt hatte, «Königsleckerbissen» lieferte (Gen. 49, 20). Überhaupt gewann das Hinterland mit dem Ansteigen der Bevölkerungszahlen in den phönikischen Städten zunehmend für den Import von Lebensmitteln Bedeutung.

Ebenfalls in die Zeit kurz nach dem Beginn des elften Jahrhunderts gehört eine dritte Nachricht, der kurze Bericht des Assyrerkönigs Tiglatpileser I. *vgl. Seite 38* über seinen Zug nach Syrien und Phönikien. Mit diesem Unternehmen kündigt bereits jene Großmacht ihre Ansprüche an, die zwei Jahrhunderte später die Epoche der Unabhängigkeit in Phönikien gewaltsam beendete. Tiglatpileser hat bei seinem Zug zum Libanon nicht nur Zedern gefällt und abtransportiert, er hat auch von den Hafenstädten Tribut erhoben. Abgesehen von dem nördlich des phönikischen Kerngebiets gelegenen Arwad, werden Byblos und Sidon ausdrücklich genannt.

Gegen Ende des elften Jahrhunderts v. Chr. hat Tyros unter den phönikischen Städten eine bedeutende Position errungen und wahrscheinlich Sidon in Abhängigkeit gebracht. Die alttestamentliche Überlieferung schildert das Tyros der Zeit Davids und Salomos, das über die reichen Zedernwälder im Hinterland von Sidon verfügte, als gleichrangigen Partner des israelitischen Großreichs. Tyros war der einzige unter seinen Nachbarn, mit dem es nicht zu kriegerischen Verwicklungen kam. Wahrscheinlich war Tyros in dem Bundesverhältnis mit Israel der überlegene Teil. Dies zeigt sich bereits in dem *vgl. Seite 42* für Salomo keineswegs besonders günstigen Handelsabkommen mit Hiram, vor allem aber in der Abtretung der Landschaft Galil, in dem für Tyros wichtigen hügeligen Hinterland der libanesischen Küstenebene. Davon berichtet eine Notiz im ersten Königsbuch, die später mit verschiedenen Zusätzen versehen worden ist. Ursprünglich dürfte sie gelautet haben: «Es gab der König Salomo dem Hiram zwanzig Städte im Lande des Galil. Da schickte Hiram dem König 120 Talente Gold» (1. Kö. 9, 11b. 14). Begreiflicherweise hat man später am Landverkauf Salomos Anstoß genommen, zumal die Bevölkerung des Gebietes mit in den Kauf ging. Die Verfasser des Chronik-Buches kehrten deshalb den Vorgang einfach um und ließen Hiram dem Salomo eine Anzahl von Städten abtreten (2. Chron. 8, 2).

Die Machteinbuße und die wirtschaftlichen Schwierigkeiten des Davidsreiches während der Regierungszeit Salomos hatten konkrete politische Ursachen. Es gab Auseinandersetzungen mit benachbarten Territorialstaaten, die einst Davids Oberhoheit anerkannt hatten. Hinzu traten innere Konflikte mit den nach Selbständigkeit strebenden nördlichen Israelstämmen. Vor allem war Ägypten unter der Herrschaft der Pharaonen der XXI. Dynastie so weit erstarkt, daß es sich wieder um seine ehemaligen asiatischen Besitzungen kümmern konnte. Das Alte Testament berichtet von dem Feldzug eines namentlich nicht genannten ägyptischen Königs, der sein Heer bis in die Nähe von Jerusalem führte und die von Kanaanäern bewohnte Stadt Geser eroberte (1. Kö. 9, 16). Salomo gelangte schließlich durch Heirat einer ägyptischen Prinzessin in den Besitz der wichtigen Stadt, die ihm als Mitgift zuerkannt wurde. Ob das Verhältnis zu Ägypten sich durch diese familiäre Bindung günstiger gestaltete, ist sehr zu bezweifeln. Öfters erfahren wir, daß der ägyptische Hof gerade die Gegner der Davidsdynastie förderte (1. Kö. 11, 14ff., 40; 12, 2). Am Auseinanderbrechen des Davidsreiches ist die ägyptische Außenpolitik nicht nur interessiert, sondern beteiligt gewesen. Fünf Jahre nach Salomos Tod kam es 922/921 v. Chr. zu einem weiteren Asienfeldzug unter Pharao Schoschenk I. Salomos Nachfolger Rehabeam mußte damals erhebliche, niemals wieder einzubringende Tributzahlungen leisten (1. Kö. 14, 25ff.).

Diese außenpolitische Situation macht es verständlich, warum Salomo die Freundschaft des tyrischen Herrschers suchte, mit ihm nicht gerade günstige Handelsverträge abschloß und sich endlich sogar zu territorialen Abtretungen gegen bare Münze bereitfand. Für die Entwicklung von Tyros konnten diese Umstände nur günstig sein. Bis zum Ende des Zeitalters der Unabhängigkeit blieb daher das Verhältnis zu seinem südlichen Nachbarn unverändert. Allerdings trat nach der Auflösung der davidischen Staatsgründung das Nordreich Israel in den Vordergrund des tyrischen Interesses. Seine erste bedeutende Dynastie, das Haus Omri, knüpfte Ittobaal (Ethbaal) von Tyros durch Familienbande an sich, indem er seine Tochter Isebel dem Omri-Sohn Ahab zur Frau gab. Auch in diesem Verhältnis dominierte offenbar die tyrische Seite. In der alttestamentlichen Darstellung der Geschichte Ahabs wird nicht ohne Grund der tyrischen Königstochter Isebel außergewöhnlich starker Einfluß auf die Regierungsgeschäfte, aber auch auf Kultangelegenheiten zugeschrieben. Insbesondere zeigt sich dies in der Errichtung eines Tempels für den tyrischen Baal, das heißt für den Stadtgott Melqart von Tyros, in der israelitischen Hauptstadt Samaria.

Für ein derart gefestigtes Bündnis mit Tyros gab es auf israelitischer Seite auch im neunten Jahrhundert v. Chr. gewichtige außenpolitische Gründe. Die Lösung von der Herrschaft der Davididen hatte bis in die Zeit Ahabs zu anhaltenden militärischen Auseinandersetzungen mit Juda geführt. Im Osten und Nordosten waren die Könige Israels ständig in Grenzstreitigkeiten mit Moab und Aram verwickelt, während es im Westen öfters zu territorialen Auseinandersetzungen mit den philistäischen Städten kam.

Wenn in dem Bundesverhältnis mit Israel die Könige von Tyros als die dominierenden Partner erscheinen, so ist darin gewiß auch eine Folge der kulturellen und technischen Überlegenheit zu sehen, die Tyros gegenüber

Das Relief der Melqart-Stele. Der Gott trägt noch die alte Prunkwaffe der Mittleren Bronzezeit und ist nur mit einem Lendenschurz bekleidet.

den vergleichsweise jungen Territorialstaaten in Palästina besaß. Sichtbar wird diese Überlegenheit unter anderem in mannigfachen Formen gutbezahlter Entwicklungshilfe. Tyrische Fachleute schufen am Roten Meer die Voraussetzungen für Handelsfahrten nach dem fernen Ophir. Ihr Werk sind die Repräsentations- und Kultbauten Davids und Salomos samt Inneneinrichtung. Nichts kennzeichnet das Verhältnis Israels zu der überlegenen tyrischen Kultur treffender als der Einzug des Steppengottes Jahwe in ein Kultgebäude, das nach phönikischem Modell geschaffen worden war.

Die Bedeutung, die Tyros im Verlauf der Epoche der Unabhängigkeit erlangt hat, wird eindrucksvoll bezeugt durch die sogenannte ‹Melqart-Stele›, die im Jahre 1938 nördlich von Aleppo entdeckt wurde. Das Denkmal trägt eine kurze Inschrift Barhadads, eines «Königs von Aram», wahrscheinlich des ersten Herrschers dieses Namens, der Anfang des neunten Jahrhunderts v. Chr. in Damaskus regierte. Es ist dem tyrischen Gott Melqart geweiht, den Barhahad als «seinen Herrn» bezeichnet. Dies deutet auf enge Beziehungen zwischen beiden Staaten und auf einen beträchtlichen Einfluß von Tyros im syrischen Binnenland. Grundlage des Verhältnisses war die territoriale Nachbarschaft. Die Bekaa war in dieser Zeit ein Teil des Aramäerreiches. Da auch ihre südlichen Ausläufer zum Territorium der Könige von Damaskus gehörten, gab es in dieser Gegend eine direkte Berührung mit dem Hinterland von Tyros. Hier verlief auch die alte Handelsstraße, die Tyros mit dem Binnenland verband. Vielleicht dienten die wiederholten und erfolgreichen Bemühungen der Aramäerkönige, die Grenze ihres Herrschaftsbereichs im nördlichen Galiläa etwas weiter nach Süden vorzuverlegen, der Sicherung dieses Verkehrsweges.

Während wir über das Verhältnis zwischen Tyros und seinen Nachbarstaaten mancherlei Einzelheiten erfahren, bleiben seine Beziehungen zu den anderen Phönikerstädten weithin verborgen. Jedenfalls ist Tyros auf Grund seiner günstigen Lage und seines nicht zuletzt auch durch überseeische Besitzungen erworbenen Reichtums die führende Macht unter den Städten am Libanon im Zeitalter der Unabhängigkeit gewesen, wie vordem Byblos und für kürzere Zeit auch Sidon. Im Inneren aber war das reiche Tyros ebensowenig gefestigt wie seine

Nachbarn Israel und Aram. Von den fünf Herrschern, die Tyros in den 47 Jahren zwischen Hirams Tod und Ittobaals Thronbesteigung regierten, wurden drei von ihren Nachfolgern ermordet. Erst unter Ittobaal ist eine Stabilisierung zu beobachten, die Tyros trotz erster assyrischer Vorstöße eine längere Zeit des Gedeihens brachte.

Purpur, Glas und Bronzekunst

«Zebulon sprach zum Allmächtigen (Gepriesen sei ER!): ‹... Meinen Brüdern hast Du Ackerland gegeben; mir hast Du aber nur Meere und Flüsse gegeben!› ER aber sprach zu ihm: ‹Sie alle werden von Dir abhängig sein wegen der Purpurschnecke›.» *Babylonischer Talmud, Megilloth, fol. 6a*

Unter den berühmten Gewerben der Phönikerstädte ist die Purpurindustrie zwar nicht das älteste, wohl aber das technisch interessanteste und vielleicht auch das einträglichste gewesen. Ein Monopol in der Purpurgewinnung haben die Städte am Libanon nie besessen. Die verschiedenen Arten der Purpurschnecke sind oder waren im Mittelmeer weit verbreitet. Zur Farbstoffgewinnung wurden sie bereits in vorphönikischer Zeit genutzt. Später haben die Phöniker selbst für eine Verbreitung des Gewerbes der Purpurfärber in ihren Kolonien an anderen Gestaden des Mittelmeeres gesorgt. Wenn der Purpur der Phönikerstädte an der libanesischen Küste besondere Berühmtheit erlangte, so lag das an seiner Qualität, an der Geschicklichkeit der erfahrenen Meister bei der Erzeugung spezieller Farbnuancen und auch an der Verbindung mit einer alten vorzüglich ausgebildeten Textilindustrie, von deren Produkten vor allem die feinen Wollstoffe allerwärts begehrt waren.

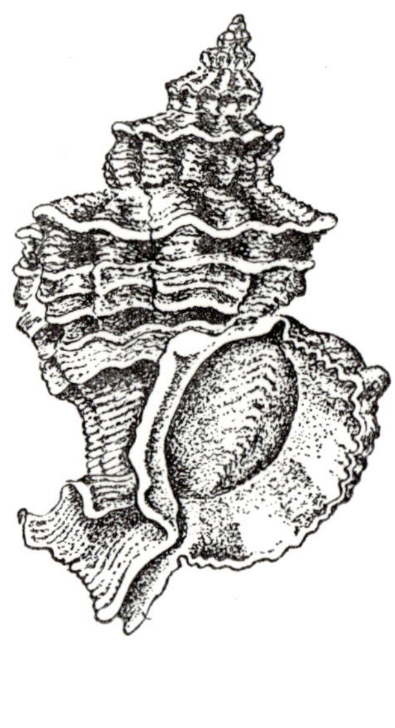

Kompliziert war das Verfahren zur Gewinnung des kostbaren Farbstoffes, über das uns der römische Schriftsteller Plinius der Ältere (23–79 n. Chr.) in seiner ‹Naturalis historia› unterrichtet. Zunächst mußten die geeigneten Meeresschnecken (hauptsächlich Murex trunculus und Murex brandaris) lebend gefangen werden, wozu es einer reusenähnlichen Anlage, die mit Fleisch- oder Muschelködern versehen war, bedurfte. Die Gehäuse der gefangenen Schnecken wurden geöffnet und der im Mantelfleisch ihrer Atemhöhle eingebettete kleine Drüsenkörper herausgenommen. Er enthält ein weißliches Sekret, das den Ausgangsstoff für den Färbeprozeß bietet. Um diese Flüssigkeit zu gewinnen, wurden sodann die Drüsenkörper – bei kleinen Murex-Exemplaren mitunter auch die Schnecke insgesamt – in steinernen Keltern zerquetscht und unter Hinzufügung von Salz als Konservierungsmittel drei Tage stehengelassen. Es folgte die Klärung und Konzentration der Flüssigkeit mittels zehntägigem Sieden in Metallkesseln auf schwachem Feuer. Danach wurde das zu färbende Material durch Eintauchen mit dem immer noch weißlichen Farbstoff gesättigt und in der Sonne getrocknet. Durch Einwirkung des Lichtes entstand dabei allmählich die Purpurfarbe. Abstufungen von einem düsteren Rot bis zu einem schwärzlichen Dunkelviolett erreichte man durch unterschiedliche Zusammensetzung und Behandlung des Ausgangsmaterials, durch mehrfaches Tränken und andere handwerkliche Kunstgriffe. Schafwolle färbte man vor dem Weben. Wenn feines ägyptisches Leinen (Byssos) gefärbt wurde oder später auch Seide aus China, dann handelte es sich um importierte fertige Gewebe.

Der praktische Wert purpurgefärbter Stoffe lag vornehmlich in ihrer Lichtbeständigkeit und Waschfestigkeit. Die Purpurstoffe peloponnesischer Herkunft im Werte von angeblich 130 Talenten (etwa 27 Millionen Goldfranken), die Alexander der Große in Susa erbeutete, sollen noch von frischem Farbglanz gewesen sein, obgleich sie schon 190 Jahre in den Vorratshäusern der Perserkönige gelagert hatten. Zur Kostbarkeit wurden Purpurstoffe durch den hohen Arbeitsaufwand, den die Herstellung erforderte, und durch die Abhängigkeit von einer begrenzten Rohstoffmenge. Von einem Kilogramm Flüssigkeit im Rohzustande blieben nach dem Eindampfen nur etwas über 60 Gramm Farbsubstanz übrig. Zur Färbung von einem Kilogramm Wolle brauchte man etwa 200 Gramm Purpurfarbe, das heißt 3 Kilogramm Drüsensaft. Dabei ist zu berücksichtigen, daß der Drüsenkörper einer Murex-Schnecke nur wenige Gramm wiegt und der Farbstoff davon wiederum nur einen kleinen Bruchteil ausmacht. Der Preis für Purpurwaren ist deshalb stets sehr hoch gewesen. Unter der Regierung des Kaisers Augustus kostete in Rom ein Kilogramm doppeltgefärbte tyrische Purpurwolle 2000 Denare (etwa 1600 Goldfranken), die billigste Ware immerhin noch 200 Denare. Nach dem Preisedikt des Kaisers Diokletian vom Jahre 301 n. Chr. lag der Höchstpreis für ein Pfund Purpurseide bei 150 000 Denaren, eine enorme Summe, selbst wenn man die fortgeschrittene Geldentwertung in Rechnung stellt. Tyrische Purpurwolle bester Qualität kam auf 50 000 Denare. Dagegen hatte man für ein Pfund erstklassiger Scharlachwolle nur 1500 Denare aufzuwenden, die gleiche Summe, für die ein Soldatenhemd bester Qualität zu haben war. Ebensoviel verdiente ein Facharbeiter im Monatsdurchschnitt. Bemerkenswerterweise lag der

Purpurschnecke
(Murex trunculus)

Stoppreis für ein Pfund Barrengold nur bei 50 000 Denaren. Tyrischer Purpur in seinen Spitzenqualitäten war also mit Gold kaum aufzuwiegen.
Derartige Preise machen verständlich, daß Purpurkleidung ein Privileg der Könige, der hohen Würdenträger und der Reichen gewesen ist. Das Alte Testament bezeugt Purpurgewänder insbesondere für Herrscher (Ri. 8,26 u. ö.), Götterbilder (Jer. 10,9) und als liturgische Priesterkleidung (Ex. 28; 29) sowie als Zeichen königlicher Vollmacht für Beamte (Hes. 23,6; Est. 8,15 u. ö.). Auch Decken zum Verhüllen kultischer Geräte und Vorhänge im Tempel wurden aus Purpurstoff gefertigt (Num. 4,6 ff.; 2. Chron. 3,14). Die Prachtsänfte Salomos aus Holz vom Libanon war mit einem purpurnen Sitzkissen ausgestattet (Hohes Lied 3,10). Von purpurbedeckten Ruhebetten und Sesseln wissen auch Homer und Ovid zu berichten. Überhaupt steigt in griechisch-römischer Zeit der Purpurluxus. Horaz verspottet in seinen Satiren einen Neureichen, der aus Prunksucht den Tisch mit Purpurtüchern abwischen läßt. Der modebewußten, vornehmen Damenwelt rät jedoch der erfahrene Ovid: «Ich will nicht teure Besätze, / will nicht Wolle, vom Rot tyrischer Schnecken gefärbt, / da für geringeren Preis so mancherlei Farben zu haben. / Sei nicht toll und trage all dein Vermögen am Leib!»* Ob dieser Rat Beherzigung gefunden hat, ist zu bezweifeln, da selbst die ‹tugendsame Hausfrau› nach ihrem Idealbild im Buch der Sprüche Salomos ein Gewand aus Byssos und Purpur nicht verschmäht (31,10).

* *Ovid, Ars amandi III, 169 ff.*

Die Purpurgewinnung an der phönikischen Küste ist bis in das frühe Mittelalter ein einträgliches Gewerbe gewesen, obgleich andere billigere Färbemittel den Purpurproduzenten schon in römischer Zeit zunehmend Konkurrenz machten. Es mögen auch strengere Gesetze zum Schutze des ‹kaiserlichen Purpurs› dem Gewerbe abträglich gewesen sein, das manche Gefahr für den Handwerker in sich barg. Im Jahre 353 n. Chr. erreichte Kaiser Konstantius eine Anzeige, daß in Tyros ein «kaiserliches Gewand im geheimen gewebt worden war».* Solche Mitwirkung an der tatsächlichen oder vermeintlichen Vorbereitung einer Empörung brachte den Purpurwebern, wie der weitere Verlauf der Geschichte zeigt, Gefängnis und Folter ein. Immerhin nennt noch der gallische Bischof Apollinarus Modestus Sidonius (etwa 428–488 n. Chr.) in einem Lehrgedicht als Exportgut der Stadt Tyros im Handelsverkehr mit Rom an erster und einziger Stelle den Purpur.

* *Ammianus Marcellinus XIV, 7,20*

Die alte phönikische Purpurindustrie hat nur geringe Spuren hinterlassen. Die Abfallhalden der tyrischen Purpurfärber hat sich größtenteils das Meer zurückgeholt. In Saida ist jedoch ein mächtiger Hügel von Murex-Gehäusen noch zu bewundern. Im Laufe der Zeit von einer Erdschicht überzogen, trägt er heute einen Friedhof und läßt seinen Inhalt von über 200 000 Kubikmeter Murex-Abfällen nur noch ahnen. Seine Lage, sonderbarerweise unmittelbar südlich der alten Akropolis von Sidon, macht die antiken Klagen über die Belästigung durch den üblen Geruch der Purpurfabrikation begreiflich.

Das Meer bot den Phönikerstädten am Libanon auch für andere Gewerbe die Grundlage. Sicher hat der Fischfang an der libanesischen Küste im Altertum größere Bedeutung gehabt als heutzutage. Neh. 13, 15 berichtet von Tyrern im perserzeitlichen Jerusalem, die neben anderen Waren auch Fische verkauften. Voraussetzung für solchen Fischexport war die Verwendung von Konservierungsmitteln. Das wichtigste dieser Mittel in alter Zeit, das

Tafel 25 Salz, war ebenfalls eine Gabe des Meeres. ‹Salzgärten› zur Gewinnung von Meersalz durch Verdunstung gibt es gegenwärtig in ziemlicher Anzahl zwischen Batrun und Trablus. An anderen Stellen der Küste sind nur noch die Überreste alter Salzgewinnungsanlagen zu finden.

«So sende ich dir einen sachverständigen Künstler, Huram-Abi ... Er versteht sich auf Arbeiten in Gold und Silber, in Erz, Eisen, Stein und Holz, in rotem und blauem Purpur und in Byssos und Karmesin und auf jede Art von Gravierung und auf jeden Entwurf, den man ihm aufgibt ...» Die außergewöhnliche Befähigung dieses Mannes, den Hiram von Tyros dem König Salomo auf sein Ersuchen nach dem hier zitierten Bericht (2. Chron. 2, 13) sendet, ist selbstverständlich literarische Übertreibung. Sie ist entstanden aus der schlichteren älteren Nachricht von 1. Kö. 8, 7, wo der tyrische Fachmann sich nur auf Bronzekunst versteht. Was ihm der Chronist an Fähigkeiten zuschreibt, ist ein Katalog des tyrischen und überhaupt des phönikischen Handwerks. Nur die Glasindustrie wird nicht erwähnt. Sie ist ein Spätling unter den phönikischen Gewerben und hat wohl kaum vor dem siebenten Jahrhundert v. Chr. in dem später wegen seiner Gläser so berühmten Sidon Eingang gefunden, nachdem die ägyptischen Glasproduzenten fast ein Jahrtausend lang den Markt beherrscht hatten. Der gelehrte Plinius freilich schreibt die Entdeckung der Glasherstellung einer phönikischen Schiffsbesatzung zu. Diese sei mit einer Ladung Sodabrocken von Ägypten gekommen und in der Gegend von Akko an Land gegangen, um dort ihr Mittagsmahl zu kochen. Da sie dort nur Sand vorfanden, hätten sie zur Aufstellung ihres Kochkessels einige Sodabrocken von Bord ihres Schiffes geholt. «Als diese heiß wurden und mit dem Sand des Strandes sich verbanden, da entstand der durchsichtige Fluß einer neuen Art von Flüssigkeit. Und das, so wird gesagt, war die Entstehung des Glases.» *

Immerhin wird an dieser schönen Fabel die Beziehung der Glasmacherkunst zu Ägypten noch indirekt deutlich. Strabon überliefert, daß der Quarzsand für die sidonischen Glasschmelzen vom Strand zwischen Akko und Tyros geholt worden sei. Es dürfte aber auch sonst an der phönikischen Küste nicht

* *Plinius, Naturalis historia 36, 65*

an geeigneten Sandvorkommen gefehlt haben. Neben Sidon hat die Glasherstellung in Tyros, Berytos und Sarepta ihren bevorzugten Sitz gehabt.

Sie erlangte jedoch erst in römischer Zeit größere Bedeutung, nachdem man

– vermutlich in Sidon – die Kunst des Glasblasens erfunden hatte. Während der Verfasser des alttestamentlichen Hiobbuches Glas noch dem Gold gleichordnete (28, 17), ist es durch den Ausbau der phönikischen Glasindustrie bald zu einem preiswerten Material für mancherlei Gefäße des besseren Alltagsbedarfs geworden. Durch Niederlassung von Fachleuten insbesondere aus Sidon hat die Glasfabrikation in Rom und Gallien frühzeitig Eingang gefunden. Die von sidonischen Meistern signierten Kunstgläser, die an verschiedenen Plätzen im Mittelmeerraum und darüber hinaus zum Vorschein gekommen sind, können deshalb nicht mit Sicherheit auf in Sidon selbst ansässige Handwerker zurückgeführt werden. Eine Tochter der sidonischen Glasmacherkunst ist die berühmte venetianische Glasindustrie gewesen. Ihr Aufstieg hat den Niedergang der Manufakturen in den phönikischen Küstenstädten zur Folge gehabt. Doch haben sich Gläser aus Sidon und Tyros noch in der Kreuzfahrerzeit höchster Wertschätzung erfreut. Reste von Glasschmelzöfen aus römischer und byzantinischer Zeit sind an verschiedenen Stellen der Küste zwischen Sor und Saida anzutreffen. Bei Sarafand (Sarepta) hat sie das Meer freigelegt, auf dem Ruinengelände des alten Tyros der Spaten des Ausgräbers. Die Glasreste in diesen Öfen sind von angenehmer grünlicher Farbe, ziemlich rein, durchscheinend, aber undurchsichtig.

Zypro-phönikische Schale.
Im Zentrum steht das ägyptische Motiv «der Pharao schlägt seine Feinde». Im umschließenden Rundfries Sphinge mit Feinden unter ihren Tatzen. Der äußere Rundfries zeigt Kämpfer gegen Löwen und Drachen (mesopotamischer Einfluß). Die Szenen erinnern ebenso an ältere ägyptische und mesopotamische Darstellungen (Bes/Gilgamesch) wie an die Ikonographie der Heraklessagen.

Über die Weiterentwicklung der Bronzekunst und überhaupt der Metallbearbeitung von der Epoche der Unabhängigkeit bis in die römische Zeit geben uns literarische Quellen wie archäologische Funde nur spärliche Auskunft. Die ausführlichste Darstellung der Fähigkeiten tyrischer Metallbearbeiter bietet das Alte Testament in dem schon öfters herangezogenen Bericht über die Innenausstattung des Jerusalemer Tempels (1. Kö. 7). Diese biblische Äußerung entspricht den Bemerkungen Homers über die kunstreiche Bronze- und Edelmetallverarbeitung der Sidonier beziehungsweise der Phöniker insgesamt. Besonders treten bei Homer silberne Mischkrüge «von unvergleichlicher Arbeit, von Hephaistos geformt» hervor.* Solch ein goldgefaßter Silberkrug «übertraf an Pracht weit die anderen auf Erden sämtlich; denn es hatten ihn kunstgeübte Sidonier gebildet».* Eine Vorstellung von der prachtvollen Gravierung dieser Kunstwerke geben große Silber- und Bronzeschalen, die vor allem in Zypern, aber auch in Mesopotamien (Nimrud) und an anderen Orten bei Ausgrabungen gefunden worden sind. Ihre phönikische Herkunft kann als gesichert gelten, zumal einige Schalen Besitzvermerke in phönikischer Schrift und Sprache tragen. Wahrscheinlich stammen die in Nimrud geborgenen Trinkschalen aus den phönikischen Städten des Festlandes, während die zyprischen Funde eher inselphönikischen Künstlern zuzuschreiben sind, worauf auch das stärkere

** Homer, Odyssee IV, 615 ff.; XV, 115 ff.*

** Homer, Ilias XXIII, 743 f.*

Hervortreten ägäischer Motive hindeutet. Die bisher bekannt gewordenen Silber- und Bronzekunstwerke aus der Zeit zwischen 800 und 600 v. Chr. lassen im wesentlichen die gleiche Stilmischung erkennen, die schon im zweiten Jahrtausend v. Chr. bei den byblischen Funden zu beobachten war. Doch hat die Vielfalt der Motive zugenommen, insbesondere sind auch assyrische hinzugetreten. Dennoch gelang es den phönikischen Künstlern, die Vorbilder unterschiedlicher Herkunft in bewundernswürdiger Weise zu einer in sich geschlossenen Komposition zusammenzufügen. Vom Können der phönikischen Metallbearbeiter und von der Verbreitung ihrer Werke im Libanon zeugen neben verstreuten Kleinfunden, vor allem an Götterstatuetten aus Bronze, reiche Grabbeigaben, vornehmlich aus Gräbern von persischer bis byzantinischer Zeit. Als ein charakteristisches Produkt der Bronzekunst aus den Hafenstädten am Libanon seien Schiffsmodelle hervorgehoben, die zugleich für die Entwicklung des phönikischen Schiffbaus aufschlußreich sind.

Abb. Seite 100

Im Unterschiede zur Purpur- und Glasindustrie konnte sich die Bronzekunst im alten Libanon kaum auf einheimische Rohstoffe stützen. Einen unsicheren Hinweis auf die Verhüttung von Kupfererz scheint der Name der Stadt Chalkis (‹Kupferstadt›) sub Libano zu enthalten, der wohl dem alttestamentlichen Zoba entspricht. Wahrscheinlich ist Zoba in der Gegend des heutigen Andschar zu suchen. Im Alten Testament berichtet 2. Sam. 8, 3 ff. von einem Sieg Davids über Hadadezer von Zoba, der dem König von Jerusalem unter anderem «sehr viel Bronze» (8, 8) als Tribut eingebracht habe. Es mag sich hierbei um importierte Bronzevorräte gehandelt haben. Immerhin konnten geringe Spuren von Kupfervorkommen im Libanon mit mehr oder weniger großer Sicherheit festgestellt werden. Im Nahr Ibrahim und im Wadi Fidar scheint sogar neben Kupfer das für die Bronzeherstellung unentbehrliche Zinn vorhanden zu sein. Es ist aber sehr fraglich, ob die Erzlager abbauwürdig sind und jemals genutzt wurden. Nachzuweisen ist lediglich die Förderung und Verhüttung von Eisenerz, mindestens seit dem siebenten Jahrhundert v. Chr. Oberflächenvorkommen von Erzklumpen (Limonit) gibt es insbesondere im Bezirk el-Metn, am Oberlauf des Nahr el-Kelb, wo die untere Kalksteinschicht zutage tritt. Dort fanden sich auch Spuren alter bergmännischer Tätigkeit, die allerdings nicht datierbar sind. Das wichtigste Zeugnis aus altorientalischer Zeit für den Eisenbergbau im Libanon sind zwei keilschriftliche Warenbegleitscheine für Rohstoffsendungen, die in den Jahren 550/549 v. Chr. ein gewisser Iddina-achu im südmesopotamischen Uruk von der Mittelmeerküste bezogen hat. In diesen Aufstellungen begegnet neben Purpurwolle auch Eisen vom Libanon, jeweils im Gewicht von 129 Kilogramm.

Zypro-phönikische Schale mit ägyptischen, assyrischen und griechischen Motiven

Besondere Qualität scheint es nicht besessen zu haben, denn ebenfalls von Iddina-achu aus Zypern importiertes Eisen kostete fast das Doppelte.
Eine Parallele zur Entwicklung der phönikischen Bronzekunst bietet die ebenfalls alte und auf importiertem Material beruhende Elfenbeinschnitzerei. Auch sie gelangt im Goldenen Zeitalter Phönikiens zur höchsten Entfaltung und bringt Einflüsse verschiedener Herkunft zu vollendeter Harmonie. Bislang sind freilich nur sehr geringe bruchstückhafte Beispiele der phönikischen Elfenbeinkunst des neunten bis siebenten Jahrhunderts v. Chr. in den Städten am Libanon selbst zum Vorschein gekommen. Da die Kunstwerke öfters inschriftliche Vermerke in phönikischer Schrift und Sprache tragen, ist ebenso wie bei den Bronzeschalen die phönikische Herkunft eines großen Teiles der in Palästina, Nordsyrien und Mesopotamien geborgenen Elfenbeinarbeiten gesichert. Es scheint, als hätten sich die phönikischen Künstler vornehmlich auf die Anfertigung von Möbelbeschlägen spezialisiert, wie sie vor allem in Nimrud aus der syrischen Beute Sargons II. in ihren schönsten Beispielen erhalten geblieben sind. Den gleichen Stil zei-

Tafel 35, 36

gen die Elfenbeintafeln vom nordsyrischen Arslan Tasch und von Samaria. Dem ‹Elfenbeinhaus› im Palast des Königs Ahab (1. Kö. 22,39) hat also die Inneneinrichtung den Namen verliehen. Allerdings ist ein Teil dieser Kleinkunstwerke phönikischen Stils nachweislich im syrischen Binnenland, und zwar in Hamat (heute Hama) hergestellt worden. Dort lag auch die wichtigste Rohstoffquelle, das Rückzugsgebiet des syrischen Elefanten im Orontestal und am oberen Euphrat. Es ist verständlich, daß gerade dort phönikische Elfenbeinkünstler ansässig geworden sind. Doch gab es in Hamat zur gleichen Zeit noch andere Werkstätten, die Arbeiten in einem nicht von phönikischer Tradition geprägten Stil anfertigten. *Tafel 34*

Handel, Schiffbau und Kolonien

«... Karthago – tyrische Pflanzer wohnten daselbst, an Besitztum reich und geübt in des Krieges rauhem Geschäft.»
Vergil, Aeneis I, 13 f.

Der Aufstieg der Hafenstädte am Libanon zu führenden Handelsplätzen der Alten Welt im ersten vorchristlichen Jahrtausend ist von verschiedenen Faktoren der allgemeinen politischen und wirtschaftlichen Entwicklung abhängig. Diese günstigen Voraussetzungen mit großem Geschick genutzt zu haben, ist allerdings das Verdienst der phönikischen Kaufherren. Nicht ohne Grund wird in den alttestamentlichen Gerichtsworten gegen Tyros im Zusammenhang mit Äußerungen über den Reichtum der Stadt die «Weisheit» der tyrischen Fürsten hervorgehoben (zum Beispiel Hes. 28, 3 ff.). Zweifellos waren die Phöniker in der praktischen Ausnutzung der ökonomischen Voraussetzungen ihren Zeitgenossen ein gutes Stück voraus. Die übliche Form des Tauschhandels, der Erwerb von Gütern aus anderen Gegenden mittels überschüssiger Produkte des eigenen Landes, war freilich die sichere Basis auch der Außenwirtschaft der phönikischen Städte. Die verkehrsgeographisch günstige Lage verhalf daneben dem Zwischenhandel zunehmend an Bedeutung. Der Zwischenhandel war jedoch mit einem viel größeren Risiko verbunden und nur dann eine wirklich ergiebige Einnahmequelle, wenn man ihn für bestimmte Gebiete monopolisieren konnte. Dies ist im Goldenen Zeitalter Phönikiens möglich gewesen, wie noch zu zeigen sein wird. Vor allem verstanden es die Phöniker, auf der Basis billig importierter Rohstoffe exportintensive Gewerbe zu entwickeln wie die

Glas- und Textilindustrie oder die verschiedenen Zweige der Metallverarbeitung. Damit verband sich eine geschickte Anpassung an die Bedürfnisse des Marktes, wie es eben nur der Produzent, der zugleich Händler ist, vermag. Man spezialisierte sich nicht ausschließlich auf teure Spitzenleistungen, sondern bot zugleich ein breites Sortiment für den Massenbedarf. Man fertigte neben den kostbarsten Purpurstoffen sehr billige Ware, die kaum mehr als Imitation gewesen sein dürfte. Auch für die Steigerung des Absatzes wußte man zu sorgen, indem man neue Märkte suchte und erschloß. Schließlich gehörte auch der Einsatz von Spezialisten im Ausland zu den Formen der phönikischen Außenwirtschaft.

Eine so vielfältige und umfangreiche Handelstätigkeit konnte nur gedeihen, wenn man über sichere eigene Transportmittel in hinreichendem Umfange verfügte. Im Handelsverkehr mit dem binnenländischen Vorderasien waren allerdings die phönikischen Städte ganz überwiegend auf fremde Transportmittel angewiesen. Bestenfalls konnte man sich gemieteter Karawanen bedienen. Die Übernahme des Landtransportes ihrer Handelsgüter versprach also den Phönikern schwerlich einen nennenswerten zusätzlichen Gewinn. Die Verkehrswege kontrollierten außerdem nicht sie, sondern ihre Handelspartner. Es lag also nahe, Transportgeschäft und -risiko den Kunden, Lieferanten wie Käufern, zu überlassen. Ganz anders war die Situation im seewärtigen Verkehr. Das Mittelmeer, seine nahen und seine fernen Küsten lagen frei und offen vor den Toren der Phönikerstädte. Gewiß, der Verkehr über See hatte seine besonderen Gefahren. Sie ließen sich jedoch durch Beschränkung der Seefahrt auf die günstige Jahreszeit und durch Verbleiben in Sichtweite der Küste in erträglichen Grenzen halten. Jedenfalls fiel das erhöhte Wagnis gegenüber den großen Vorteilen kaum ins Gewicht. Importeure und Exporteure konnten selber ihre Kunden aufsuchen, ohne für fremde Transportmittel zahlen zu müssen. Sie waren beweglich, vermochten sich kurzfristig während ihrer Handelsfahrten nach der Lage des Marktes zu richten oder neue Märkte zu suchen. Der Überseehandel war die eigentliche Quelle des Reichtums der phönikischen Stadtstaaten. Die «Bewohner der Meeresgestade» und die «Seefahrer» hatten Tyros mit Gütern «angefüllt» und zum «Stapelplatz der Völker» gemacht (Jes. 23, 2 f.). Besonders betont Hesekiel den maritimen Charakter der Handelsmacht Tyros: Die Stadt liegt am «Zugang zum Meere», ja, ihr «Gebiet liegt im Herzen der Meere» (27, 3 f.). «Solange deine Waren dem Meere entstiegen, hast du die Bedürfnisse vieler Völker befriedigt, und durch die Fülle deiner Güter und Waren die Könige der Erde reich gemacht» (27, 33).

Gemäß der seewärtigen Orientierung des phönikischen Handels läuft die

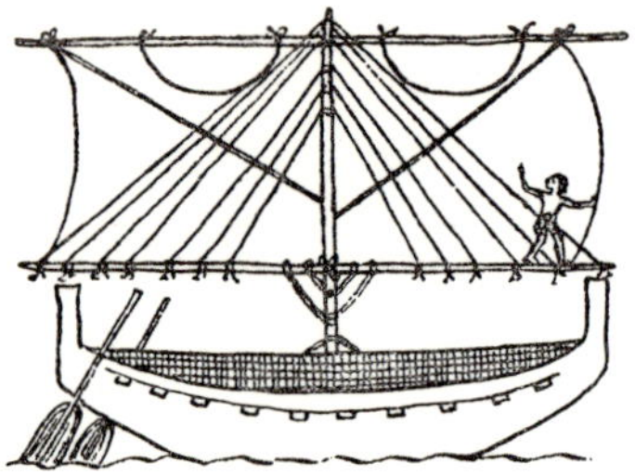

Entwicklung der phönikischen Schiffahrt dem ökonomischen Aufstieg parallel. Bereits in der Zeit des ägyptischen Neuen Reiches verfügten die Küstenstädte am Libanon über eigene Handelsschiffe. Anlaß zur Aufnahme des Frachtschiffbaues war wohl der Ausfall der ägyptischen ‹Byblos-› und ‹Kretafahrer› in der zweiten Zwischenzeit, die vordem den Verkehr im östlichen Mittelmeer in der Hauptsache bewältigt hatten. Jedenfalls ist in Darstellungen von Schiffen der Bewohner der vorderasiatischen Küste aus der Zeit der XVIII. Dynastie das ägyptische Vorbild noch deutlich zu erkennen. Daneben haben sich mit der Einwanderung ägäischer Bevölkerungselemente in die Küstenstädte auch andere Schiffstypen eingebürgert. Auf ihren Einfluß dürfte die gegenüber den ägyptischen Schiffsbauten wesentlich erhöhte Stabilität und Seetüchtigkeit zurückgehen. Die Konstruktionsmängel der ägyptischen Seeschiffe beizubehalten, bestand ohnehin keine Notwendigkeit, da man mit Schiffbauholz nicht zu sparen brauchte. Deshalb konnte man hochbordige Schiffe bauen, sehr zum Vorteil der Ladefähigkeit. Auch in der Takelung unterschieden sich die phönikischen Schiffe von den ägyptischen Fahrzeugen. Nach älterem ägäischen Brauch, wie ihn ägyptische Darstellungen von Schiffen der Seevölker be-

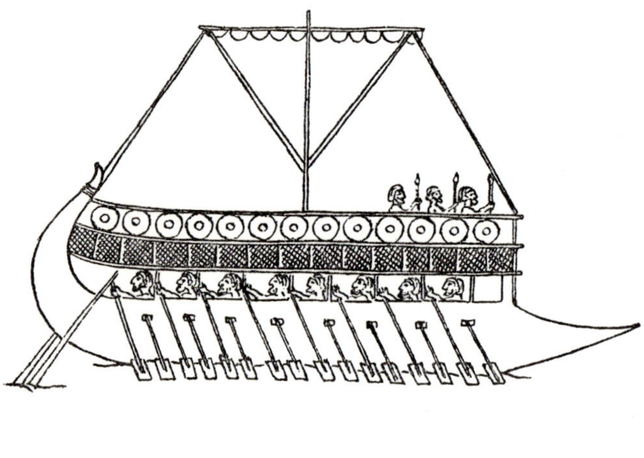

Phönikische Schiffstypen (Rekonstruktionen)
links: Handelsschiff, 14. Jahrhundert v. Chr.
Mitte: Handelsschiff, um 700 v. Chr.
rechts: Segelschiff, 2. Jahrhundert n. Chr.
unten: Kriegsschiffe, um 700 v. Chr.

zeugen, wurde das Segel, falls man seiner nicht bedurfte, hinaufgezogen und nicht herabgelassen.

Über das Aussehen phönikischer Schiffe in der ersten Hälfte des ersten Jahrtausends v. Chr. geben assyrische Reliefs einigen Aufschluß. Ein verbreiteter Typ des Handelsfahrzeuges ist danach ein verdeckloses Schiff gewesen, für dessen Fortbewegung nur eine Reihe von Ruderern sorgte und ein bei Bedarf aufrichtbarer Mast mit einfacher Takelage. Der ebenso wie das Heck in kühnem Bogen hochgezogene Bug lief in einen Pferdekopf aus. Auffällig ist die große Ähnlichkeit mit Schiffen der Seevölker. Wahrscheinlich sind sie von den im zwölften Jahrhundert an der Ostküste des Mittelmeeres seßhaft gewordenen ägäischen Bevölkerungselementen eingeführt worden. Sie repräsentieren den Schiffstyp, dessen sich die homerischen Helden bedienten, und erinnern an alte kretische Schiffsdarstellungen. Auch der zierende Pferdekopf stammt nicht aus vorderasiatischer Tradition, aber Homer kennt «hurtige Schiffe, auf denen die Männer wie mit Rossen das große Wasser durcheilen».* Dieser ägäische Schiffstyp ist auch bei den Phönikern zunächst das übliche Kriegsfahrzeug gewesen. Die größten seiner Gattung hatten fünfundzwanzig Riemen auf jeder Seite und wurden deshalb später von den Griechen Pentekontoroi, ‹Fünfzigruderer›, genannt. Das kampfkräftigste Modell der phönikischen Flotten war mit einem Rammsporn ausgerüstet, der als phönikische Erfindung angesehen werden kann. Die Ruderbesatzung war auf dem Unterdeck in zwei Reihen untergebracht (Bireme), die Seesoldaten auf dem offenen Oberdeck. Ihre Rundschilde hingen an der Außenseite der wohl nur aus Weidengeflecht bestehenden Reling. Neben diesem Schiffstyp gab es noch ein leichteres Kriegsfahrzeug, ebenfalls eine Bireme mit der Kampftruppe auf dem Oberdeck, aber ohne Takelage und Rammsporn. Das Standardmodell der phönikischen Geschwader in persischer Zeit war ein Schiff mit drei Reihen von Ruderern (Trieme). Um die Antriebskraft, die Voraussetzung für eine erfolgversprechende Anwendung des Rammsporns, zu verstärken, baute man auch bereits Schiffe mit vier oder gar fünf Ruderreihen.

Homer, Odyssee IV 708 f.

Das phönikische Seehandelsfahrzeug im engeren Sinne war stets ein Segelschiff, wie schon die Darstellungen aus der Zeit des ägyptischen Neuen Reiches zeigen. Seine Weiterentwicklung zu einem stattlichen Kauffahrer veranschaulicht ein sidonisches Sarkophagrelief aus dem zweiten Jahrhundert n. Chr. Im Unterschied zu den langgestreckten Einheiten der Kriegsflotten (1:5 bis 1:8) war es ein breites, rundbäuchiges Schiff (1:3 bis 1:4) mit tiefem Laderaum. Der hochgezogene Vorder- und Achtersteven verstärkte noch das eigentümlich runde Aussehen dieser Kauffahrer. Sie mögen die Vorläufer der von den Griechen Gauloi, ‹Melkeimer›, genannten

Seefahrzeuge gewesen sein. Gegenüber den Ruderschiffen boten sie die Vorteile größerer Ladefähigkeit und erhöhter Seetüchtigkeit bei geringerer Besatzung. Nachteilig war freilich die Abhängigkeit von den Windverhältnissen, doch war genügend Besatzung an Bord, um in Notfällen oder im Hafenverkehr das Schiff mittels Ruder zu bewegen.

Man darf sich die phönikischen Schiffe der vorpersischen Zeit nicht allzu geräumig vorstellen. Die Tragfähigkeit der Frachtschiffe, auch der ‹Tharsisfahrer› – wegen ihrer Größe und Seetüchtigkeit berühmt unter den Erzeugnissen des phönikischen Schiffbaus – dürfte 250 Tonnen kaum überschritten haben. Auf die Einhaltung bescheidener Abmessungen drängten nicht nur die bei Schiffen über 50 Meter Länge auftretenden Konstruktionsschwierigkeiten, sondern auch die Hafenverhältnisse. Die für den Winteraufenthalt der Handelsschiffe geeigneten Naturhäfen waren klein, die Möglichkeiten für ihre künstliche Erweiterung beschränkt. Der durch Molen und Befestigungswerke gesicherte Innenhafen von Byblos ist zu keiner Zeit größer gewesen als 1,5 Hektar. Diese Bescheidenheit ihrer Hafenverhältnisse erklärt es, warum die alte Metropole am Libanon keine größere Handelsflotte unterhalten konnte und in der Entwicklung zurückblieb. Wesentlich günstiger waren die Voraussetzungen an der libanesischen Küste nur in Sidon und Tyros. Der Ausbau des heute noch bestehenden sidonischen Nordhafens zum geschlossenen, vor Stürmen schützenden Ankerplatz bedurfte nur geringfügiger Baumaßnahmen. Die Ankerfläche von ungefähr sieben Hektar bot über hundert Kauffahrteischiffen durchschnittlicher Größe Zuflucht. Die Bucht des Nordhafen von Tyros wurde wohl schon unter Hiram I. durch einen mächtigen Wellenbrecher von 225 Meter Länge vor den winterlichen Nordweststürmen gesichert. Den *vgl. Seite 204* langgestreckten Südhafen schützte eine 750 Meter lange Mole. Die Ankerfläche von mehr als 15 Hektar übertraf wahrscheinlich erheblich die des Nordhafens. Überdies war auch die weite Reede südlich des inneren Hafens durch einen Wellenbrecher aus gewaltigen Quadern geschützt. Dieses nahezu fünf Kilometer lange Bauwerk erstreckte sich ungefähr bis zur Breite der Ruinenstätte Tell Reschedije, die üblicherweise mit dem Uschu ägyptischer Inschriften sowie mit dem Palaiotyros der Griechen identifiziert wird und die Stätte des wichtigsten Stützpunktes der Tyrer auf dem Festland kennzeichnet. Die großen tyrischen Hafenbecken, ausgestattet mit mannigfachen technischen Einrichtungen bis hin zum Trockendock, waren wohl von vornherein auch zur Aufnahme von Kriegsschiffen, zum Teil in überdachten Schiffshäusern, bestimmt. Sonst wurden die ‹langen› Schiffe der Kriegsflotte einfach an sandigen Stellen auf Strand gezogen, was bei ihrem geringen Tiefgang von nur einem Meter nicht schwierig war.

Auch in der Schiffahrtskunst waren die Phöniker führend. Ihre Steuerleute standen im Ruf, die kundigsten ihres Berufes zu sein. Die Phöniker sind wohl auch die ersten unter den seefahrenden Mittelmeervölkern gewesen, die zur Hochseefahrt übergingen. Als noch größeres Wagnis galt die Nachtfahrt, die ja auf längeren küstenfernen Routen nicht zu vermeiden war. Die Phöniker lernten es, sich nach dem Polarstern zu orientieren und so auch diese Schwierigkeit zu meistern. Im allgemeinen blieb es aber bei der Küstenfahrt, zumal im Handelsverkehr Sicherheit des Transportes wichtiger war als Geschwindigkeit. Die rundbauchigen Frachter waren ohnehin keine Schnellsegler. Um so beachtlicher sind die Leistungen der phönikischen Seeleute, die weit ins westliche Mittelmeer und schließlich bis in den Atlantik vordrangen. Herodot berichtet von einer phönikischen Mannschaft, die im Auftrage von Pharao Necho (609–594) Afrika umschifft habe. Die Reise hätte drei Jahre beansprucht. Jeweils im Frühjahr sei man an Land gegangen, um sich durch Getreideanbau mit neuem Proviant zu versorgen. Ziel der Reise war die Entdeckung einer Seeverbindung zwischen Rotem Meer und Mittelmeer, nachdem der Bau eines Kanals zwischen Nil und Rotem Meer gescheitert war. Praktische Auswirkungen hat jedoch die Umschiffung Afrikas offenbar nicht gehabt.

Interessante Details über die phönikische Seefahrt vermittelt Homers Odyssee. Wenn auch von späterer Abfassung, so wird doch deutlich, daß die Dichtung das Seefahrermilieu ungefähr des ausgehenden zweiten Jahrtausends v. Chr. treffend widerspiegelt. Der Standpunkt, von dem aus dies geschieht, ist unverkennbar die Gesellschaft der westgriechischen Kleinkönigtümer. Vornehmlich zwei Zwecken dient nach der Odyssee die Schiffahrt: «Habt ihr ein Geschäft oder kreuzt ihr ohne Bestimmung / hin und her auf der See, wie landumrudernde Räuber, / die das Leben wagen, um
Homer, Odyssee III, 70 ff.; IX, 253 ff. bei den Fremden zu plündern?»* Der Seeraub erscheint dabei keineswegs als ein ehrenrühriges Gewerbe, vor allem, wenn er von den Herrschern selbst betrieben wird. So gibt sich der listenreiche, als Bettler verkleidete Odysseus als ehemals erfolgreicher Anführer einer Flottille von Raub-
XIV, 230 ff.; XVII, 425 ff. schiffen aus.* Auf der Heimfahrt von Troja überfällt er aber auch tatsächlich mit seinen Mannen das thrakische Ismaros: «Da verheert ich die Stadt und vertilgte die Männer. / Aber die blühenden Frau'n und die Schätze
IX, 40 ff. teilten wir alle ...»* Demgegenüber erscheinen die friedlich Handel treibenden Schiffsherren als dürftige Krämerseelen, die ihren Gewinn müh-
VIII, 160 ff. selig zusammenscharren und nicht ‹ritterlich› mit dem Schwert eintreiben.* Allerdings lehnen auch sie mitunter ein unredliches Geschäft nicht ab. Ein Beispiel solcher Handelspraktiken der Phöniker, «berühmt in der Seefahrt» und «Gauner» zugleich, liefert die Lebensgeschichte des Sauhirten Eumaios.*
XV, 414 ff.

Ihn hatten im Kindesalter phönikische Kaufleute mit Hilfe einer Sklavin sidonischer Herkunft, der die Betreuung des Knaben oblag, aus dem Palast seines königlichen Vaters entführt und auf Ithaka als Sklaven verkauft. Derartiger Menschenraub dürfte sich jedoch nicht oft wiederholt haben, wenn der phönikische Überseehandel nicht darunter leiden sollte. Immerhin überliefert auch der weitgereiste Herodot am Anfang seines Geschichtswerkes eine ähnliche Geschichte. Danach hätten Phöniker die Tochter Io des Königs von Argos geraubt, worauf griechische Seefahrer zur Vergeltung Europa, die Tochter des Königs von Tyros, entführten. Die Phöniker freilich, so fügt Herodot hinzu, bestritten die Entführung und behaupteten, Io sei wegen einer durch Schwangerschaft offenkundig werdenden Liebschaft mit dem Kapitän des betreffenden Schiffes freiwillig den Phönikern gefolgt. Jedenfalls traute man ihnen in dieser Hinsicht listige Unternehmungen zu, wie den Raub von zwei Frauen aus dem Bezirk des Amun-Tempels in Theben, von dem ein ägyptischer Priester Herodot berichtete.* Auch wer sich als Passagier einem phönikischen Kapitän anvertraute, konnte unter Umständen eine böse Überraschung erleben. Odysseus erzählt in der Gestalt des Bettlers dem von den Phönikern geraubten Königssohn und Schweinehirten Eumaios, wie ihn beinahe ein ähnliches Schicksal ereilt habe.* Bezeichnenderweise läßt sich die sidonische Sklavin, die ihren Landsleuten bei der Entführung des jungen Eumaios behilflich ist, die ihr gegebene Zusage, sie in die Heimat zu befördern, durch einen feierlichen Eid bekräftigen. Allerdings weiß der fabulierfreudige Odysseus aber auch Günstiges von phönikischen Seeleuten zu vermelden. Als sie, vom Winde verschlagen, ihn nicht zum ausbedungenen Reiseziel bringen können, lassen sie ihn wenigstens bei passender Gelegenheit mit seinem Gepäck am Ufer zurück.*

** Herodot, Histories apodexis II, 54-56*

** Homer, Odyssee XIV, 287 ff.*

** XIII, 272 ff.*

Sonderlich höflich ist das rauhe Schiffsvolk allgemein im Altertum mit den Passagieren nicht umgegangen. Erinnert sei hier nur an die Seereise des Propheten Jona und an die Überfahrt des Apostels Paulus nach Rom (Ap. Gesch. 27, 27 ff.). Die Phöniker dürften sich also in ihrem Verhalten nicht wesentlich von anderen Seefahrern unterschieden haben. Im übrigen war die Gefahr, Habe und Freiheit zu verlieren, für die Schiffsbesatzungen selbst nicht weniger groß. Strandräuber lauerten an den Ankerplätzen, und der Schiffbrüchige wurde oft mitleidlos als Sklave verkauft.

Sehr zu unterscheiden vom gelegentlichen illegalen Verkauf freier Personen ist der ‹ordnungsgemäße› Handel mit Sklaven, der selbstverständlich auch von den Phönikern betrieben wurde und wahrscheinlich zeitweilig erheblich zum Reichtum ihrer Städte beitrug. Hesekiel (27, 13) und Joel (4, 4 ff.) erwähnen als Hauptpartner des phönikischen Sklavenhandels Jonien, während die schwer zu datierende Stelle Amos 1, 9 f. Edom als Abnehmer für von Tyrern gehandelte israelitische Sklaven nennt. Das Frevelhafte an diesem Geschäft wird darin gesehen, daß Tyros des «Bruderbundes» mit Israel nicht gedachte. Zweifellos ist auch der Eigenbedarf der Phönikerstädte an Sklaven für die zahlreiche Rudermannschaft ihrer Flotten groß gewesen. Besonders günstig konnten Sklaven unmittelbar auf dem Schlachtfeld erworben werden, wenn die Krieger des siegreichen Heeres ihre Beute an Menschen und Wertgegenständen rasch umsetzen wollten. Anschaulich schildert 1. Makk. 3, 41 im Zusammenhang mit dem Feldzug des Antiochos IV. Epiphanes gegen Juda im Jahre 166/165 v. Chr. das Auftreten der Sklavenhändler. Als die «Handelsleute der Umgegend» von der Ankunft des Heeres erfahren, eilen sie sogleich ins Feldlager, mit Geld und Fesseln zum Sklavenkauf wohlversehen.

Ein charakteristisches Moment des phönikischen Seehandels war der Kleinhandel, der Verkauf von Konsumgütern an Einzelverbraucher. Ein lebendiges Bild von dieser Seite des Geschäfts bietet zum Beispiel die schon erwähnte Lebensgeschichte des Schweinehirten Eumaios in der Odyssee. Mit mannigfaltigen Gütern beladen, einem Kaufhaus ähnlich, ging das phönikische Handelsschiff im Hafen vor Anker. Da man sowieso mit der Rückfahrt bis zum nächsten Frühsommer warten mußte, nötigte nichts zu übereilten Geschäftsabschlüssen, und die lange Liegezeit lockte auch Kunden aus dem entfernteren Hinterland herbei.

Allerdings war der Erfolg dieser Form des Seehandels doch von mancher Zufälligkeit abhängig. Vor allem bot ein Schiff von zumeist sehr viel weniger als 250 Tonnen Tragfähigkeit für einen halbjährigen Geschäftsaufenthalt in fremden Häfen keine hinreichende Basis. Diese Nachteile ließen sich durch die Gründung ständiger Niederlassungen beheben, die außerdem noch weitere Vorteile boten. Sie konnten phönikische Handwerker aufnehmen und Kundendienste entwickeln sowie den Kaufleuten und Schiffsbesatzungen Versorgung und Schutz bieten. Diese Vorteile machen es wahrscheinlich, daß die phönikischen Städte schon frühzeitig zur Gründung von Handelsniederlassungen an fremden Küsten schritten, die nach Bedeutung und Charakter freilich sehr unterschiedlich sein mußten. In fremden Hafenstädten kamen sie im allgemeinen nicht über die Funktion eines Handelskontors hinaus, um das sich allmählich ein phönikisches Viertel bildete, wie es auch in den Handelsmetropolen des Binnenlandes anzutreffen war. An unerschlossenen Küsten dagegen entstanden an regelmäßig aufgesuchten Ankerplätzen auf eigenem Boden – von den Einheimischen gekauft oder als Niemandsland einfach in Besitz genommen – phönikische Faktoreien, die sich in rohstoffreichen Gebieten bald zu Städten entwickel-

ten und zumindest teilweise, auf jeden Fall aber in der Oberschicht phönikische Bewohner hatten.

Es ist gewiß kein Zufall, daß uns die schriftlichen Überlieferungen und die archäologischen Funde, die phönikische Niederlassungen an fremden Küsten bezeugen, bis ins zwölfte Jahrhundert v. Chr. zurückführen. Abgesehen vom Direktverkehr zwischen Ägypten und seinen Asienbesitzungen befand sich vordem der Seehandel in der Hand der mykenischen Staaten. Ihre Seeherrschaft brach zusammen in der großen Krise, von der die Alte Welt gegen Ende des dreizehnten Jahrhunderts v. Chr. erschüttert wurde. Das immer stärker werdende Drängen der von den Ägyptern «Seevölker» genannten ägäischen und anatolischen Elemente in den südöstlichen Mittelmeerraum war nur der Ausläufer einer viel größeren Völkerbewegung. Die Städte am Libanon entgingen der Verwüstung und waren in der Lage, das Erbe der mykenischen Vormacht anzutreten. Dies geschah im Verein mit jenen Gruppen der Seevölker, die in den phönikischen Stadtstaaten ansässig geworden waren. Eine Konkurrenz war lange Zeit nicht zu befürchten. Ägypten schied mit dem Untergang des Neuen Reiches für nahezu ein halbes Jahrtausend überhaupt aus der Reihe der Seemächte aus. Die Seevölkergruppen, die an der syrisch-palästinischen Küste außerhalb Phöni-

vgl. Seite 90

Phönikische Mutterstädte (einschließlich Karthago)

Phönikische Städte

und Kolonien

Gebiete starken phönikischen Einflusses

Hauptrichtung der griechischen Kolonisation ab Ende des 8. Jahrhunderts v. Chr.

Hauptrichtung der karthagischen Expansion ab 6. Jahrhundert v. Chr.

Die phönikischen Kolonien

kiens seßhaft geworden waren, beteiligten sich zwar auch am Seeverkehr, aber gegenüber den wirtschaftlich viel leistungsfähigeren und handelserfahreneren Städten am Libanon waren sie von vornherein im Nachteil.

Unter solch günstigen Voraussetzungen konnten die Einrichtung von Seefaktoreien und die Gründung von Kolonialstädten bereits frühzeitig beginnen. Noch im zwölften Jahrhundert v. Chr. entstanden die Niederlassungen auf Zypern. In die gleiche Zeit reicht die Gründung des nordafrikanischen Utica zurück, während in Spanien Gades (Cádiz) und Tharsis im zehnten Jahrhundert v. Chr. folgten. Karthago, die bedeutendste aller phönikischen Kolonien, entstand der Tradition nach erst im Jahre 814 v. Chr. Zu Beginn des achten Jahrhunderts v. Chr. befand sich nicht nur der Überseehandel, sondern auch ein beträchtlicher Teil der Mittelmeerküste in phönikischer Hand. Noch weiter reichte der Kultureinfluß. Die Faktoreien und Pflanzstädte verbreiteten die Technik phönikischen Handwerks in ihrem Umkreis. In Nordafrika führten sie die Kultur des Ölbaums und wohl auch des Weinstocks ein. Phönikisch wurde zur Verkehrssprache im gesamten Mittelmeerraum. Selbst nordsyrische und kilikische Stadtstaaten, die keine größere phönikische Niederlassung auf ihrem Territorium hatten, bedienten sich in offiziellen Inschriften der phönikischen Schrift und Sprache und importierten phönikische Kulte.

Die Phönikerstädte haben ihre Monopolstellung im Seehandel nicht nur erstaunlich lange halten, sondern auch immer weiter ausbauen können. Nicht gelungen ist es ihnen allerdings, das Rote Meer ihrem maritimen Imperium anzugliedern. Eine eigene Seeverbindung nach Südarabien hätte es gestattet, den teuren Karawanentransport an der Küste des Roten Meeres entlang zu vermeiden. Die Weiterführung der Waren vom Nordende des Roten Meeres auf dem Landwege brauchte in der Zeit des israelitischen Großreiches nur den Staat Salomos zu passieren, der zudem mit Tyros befreundet und an der ökonomischen Seite dieser Freundschaft sehr interessiert war. Unter diesen günstigen Umständen kam das berühmte Ophirunternehmen Hirams und Salomos zustande, von dem das erste Königsbuch in drei nicht ganz übereinstimmenden Bemerkungen kurz berichtet (9, 26 f.; 10, 11. 22). Deutlich ist dabei die Tendenz, Salomo einen möglichst großen Anteil an der Organisation und vor allem auch am Gewinn zuzuschreiben. Tatsächlich dürfte Salomo aber lediglich die Hafenanlagen, Schiffsproviant und andere Ausrüstung zur Verfügung gestellt und als Gegenleistung das Recht erworben haben, einen Teil des Laderaumes für eigene Handelszwecke zu nutzen. Als durch den Aufstand des Edomiters Hadad wohl noch zu Lebzeiten Salomos die Kontrolle über den Hafen am Golf von Akaba verlorenging, fand das Ophirprojekt ein frühes Ende.

Das Verhältnis zwischen den phönikischen Mutterstädten und ihren Kolonien war nicht frei von Gegensätzen. Die Pflanzstädte waren bestrebt, sich nach heimatlichem Vorbild zu selbständigen Stadtstaaten zu entwickeln. Die Mutterstädte hatten dagegen das Interesse, ihre Gründungen möglichst eng an sich zu binden. Dabei griff man gelegentlich auch zu militärischen Maßnahmen. So überliefert Josephus die Nachricht, daß Hiram I. von Tyros eine Strafexpedition gegen eine der tyrischen Kolonien, wahrscheinlich gegen das zyprische Kition, unternommen habe. Auf Bronzeschalen, die aus Limassol stammen, bezeichnet sich mehr als zwei Jahrhunderte später der Resident des zypro-phönikischen Karthadaschat (‹Neustadt›) als Diener des Königs Hiram II. von Tyros. Das afrikanische Karthago sandte nicht nur alljährlich Festgesandtschaften nach Tyros, sondern entrichtete auch den Zehnten dem Hauptheiligtum der Mutterstadt, der allerdings später erheblich ermäßigt wurde. Am Beispiel Karthagos wird deutlich, welche Bedeutung kultische Beziehungen für das Verhältnis zur Mutterstadt hatten. Die Heimat der Götter, die man verehrte, lag eben in Phönikien. Auch der Text aus dem zyprischen Limassol ist bezeichnenderweise eine Weihinschrift für den Baal vom Libanon. Wie man die Götter Phönikiens verehrte, so hielt man auch an der Sprache der Heimat fest. Nicht weniger dauerhaft war das Band der wirtschaftlichen Interessen, das Mutterstadt und Kolonien eng zusammenschloß. Eine Isolierung wäre überhaupt für die Pflanzstädte tödlich gewesen und hätte notwendigerweise ihr Aufgehen in der Umwelt zur Folge gehabt. Insbesondere in der späteren Epoche der Auseinandersetzung mit rivalisierenden Seemächten konnten die phönikischen Kolonien nur bei Wahrung des Zusammenhalts untereinander und mit dem Mutterland erfolgreich bestehen. Diesen Erfordernissen entsprach die Entwicklung eines Systems von weithin selbständigen Stadtstaaten, die sich um die Mutterstadt als der politischen, kulturellen und militärischen Vormacht scharten. Der auf beiderseitige Interessen gegründete Zusammenhalt hat sich im wesentlichen bewährt. Als der Perserkönig Kambyses nach der Eroberung Ägyptens im Jahre 525 v. Chr. Karthago zu unterwerfen beabsichtigte, verweigerten ihm die phönikischen Städte die Unterstützung durch ihre Flotten. In besonders kritischen Situationen konnten allerdings auch die unmittelbaren Eigeninteressen überwiegen. So trat in der letzten Auseinandersetzung Karthagos mit Rom (149–146 v. Chr.) eine Reihe von phönikischen Gründungen in Nordafrika, darunter auch das bedeutende Utica, auf die Seite der Römer.

In ökonomischer Hinsicht war für die phönikischen Städte die am wenigsten entwickelte Kolonie am wertvollsten. Eine Niederlassung, die etwa nur aus einer Faktorei bestand und mit den mehr oder weniger rückständigen

Umwohnern unter Ausnutzung des kulturellen Niveauunterschiedes einen einträglichen Tauschhandel betrieb, erbrachte einen relativ hohen Reingewinn, der allein der Mutterstadt zufloß. Mit dem an sich wünschenswerten Ausbau der Niederlassung durch Zuwanderung von Siedlern, Gewerbetreibenden und Handwerkern wuchs nicht nur das Streben nach Bildung eines eigenen Gemeinwesens, sondern auch das Streben nach eigenständiger ökonomischer Entfaltung. Im Zuge solcher Entwicklung verblieb der Handelsgewinn zunehmend in der Kolonie selbst. Die Kaufherren der Mutterstadt mußten nach neuen Absatzgebieten suchen. Dabei gerieten sie ebenfalls in einen Wettbewerb mit ihren Pflanzstädten, die ihrerseits auch an der Erschließung bisher noch nicht in das phönikische Handelsnetz einbezogener Gegenden interessiert waren. Als erste Kolonie Karthagos wurde nach antiken Nachrichten Ibiza um 654/653 v. Chr. gegründet. Die Karthager hatten den Vorteil, auch atlantische Küsten auf kurzem Wege erreichen zu können. Diese fern von den Schiffahrtswegen liegenden Gegenden wurden bald zum bevorzugten Markt der karthagischen Händler. Den primitiven Tauschhandel an der westafrikanischen Küste, wie er der Errichtung von Faktoreien vorauszugehen pflegte, schildert Herodot: Die Kaufleute legten ihre Waren «Stück für Stück am Strande aus. Dann gingen sie wieder auf ihre Schiffe und machten Rauch. Sobald die Einwohner den Rauch sahen, kamen sie an den Strand, legten dort Gold hin für die Waren und entfernten sich wieder.»* Wenn das Gold als angemessener Preis angesehen wurde, dann nahmen es die Karthager und stachen wieder in See unter Zurücklassung der Waren, die nun von den Einwohnern abgeholt werden konnten. Wurde keine Einigung über den Preis erreicht, wiederholte sich der Vorgang, bis beide Partner zufrieden waren.

* *Herodot, Histories apodexis IV, 196*

Wie sehr die phönikische Handelswirtschaft stets auf Expansion angelegt war, zeigt sich darin, daß gerade die Zeit ihrer Krise durch verstärkte Expansion gekennzeichnet ist. Die Einbußen durch den Verlust der Vormachtstellung im Seeverkehr und die Auflösung des Monopols in einigen Branchen des Metallhandels suchte man durch Erschließung neuer Rohstoffgebiete auszugleichen. Eine Zeit neuer kühner Entdeckungsreisen begann. Um 450 v. Chr. gelangte der Karthager Himilko bis nach Cornwall, das vielleicht auch schon früher von phönikischen Seeleuten angesteuert worden war. Bei dieser Reise ging es um die Errichtung einer Direktverbindung zu den Zinngruben im südwestlichen England, nachdem der alte Handelsweg über Frankreich infolge der Besetzung der Rhônemündung durch griechische Stützpunkte versperrt war. Die neue Schiffahrtslinie wurde von der alten Phönikerstadt Gades aus betrieben, die zu Beginn des fünf-

ten Jahrhunderts v. Chr. unter die Oberherrschaft Karthagos geraten war. Auch nach der Unterwerfung der Stadt durch die Römer (206 v. Chr.) blieb das Monopol der Seefahrt zu den Zinninseln noch einige Zeit in der Hand der Phöniker von Gades. Strabon berichtet, daß römische Schiffe einst einem Cornwallfahrer nachsetzten, um mit der Route zu den Zinngruben vertraut zu werden. Doch der listige Schiffer setzte «absichtlich sein Schiff auf sumpfigen Grund und lockte seine Verfolger in gleiches Verderben. Er selbst rettete sich auf den Trümmern und erhielt vom Staat den Wert der verlorenen Waren ersetzt.»* Dieses Interesse an der Geheimhaltung der handelsökonomisch nutzbaren Ergebnisse der Entdeckungsreisen mag die Ursache dafür sein, daß es fast keine authentischen Berichte über phönikische See-Expeditionen gibt. Eine Ausnahme macht die legendäre Fahrt des karthagischen Admirals Hanno entlang der westafrikanischen Küste um 425 v. Chr. Über diese Reise war ein Bericht auf Stelen im Tempel des Gottes Baal Hammon in Karthago eingemeißelt, der in überarbeiteter griechischer Übersetzung auf uns gekommen ist. Das Unternehmen scheint von gewaltigem Umfang gewesen zu sein und hatte von vornherein die Gründung von Pflanzstädten zum Ziel. Die Expedition soll aus sechzig Fünfzigruderern bestanden haben, die 30 000 Männer und Frauen nebst den notwendigen Geräten und Vorräten mit sich führten. Dabei ist offenbar die sicherlich sehr große Zahl der Transportschiffe neben den sechzig Kriegs-

* *Strabon, Geographika III, 5, 14*

fahrzeugen unerwähnt geblieben. Die Expedition gründete insgesamt sieben Niederlassungen, die südlichste an der Mündung des Senegal. Die Flotte gelangte noch weiter nach Süden, wahrscheinlich bis zur Küste von Kamerun. Im einzelnen bleibt auch der Bericht über die große Expedition des Hanno ohne genaue Routenbeschreibung. Dagegen fehlt es nicht an abschreckenden Schilderungen gefährlicher Naturereignisse. Im Zusammenhang mit einem Vulkanausbruch ergießen sich Feuerbäche ins Meer. Überhaupt ergreifen Furcht und Angst des öfteren die Schiffsbesatzungen. Unheimlich erscheint ihnen der Klang der afrikanischen Signaltrommeln. Eine Insel, voll wilder Wesen, die von den Dolmetschern Gorilla genannt wurden, steuerte man an. Es gelingt, drei von ihnen zu erlegen und ihre Häute mit nach Karthago zu nehmen. Eine Expedition ins Unbekannte ist eben voll unbekannter Gefahren. Mit einiger Übertreibung vorgetragen, ließen sie es anderen Handelsleuten nicht geraten erscheinen, den Karthagern auf der westafrikanischen Route Konkurrenz zu machen. Bezeichnenderweise wird von irgendwelchen ökonomischen Erfolgen der Reise, abgesehen von der Gründung einiger Niederlassungen und dem Einbringen von drei Gorillahäuten, nichts berichtet.

Gorillajagd in Afrika. Detail der phönikischen Silberschale aus der Tomba Bernadini, 7. Jahrhundert v. Chr.

In dieser Epoche der verstärkten Expansion dürften auch die Azoren und die Kanarischen Inseln dem karthagischen Einflußbereich eingegliedert worden sein, wenn das nicht schon früher geschehen ist. An der marokkanischen Küste sind phönikische Siedlungen archäologisch jedenfalls schon für das siebente Jahrhundert v. Chr. bezeugt. Gewiß haben sich Handelsexpeditionen der Karthager und ihrer Pflanzstädte an der afrikanischen Küste später allmählich noch weiter nach Süden gewagt als zur Zeit Hannos. Näheres wissen wir jedoch darüber nicht, und es ist fraglich, ob man der Nachricht von einer Afrika-Umschiffung, die der aus Apamea in Syrien stammende Gelehrte Posidonius (135 v. Chr. – ?) überliefert, Glauben schenken darf. Posidonius, dessen Bericht Strabon unter sehr kritischer Kommentierung mitteilt, erzählt von den Seereisen eines gewissen Eudoxus aus der westkleinasiatischen Hafenstadt Kyzikos. Dieser Eudoxus sei unter Ptolemäus VIII. (145–116 v. Chr.) nach Ägypten gekommen und habe sich dort als Leiter einer Handelsexpedition nach Indien Verdienste erworben. Auf einer zweiten Indienreise, die unter der Herrschaft der Kleopatra, der Witwe des achten Ptolemäus, nach 116 v. Chr. unternommen wurde, wäre er vom Sturm an die ostafrikanische Küste verschlagen worden. Dort soll er die Gallionsfigur eines gestrandeten Schiffes gefunden haben, die einen Pferdekopf darstellte. Er nahm sie mit nach Ägypten und erkundigte sich bei erfahrenen Kapitänen nach der Herkunft dieses Schiffsteils. Jene erkannten es als einem Fahrzeug aus Gades gehörig, wie es von den Fischern dieser alten phönikischen Kolonie in den Fanggründen vor der marokkanischen Küste üblicherweise verwendet wurde. Zeuge einer größeren Expedition kann das Schiffsfragment freilich nicht mehr gewesen sein. Mit der Vernichtung des karthagischen Reiches im dritten punischen Krieg (146 bis 142 v. Chr.) endete auch das Zeitalter der phönikischen Kolonisation.

Götter und Kulte

> «Es wird erzählt, daß in diesen Tagen Adonis im Libanon verwundet werde und sein Blut in diesen Fluß rinne. Daher stamme die rote Farbe und sein Name Adonis.»
>
> *Lukian, De Dea Syria 8*

Die Götter der Alten Welt sind keine unnahbaren kosmischen Mächte. Sie sind Personen, dem Menschen ähnlich. Er kann sie ansprechen und durch sie auf die Vorgänge in Natur und Gesellschaft, die sein Leben bestimmen und die sie repräsentieren, einwirken. Deshalb braucht er die Nähe der Götter. Inmitten seiner Städte bietet er ihnen Wohnung und Versorgung. Er erfreut sie durch Lieder und stillt ihren Zorn durch Gaben und Gelübde.

Die Bindung der Götter an feste Kultstätten führt notwendigerweise zur Differenzierung. Sie werden zu lokalen Ausprägungen mit relativer Eigenständigkeit. Gewiß ist es die gleiche Göttin Aschtart, die in Sidon und Tyros verehrt wird; für den Adoranten ist es aber keineswegs gleichgültig, ob er der Aschtart von Tyros oder der Aschtart von Sidon sein Opfer darbringt. Besonders in Gegenden, die wie Phönikien und das vorisraelitische Palästina in zahlreiche Stadt- und Kleinstaaten zersplittert sind, ist diese Tendenz zur kultischen Differenzierung der Götter allgemein zu beobachten. Jede von den Städten am Libanon hat ihr eigenes, unterschiedlich aufgebautes Pantheon, wenn es auch im Grunde aus den gleichen Göttergestalten besteht. Die kultische Eigenständigkeit war eine notwendige Entsprechung zur politisch- ökonomischen Selbständigkeit der Stadtstaaten.

Es gab nicht nur die Möglichkeit, die Götter in lokalen Ausprägungen bei sich heimisch zu machen, man konnte sich ihnen auch selbst nähern, besonders wenn sie mit bestimmten erreichbaren natürlichen Größen als deren Herren oder Repräsentanten verbunden waren. Der irdische Sitz der Meeresgottheiten war das Meer, die Quellgötter offenbarten sich in den Quellen,

II
Ham:
Blick vom Merkur-Tempel auf die alte Straße Baalbek – Damaskus und den modernen Ort

und die mächtigen Wettergötter zeigten sich auf den Bergen, umhüllt von Wolken und Blitzen. Überhaupt wähnte man sich auf den Bergen der Götterwelt besonders nahe. Sie waren deshalb seit eh und je bevorzugte Kultstätten. Auch im Libanon zog man ins Gebirge hinauf, um dort vor allem dem Herrn des Landes, dem Baal vom Libanon, Verehrung zu erweisen.

Tafel 37, 39 Reste alter Kultstätten finden sich auf so mancher markanten Erhebung der unteren und der mittleren Gebirgsterrasse. In vorhellenistischer Zeit waren diese Kulthöhen in der Regel von schlichtester Ausstattung, zumal wenn sie weit von den Siedlungen entfernt lagen. Ein in den Felsen gehauener Altar und einige Vertiefungen zur Aufnahme von Gußopfern waren schon hinreichend. Meist trat noch ein heiliger Baum oder Hain als Repräsentant der Vegetationsgöttin hinzu. Öfters ist auch eine Grotte einbezogen, die vielleicht Orakelzwecken diente.

Die Verehrung des Herrn des Libanon an zahlreichen natürlichen Kultplätzen inmitten seiner Berge und Wälder förderte die Herausbildung lokaler Baalsgestalten, obgleich die Differenzierung nicht jene Bedeutung erlangen konnte, die sie im Kultwesen der Stadtstaaten haben mußte. Jedenfalls hatten auch die Bergheiligtümer ihre eigene Geschichte, ihre eigene Kultlegende, auch wenn sie nur lokale Erscheinungsstätten jenes Baal waren, der bei Bet Meri als Baal Markod und in Baalbek als Baal Biqa' verehrt wurde.

Unter den nicht sehr zahlreichen Originaltexten, die einen Einblick in die phönikische Religion gewähren, ist die Inschrift auf dem Sarkophag des Königs Eschmunazar von Sidon aus dem fünften Jahrhundert v. Chr. besonders aufschlußreich. Sie enthält einen Rechenschaftsbericht über die Regierung des Herrschers, in dem es unter anderem heißt: «Ich, Eschmunazar, König der Sidonier, ..., und meine Mutter Emaschtart, Priesterin der Aschtart, unserer Herrin, ... wir sind es, die die Tempel der Götter bauten. Den Tempel der Aschtart im meerländischen Sidon, und ließen (dort) wohnen die Aschtart ... Und wir bauten dem Eschmun einen Tempel, dem heiligen Fürsten, in En Jidlal am Berge und ließen ihn (dort) wohnen ... Und wir bauten Tempel für die Götter der Sidonier im meerländischen Sidon, einen Tempel dem Baal von Sidon und einen Tempel der ‹Aschtart Name des Baal›.»

Die führende Position im sidonischen Pantheon hatte also die Göttin Aschtart inne. Ihr Tempel wird als wichtigstes Heiligtum an erster Stelle genannt. Sie besitzt noch eine zweite Kultstätte, ebenfalls im «meerländischen Sidon», womit vermutlich das Stadtzentrum am Hafen gemeint ist. Dieser Tempel ist einer speziellen Gestalt der Göttin gewidmet, die in enger Verbindung mit Baal, dem männlichen Hauptgott von Sidon, steht. Wie ihre

Schwestergestalten Aschtart von Tyros und Baalat von Byblos gehört die sidonische Aschtart zu den Fruchtbarkeitsgöttinnen. Üblich war in Sidon und Tyros ihre Verehrung in Gestalt eines Steines, der von unterschiedlicher Form sein konnte. Sidonische Münzen aus römischer Zeit zeigen den Festwagen mit dem Thron der Aschtart, dessen Sitz ein Stein einnimmt. In steinerner Ausführung sind solche Throne vor allem aus Sidon, aber auch aus Tyros und Byblos archäologisch bekannt geworden. Bezeugt ist auch die Aufbewahrung von Aschtart repräsentierenden Steinen, die von antiken Schriftstellern mit leichter Gräzisierung des semitischen Begriffs Baitylien (‹Gotteswohnungen›) genannt wurden, in Kultschreinen. Angeblich soll es sich bei diesen Steinen um Meteoriten gehandelt haben. Der gelehrte Philo von Byblos (um 47–117 n. Chr.) erwähnt in seiner griechischen Übersetzung der phönikischen Geschichte des alten Sanchunjathon von Berut einen vom Himmel gefallenen Stein, den Aschtart gefunden und zum Kultobjekt im Tempel von Tyros geweiht habe. Der aus Gaza stammende Kirchenhistoriker Sozomenos († nach 443 n. Chr.) kennt eine ähnliche Legende. Danach soll ein in den Adonisfluß gefallener Meteor alljährlich das Erscheinen der Aschtart und damit den Beginn des Kultfestes der byblischen Fruchtbarkeitsgöttin in Afka angekündigt haben.
In seiner Inschrift widmet Eschmunazar dem Kult des Gottes Eschmun besondere Aufmerksamkeit. Sein Tempel lag außerhalb der Stadt an der Jidlal-Quelle. Die Ruinen des Heiligtums wurden im Jahre 1901 an der heute Bostan esch-Schech (‹Königsgarten›) genannten Stätte, sechs Kilometer von der Altstadt Sidon entfernt, wiederentdeckt. Seit einigen Jahren sind sie erneut Gegenstand umfangreicher Grabungen unter M. Dunand. Die bereits während der Forschungen der Jahre 1901 bis 1904 in zwei verschie-

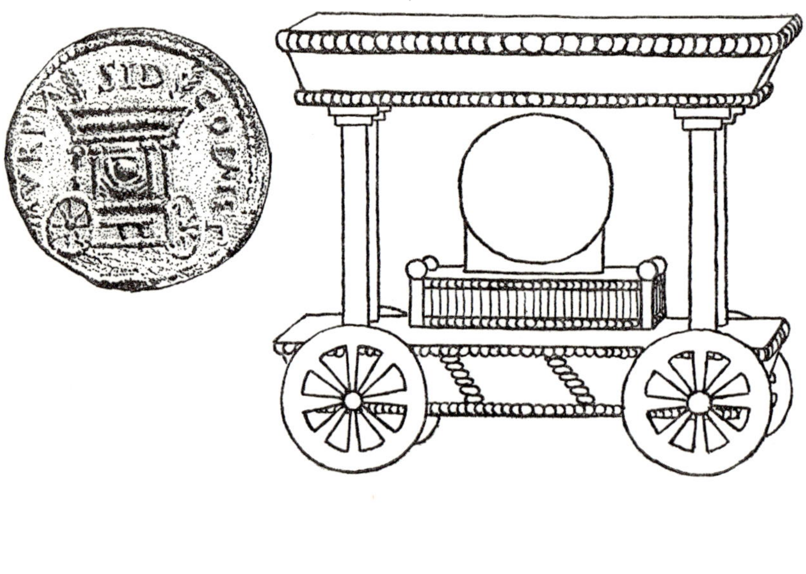

Heiliger Wagen
der Aschtart von Sidon.
Darstellung auf einer Kupfermünze der Julia Paula,
der ersten Gattin Elagabals,
219/220 n. Chr

denen Fassungen gefundenen Bauinschriften weisen allerdings Eschmunazars Nachfolger Bodaschtart als Bauherrn aus. Eschmunazar kann also nur Instandsetzungsarbeiten an einer älteren Anlage vorgenommen haben.

Tafel 38 Das Heiligtum war von eigenartiger Konzeption. Der Tempel, von dem nur geringe Reste erhalten geblieben sind, erhob sich in beherrschender Position auf dem linken Ufer des Nahr el-Awali. Der Abhang zum Flußtal, unmittelbar an der Nordseite des Tempels, war durch Terrassen gegliedert, die man teils in den Felshang gehauen, teils durch Aufschüttung hinter mächtigen Mauern aus Buckelquadern errichtet hatte. Kleinere Kultbauten scharten sich um den Fuß der Terrassenanlage, deren persisches Vorbild nicht zu verkennen ist. Der älteste von diesen Kultplätzen, ein sorgfältig ausgelegtes Bassin mit dem Kultbild des Gottes auf würfelförmigem Sockel in der Mitte, trägt die Merkmale eines Quellheiligtums. Das Wasser mußte freilich von jener oberhalb des Tempelbezirks entspringenden starken Quelle abgezweigt werden, die Eschmunazar als «En (Quelle) Jidlal am Berge» bezeichnet. Größtenteils wurde aber ihr Wasser mittels eines zum Teil heute noch benutzten unterirdischen Kanals nach Sidon geleitet. Auch innerhalb des Tempelbezirkes bezeugen verschiedene Reste antiker Wasserleitungsrohre aus Blei ein kompliziertes Verteilungssystem, in das die villenähnlichen Gebäude auf der ebenen Fläche vor der Terrasse mit einbezogen waren. Schöne Mosaikfußböden aus hellenistischer bis byzantinischer Zeit verleihen diesen Bauten einen eleganten, heiteren Charakter. Kult- und Kurort erscheinen hier harmonisch miteinander verbunden, wie wir es sonst nur von den Asklepeien des griechischen Kulturraumes kennen. Tatsächlich ist auch Eschmun mit dem griechischen Asklepios identifiziert worden. Eine in Bostan esch-Schech gefundene Weihinschrift aus der ersten Hälfte des zweiten vorchristlichen Jahrhunderts nennt ihn. Der Geograph Strabon weiß von einem Hain des Asklepios, der zwischen Sidon und Beirut lag. Antonius Placentius nennt in seinem Reiseführer aus dem sechsten Jahrhundert n. Chr. einen Fluß mit Namen Asklepios in der Nähe von Sidon. Die Identifizierung von Eschmun mit Asklepios setzt bei beiden Göttern eine verwandte Funktion voraus. Auf Eschmuns Eigenschaft als Heilgott deuten auch die Eigennamen, in denen er vorkommt: Eschmunazar (‹E. hat geholfen›), Eschmunchalas (‹E. hat errettet›), Eschmun'amas (‹E. hat getragen›) und ähnliche. Eschmun hatte auch als Vegetationsgott Bedeutung. Besonders dieser Funktion entsprach die Lage seines Heiligtums an der Quelle, deren Wasser den Gärten Sidons und der Stadt selbst Fruchtbarkeit und Leben brachte. Auch im Pantheon von Beirut hat Eschmun eine angesehene Rolle gespielt. Geringere Bedeutung hatte er in Tyros, während er sich in den phönikischen Kolonien großer Beliebtheit erfreute.

Neben Aschtart, Baal und Eschmun bleiben die übrigen Gestalten des sidonischen Pantheon im Hintergrund, obgleich ihnen selbstverständlich auch Verehrung gezollt wurde. An der Spitze der tyrischen Kultgötter steht ebenfalls eine Trias, zusammengesetzt aus den gleichen Gestalten wie in Sidon. Es dominiert allerdings in Tyros ein männlicher Gott, Melqart, der Baal von Tyros. Sein Name bezeichnet seine Funktion, er ist der ‹König der Stadt›. Auf der ihm gewidmeten Stele des Königs Barhadad trägt er die Kennzeichen des Wettergottes. Auch Melqart ist eine Lokalform des Baal vom Libanon, die im Laufe der Zeit jedoch mancherlei andere Elemente in sich aufgenommen hat. So wird er gelegentlich als Gott der Seefahrer verehrt. Stärker prägt ihn seine zusätzliche Funktion als Sonnengott. Diese engere Beziehung zur Sonne ist vermutlich Anlaß für seine Identifizierung mit Herakles gewesen. Eine knappe Schilderung des tyrischen Melqart-Tempels bietet Herodot: «Ich habe ihn ... gesehen, reich geschmückt, wie er war, mit vielen Bildwerken und zwei Säulen darin, die eine von lauterem Golde, die andere von Smaragd, der des Nachts hell leuchtete.» * Die beiden Säulen sind offenbar ein wichtiges Element im Melqart-Kult gewesen. Noch auf Münzen der römischen Zeit werden sie dargestellt, zusammen mit dem heiligen Ölbaum und einem Räucheraltar.

vgl. Seite 95

** Herodot, Histories apodexis II, 44*

Über die Funktion der drei tyrischen Hauptgötter informiert zusammenfassend ein Vertrag zwischen Asarhaddon von Assur (680–669) und dem König Baal von Tyros, in dem die Götter beider Seiten als Garanten aufgeführt werden. Danach sind Melqart und Eschmun für das Gedeihen der Stadt zuständig, während Aschtart als Göttin des Krieges erscheint, also auf den negativen Aspekt der Fruchtbarkeitsgöttin angesprochen wird. Dem seerechtlichen Inhalt des Vertrages gemäß, werden ihnen drei speziell für die Schiffahrt zuständige Götter vorangestellt: Baal Schamin, Baal Malage und Baal Zaphon. Sie sollen im Falle der Vertragsverletzung durch die Tyrer «einen bösen Wind gegen ihre Schiffe entfachen. Sie mögen ihr Tauwerk verloren gehen lassen, ihre Ankerpfosten herausziehen und sie durch eine große Flutwelle in die See versenken». Den Baal Schamin oder Schamem weist schon sein Name als ‹Herrn des Himmels› aus, dem die Gestirne sowie Sturm, Blitz und Regen unterstehen. Eine bekannte Erscheinung ist auch Baal Zaphon, der ‹Herrn des Nordens›. Von seinem Sitz, dem Gottesberg im Norden von Ugarit (heute Dschebel el-Akra), einer wichtigen Landmarke für die Seefahrer, hat sein Kult sich über die syrisch-palästinische Küste bis nach Ägypten ausgebreitet.

Eine sehr angesehene kultische Position hat Baal Schamem in Byblos errungen. Mit der Baalat Byblos steht er an der Spitze des Pantheon. «Es mögen verlängern der Baal Schamem und die Baalat Byblos und die Versamm-

Relief der Stele des Königs Jehaumilk von Byblos (5./4. Jahrhundert v. Chr.). Das Relief stellt die Baalat Byblos im Stile der ägyptischen Hathor (Kopfschmuck) dar, während ihr der König in persischer Tracht seine Opfergabe bringt.

lung der heiligen Götter von Byblos die Tage des Jehimilk und seine Jahre über Byblos», heißt es in einer Bauinschrift des Königs Jehimilk aus der Mitte des zehnten Jahrhunderts v. Chr. Wenn Baal Schamem mit im Zentrum des byblischen Götterkreises steht, dann entspricht dies seiner Funktion als Wetter- und Himmelsgott, der über den für Byblos so wichtigen Zedernwäldern thront. Er ist die byblische Variante des Baal vom Libanon. Auf seine Bedeutung verweisen auch die oft mit Baal gebildeten Eigennamen der Herrscher der Stadt. Dennoch ist ihm die Baalat Byblos, die Stadtherrin von Byblos, vorgeordnet. Nach der Kalksteinstele des Königs Jehaumilk, Sohn des Jaharbaal (viertes Jahrhundert v. Chr.), ist sie die «Gebieterin», die Jehaumilk zum König gemacht hat.

vgl. Seite 56 ff.

Auch in Byblos scheint eine Göttertrias an der Spitze des Pantheon gestanden zu haben. Dem entspricht die Dreizahl der in den Ruinen des frühbronzezeitlichen Baalat-Tempels geborgenen kolossalen Götterbilder, deren merkwürdig rohe, archaische Gestaltung eine sichere Identifizierung der beiden männlichen Götter allerdings nicht gestattet. Inschriftlich ist aber Rescheph als dritte große Gottheit neben Baalat und Baal im bronzezeitlichen Byblos bezeugt. Rescheph war seiner Funktion nach Unterwelts-, Seuchen- und Kriegsgott und auch sonst im syrischen Raum verbreitet. In den Inschriften byblischer Könige des ersten Jahrtausends v. Chr. begegnet Rescheph nicht, was freilich Zufall sein kann. Die Grabinschrift eines Sohnes des Königs Schifitbaal aus der Zeit um 500 v. Chr. nennt neben Baal Schamem und Baalat Byblos einen Baal Adir als dritten Hauptgott. Über diesen Baal erfahren wir sonst nichts, abgesehen von seiner Verehrung in den phönikischen Kolonien. Gleichwohl bezeugt der archäologische Be-

Tyrische Kultstätte. Die Inschrift bezeichnet die beiden Stelen als «ambrosisch (mit Öl oder Honig) gesalbte». Münze aus dem 3. Jahrhundert n. Chr.

fund des Rescheph-Tempels in Byblos die ununterbrochene Verehrung des Gottes bis in christliche Zeit.

Der zu Beginn des zweiten Jahrtausends v. Chr. errichtete Neubau des Rescheph-Heiligtums gehörte zu den in der vorderasiatischen Küstenregion verbreiteten Hoftempeln. Im Zentrum des von Mauern und kleineren Räumen umschlossenen heiligen Bezirks erhob sich jedoch nicht ein Kultgebäude, sondern nur ein heiliger Stein auf einem breiten Podest. Ihn umgaben in größerer Anzahl Stelen aus Kalk- oder Sandstein, wie man sie üblicherweise als Gedenksteine der Gottheit bei Anlässen zu Dank oder Bitte widmete. Die starken Verwitterungsspuren an diesen Stelen lassen erkennen, daß sie viele Jahrhunderte hindurch im Freien gestanden haben und den Einwirkungen von Wind und Wetter ausgesetzt gewesen sein müssen. Dieser Beobachtung entspricht der Ausgrabungsbefund. Danach ist der Rescheph-Tempel der Mittelbronzezeit ohne größere bauliche Veränderungen bis in hellenistische Zeit genutzt worden. Erst unter römischer Herrschaft überdeckte ihn eine großzügigere Tempelanlage, von der archäologisch nur ganz geringe Reste nachzuweisen waren. Die Vermutung liegt nahe, daß dieser römische Tempelbau dem alten Rescheph-Tempel ähnlich gestaltet war, als Hoftempel mit einem heiligen Stein als Kultobjekt. Tatsächlich bietet eine byblische Münze aus der Zeit des Kaisers Macrinus (217–218 n. Chr.) die Darstellung eines Heiligtums, das offensichtlich in der Bautradition des bronzezeitlichen Rescheph-Tempels steht. Selbstverständlich wird auf einer Münze nur ein Hauptheiligtum wiedergegeben. Da einerseits der Tempel der Baalat aus anderen Münzprägungen bekannt ist, andererseits Baal Schamem sicher nicht in einem heiligen Stein verehrt wurde, kann es sich nur um den Neubau auf der Stätte des alten Rescheph-Tempels handeln, der dann gewiß auch diesem Gott geweiht gewesen ist. *Tafel 23*

Auffällig an den Stelen im Hof des bronzezeitlichen Rescheph-Tempels ist ihre schlanke, konische Gestalt, die dem Heiligtum die Bezeichnung ‹Obeliskentempel› eingetragen hat. Sie ist zutreffend, wenn die Monumente im Rescheph-Tempel jene Bedeutung gehabt haben, die den von den Griechen als Obelisken (‹Bratspießchen›) bezeichneten Symbolen im ägyptischen Sonnenkult zukommt. Züge des Sonnengottes, speziell als Repräsentant der sengenden Sommersonne, sind auch für Rescheph nachweisbar. Außerdem erinnert die Anlage seines Tempels an die Sonnenheiligtümer der V. ägyptischen Dynastie. Schließlich ist seit hellenistischer Zeit die Identifizierung von Rescheph mit dem griechischen Apollon bezeugt, der ebenfalls zugleich Sonnen- und Seuchengott war. Dementsprechend dürfte der byblische Obeliskentempel der römischen Zeit dem Apollon als Nachfolger des alten Rescheph gewidmet gewesen sein.

Besonderer Beliebtheit erfreute sich in Byblos der Kult des Adonis, obgleich er keine bedeutende Position im Pantheon der Stadt inne hatte. Seine Verehrung in Byblos wird allerdings erst seit dem zweiten Jahrhundert n. Chr. erwähnt. Überhaupt ist Adonis ein junger Gott, wenn er auch dem uralten Typ des Werden und Vergehen der Vegetation repräsentierenden Gottes angehört. Die frühesten Zeugnisse über seine Verehrung aus dem fünften Jahrhundert v. Chr. kommen aus dem griechischen Raum. Seine semitische Herkunft unterliegt aber keinem Zweifel. Sein Name Adon, ‹Herr›, ist westsemitisch. Der byblische Adonismythos, wie ihn antike Schriftsteller überliefern, bietet als Grundlage eine schlichte Fabel: Der jugendliche Jäger Adonis liebt die Göttin Aphrodite, in der leicht die phönikische Aschtart in ihrer byblischen Ausprägung wiederzuerkennen ist. Der kriegerische Gott Ares – zweifellos der byblische Rescheph in griechischem Gewande – beauftragt aus Eifersucht einen wilden Eber, Adonis bei einem seiner Jagdausflüge zu töten. Dieses Vorhaben des Unterweltsgottes gelingt; Adonis wankt schwerverletzt zu der Grotte, in der er sich mit Aphrodite/Aschtart zu treffen pflegte, und stirbt in ihren Armen. Die Göttin eilt in die Unterwelt, um ihren Geliebten wieder ins Leben zurückzuholen; aber Persephone, die Herrin über die Gefilde der Toten, gestattet die Rückkehr nur jeweils für den dritten Teil eines Jahres. In diesem letzten Moment offenbart sich der Charakter des Adonis als Vegetationsgott, der nur während der alljährlichen Vegetationsperiode lebendig ist, im Hochsommer stirbt und im Frühjahr wieder erneut zum Leben erwacht.

Der Obeliskentempel
von Byblos
in römischer Zeit.
Inschrift: (Münze)
«des heiligen Byblos»

Eigentümlich ist die enge Verbindung des Adonismythos mit dem Nahr Ibrahim, der bis ins frühe Mittelalter den Namen Adonisfluß führte. In der gewaltigen Quellgrotte des Nahr Ibrahim bei Afka wurde jene Höhle gesehen, in der Adonis seinen Verletzungen erlag. Gelegentliche Rotfärbung der Wasser des Flusses, durch abgeschwemmte Roterde hervorgerufen, deutete man als Blut des ermordeten Gottes. Auch der Kult des Adonis war während der römischen Zeit im wesentlichen auf heilige Stätten im Tal des Nahr Ibrahim konzentriert. Höhepunkt war die Klage um seinen Tod im Sommer. Prozessionen von Pilgern zogen in dieser Festzeit nach Afka. Da immerhin fast fünfzig Kilometer zurückgelegt werden mußten, war der Weg wohl mindestens in drei Tagesmärsche gegliedert. Am ersten Tag konnte man von Byblos aus am Wadi Fidar entlang bis zu der heute Chir el-Medan (‹Fels des Rennplatzes›) genannten Stätte gelangen. Hier befinden sich heute noch die restaurierten Reste eines kleinen, einem Tempelchen ähnlichen Altars inmitten eines großen Hofes (0,5 Hektar), der einer zahlreichen Festversammlung Raum bot. Auch Quartiere für Kultpersonal und Pilger sind unterhalb des Plateaus von Chir el-Medan noch

Tafel 40, 41

zu erkennen. Die kürzere Route des zweiten Tages führte bis zum Tempelbezirk von Janua. Wahrscheinlich war dieser Tempel, dessen stattliche Reste vor einigen Jahren freigelegt wurden, speziell dem Adonis geweiht. Darauf deutet seine spätere Nutzung als dem Dschurjos Azrak, dem ‹blauen St. Georg›, gewidmete Kapelle. Die dritte Tagesreise von nur noch 12 Kilometern führte schließlich zur heiligen Grotte von Afka und zum Tempel der Aschtart/Aphrodite. Es gab auch einen heiligen Hain, dessen Reste beziehungsweise Nachkommen bis in die Gegenwart Gegenstand volkstümlicher Verehrung sind. Der griechische Historiker Zosimos (um 500 n. Chr.) weiß außerdem noch von einem See, in den die Pilger Gaben warfen, insbesondere versilberte oder vergoldete Bronzestatuetten der Göttin. Wenn sie die Annahme solchen Opfers verweigerte, dann blieb es trotz seines Gewichtes an der Oberfläche des Sees. Diese merkwürdige Geschichte paßt nicht recht nach Afka. Wahrscheinlich handelt es sich um eine Verwechslung mit dem See von Jammune, jenseits des Gebirgskammes. An seinem Ufer befand sich ebenfalls ein Aschtart-Tempel, dessen untere Mauerschichten noch anstehen. Den See von Jammune füllen im Frühjahr rasch zahlreiche Quellen, von denen die Nebaa el-Arba'in, die ‹Quelle der vierzig› (Märtyrer), die bedeutendste ist. Ihr Wasser soll mit so starkem Druck fast senkrecht hervorbrechen, daß schwere Gegenstände im Quellstrudel nicht untergehen können. Die naive Vorstellung von der unterirdischen Verbindung zwischen der Afka-Quelle und dem See von Jammune hat auch die Kultlegende des Tempels von Jammune geprägt. Danach soll Aphrodite *vgl. Seite 13* sich auf der Flucht vor dem urzeitlichen Ungeheuer Typhon in Afka in einen Fisch verwandelt haben und entkommen sein, zweifellos auf dem geheimnisvollen unterirdischen Wasserwege nach Jammune. Auch in kultischer Verbindung standen beide Heiligtümer. Der Prozessionsweg nach Afka fand über den hier wenig ausgeprägten Gebirgskamm eine bequeme Fortsetzung nach Jammune.

Die kultische Bedeutung des Adonistales war nicht ohne wirtschaftliche Hintergründe. Es bot einen günstigen Zugang zu den Zedernwäldern im gebirgigen Hinterland von Byblos, vor allem aber hatte die Afka-Quelle für die Wasserversorgung der Stadt große Bedeutung. Bis in hellenistische Zeit genügte zwar die im Zentrum der Stadt angeschnittene Quelle, zu deren Tiefe ein gewaltiger begehbarer Schacht hinabführte. Zur Deckung des steigenden Bedarfs in römischer Zeit mußte aber der Adonisfluß herangezogen werden, der einzige Wasserlauf in der näheren Umgebung von Byblos, der auch im Sommer Wasser hat. Eine Strecke flußaufwärts wurde vom Adonisfluß ein Kanal abgezweigt und auf dem südlichen weniger steilen Hang mit geringerem Gefälle bis etwa fünf Kilometer vor der Mündung ins Mittelmeer hinabgeführt. Dort überbrückte man Nahr Ibrahim mittels eines gewaltigen Aquädukts und hatte noch genügend Gefälle, um das lebenspendende Naß durch einen überdeckten Kanal bis in die Stadt fließen zu lassen.

Eine Quellgottheit ist Adonis allerdings nicht gewesen. Diese Funktion gehörte zu den Aufgaben der Baalat von Byblos. Ihr waren die Tempel in Afka und Jammune geweiht. Dementsprechend befanden sich neben ihrem Hauptheiligtum in der Stadt selbst die erwähnte Quelle und ein kleiner heiliger See. Zu Adonis steht die byblische Aschtart auch kultisch nur in jener losen Verbindung, wie sie der Mythos umschreibt. Adonis ist kein Baal, er besitzt nichts. Er ist das immer Neuerstehende und Wiedervergehende in der Natur. Vielleicht war er ursprünglich Baumgottheit im engeren Sinne. Das würde gut zu seiner Verbindung mit der Stadtgöttin von Byblos, der Herrin der Zedernwälder, passen. Der Aspekt der Baumgottheit ist auch dem ägyptischen Osiris eigen, dessen Kult alte Beziehungen zu Byblos hat. Mit ihm wird Adonis von Lukian und späteren Autoren ausdrücklich identifiziert. Im einzelnen mögen verschiedene Elemente der Adonisverehrung auf den ägyptischen Osiriskult zurückgehen, wie ja auch die Baalat Byblos von der mit ihr identifizierten ägyptischen Hathor geprägt worden ist. Noch auf der Stele des Jehaumilk erscheint sie in der aus Ägypten bekannten traditionellen Gestalt der Hathor. Auch die Ausstattung des Baalat-Tempels mit einem heiligen See dürfte ägyptischem Vorbild folgen.

vgl Seite 21 f.

Über konkrete Beziehungen zwischen dem Adoniskult in Alexandrien und in Byblos berichtet noch der Kirchenvater Cyrill von Alexandria († 444 n. Chr.). Die Frauen von Alexandria hätten alljährlich einen Brief nach Byblos gesandt, der die Wiederauffindung des verschwundenen Adonis meldete, worauf die Trauerriten in Byblos eingestellt worden seien. Die alexandrinische Adonisfeier bestand nach der Schilderung des Dichters Theokrit, der um 270 v. Chr. zeitweilig am Hofe Ptolemäos' II. von Ägypten lebte, aus einer öffentlichen Darstellung des Adonismythos durch Schauspieler und Sänger. Reiche Opfer wurden vor der umlaubten Bühne, auf der das liebende Götterpaar zu sehen war, dargebracht: Blumen, Früchte, Spezereien und Gebäck in mannigfaltiger Tiergestalt. Am nächsten Tag wurde Adonis unter Trauergesängen symbolisch dem Meer, das den Zugang zur Unterwelt repräsentierte, übergeben. «Gnade gewähre uns, jetzt und im kommenden Jahr, Adonis! Freundlich begegne, wie diesmal, uns auch bei der Rückkehr, Adonis!»*

* *Theokrit, Eidyllia XV, 143 f.*

Das Versenken des Adonis in die Meeresflut erinnert an den Osirismythos und findet sich auch im byblischen Adoniskult wieder. Der Adonisfluß führte das Blut des toten Gottes ins Meer, und die Adonisgärtchen, Tonschalen

mit Blumen bepflanzt, die dem Blut des Adonis entsprossen sein sollten, warf man nach dem Verdorren ins Meer.
Ähnlich wie in Sidon, Tyros und Byblos hat auch das Kultleben in anderen Städten am Libanon ausgesehen. Eine Gestalt bedarf aber noch der Erwähnung: Baal Hammon, mit dem die schreckliche Sitte des Kinderopfers verbunden war. Aus dem phönikischen Mutterland gibt es kein Zeugnis für seine Verehrung; aber in den afrikanischen und sizilischen Kolonien war er der männliche Hauptgott. Dort sind einige der ‹Tophet› genannten Brandopferstätten neben großen Kinderfriedhöfen entdeckt worden, so daß an der Realität dieses Kultbrauches nicht gezweifelt werden kann. Wenn auch die Verehrung des Baal Hammon in Phönikien nicht belegt ist, so hat er doch im syrisch-phönikischen Raum seine Heimat. Aus dem nordsyrischen Sendschirli stammt seine älteste Erwähnung in einer phönikischen Inschrift aus der Zeit um 825 v. Chr. Kinderopfer in Fällen äußerster Not sind aus der Umwelt Phönikiens, aus Moab, Aram und Israel, bezeugt, so daß solche Opfer auch in Phönikien bekannt gewesen und geübt worden sein dürften. Dafür spricht eine Bemerkung in Philos von Byblos Übersetzung der phönikischen Geschichte des Sanchunjathon, wonach der Gott Kronos (= El) dem Uranos in einer besonderen Notsituation den erstgeborenen Sohn als Opfer dargebracht habe. Aus der Zeit der Belagerung von Tyros durch Alexander den Großen weiß der römische Historiker Quintus Curtius zu berichten, daß die Tyrer das «Opfer des Saturn» (= Kronos) hätten vollziehen wollen. Offenbar ist dieses Opfer, das schwerste, das die in vieler Hinsicht heiter und freundlich erscheinende Götterwelt Phönikiens ihren Verehrern abverlangte, trotz der verzweifelten Situation der belagerten Stadt nicht vollzogen worden.

Zwischen den Großmächten

«Meinen mächtigen Kriegswagen, der hinwegfegt die Widerspenstigen, bestieg ich im Grimm meines Herzens eiligst.»

Sanherib, Taylor-Prisma V, 56 f

Um 900 v. Chr. begann sich eine Wende im Kräfteverhältnis der vorderasiatischen Staatenwelt abzuzeichnen. Im Zweistromland gelang es Adadnirari II. (911–859) und seinen Nachfolgern, Assur allmählich das Übergewicht über seine Nachbarn zu verschaffen. Es kam zu einer langen Reihe

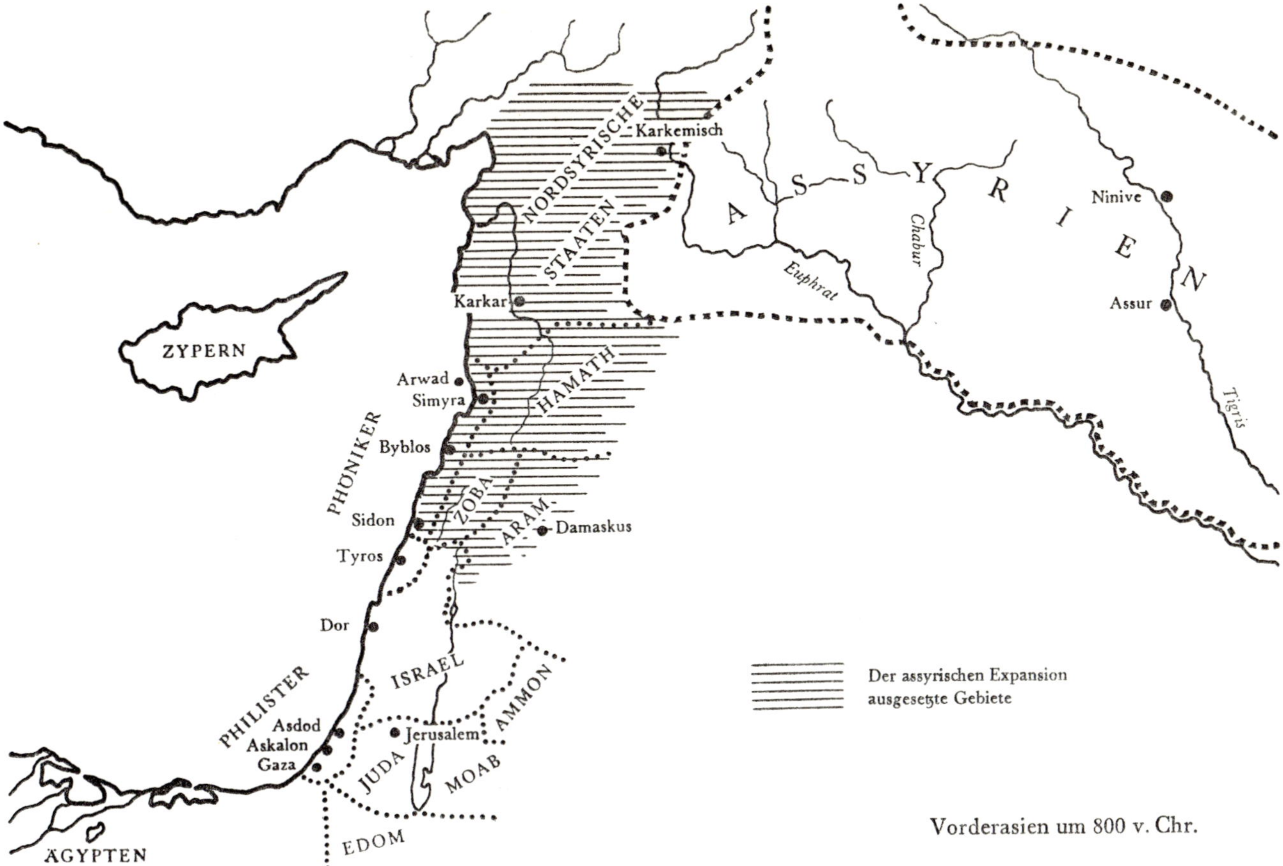

Vorderasien um 800 v. Chr.

von fast alljährlich geführten Feldzügen, die zunächst vornehmlich nur der Grenzsicherung dienten. Dann schritt man weiter zur Unterwerfung der Nachbarländer. Der territorialen Einverleibung gingen dabei die Phasen der Ausplünderung durch Raubzüge und der Auferlegung regelmäßig zu erfüllender Tributverpflichtungen voraus. Schließlich war man soweit, dem alten Anspruch mesopotamischer Herrscher auf ein Weltreich, das sich vom ‹oberen› bis zum ‹unteren› Meere erstreckte, Wirklichkeit zu verleihen.

Der erste Syrienfeldzug des Assyrerkönigs Assurnasirpal II. im Jahre 877 v. Chr. hatte einen Überraschungserfolg, nachdem seit der letzten Operation dieser Art unter Tiglatpileser I. mehr als zwei Jahrhunderte vergangen waren. Ernstlicher Widerstand ist Assurnasirpal nicht begegnet. Die phönikischen Städte konnten ihn durch Tributzahlung zufriedenstellen. Da sich Assurnasirpal in den folgenden Jahren überwiegend dem inneren Ausbau seines Staates widmete, gewannen die Länder am Mittelmeer eine Atempause, die sie nicht ungenutzt verstreichen ließen. Sein Nachfolger

Salmanassar III. (858–824), der in seinen 35 Regierungsjahren 31 Feldzüge unternahm, stieß auf gerüstete Gegner. Als er sich im Jahre 853 v. Chr. zum Vorstoß in das Innere Syriens anschickte, trat ihm am mittleren Orontes eine Koalitionsarmee von «zwölf Königen der Meeresküste» entgegen. Nach den Inschriften des Assyrerkönigs führte der Zusammenstoß mit dieser 80 000 Mann starken Armee zu einer vernichtenden Niederlage seiner Feinde. Die Zahl ihrer Toten war angeblich so groß, daß er «mit ihren Leichen den Orontes wie mit einer Brücke überspannte». Tatsächlich ist aber die Schlacht bei Karkar für Salmanassar III. ungünstig ausgegangen. Vom weiteren Vormarsch ist keine Rede mehr, nur von einer Bootsfahrt auf dem Mittelmeer kann Salmanassar noch berichten. Die phönikische Beteiligung an der siegreichen Koalition war gering. Vertreten waren nur die beiden nördlichsten und deshalb besonders bedrohten Stadtstaaten, Irqati mit dem erstaunlich hohen Kontingent von 10 000 Fußsoldaten und Arwad, das auf seine Insellage vertrauend, lediglich die kaum mehr als symbolische Streitmacht von 200 Mann entsandte.
Salmanassar III. hat seine Syrienfeldzüge in den Jahren 849, 848 und 845 v. Chr. mit noch geringerem Erfolg wiederholt. Dagegen konnten seine Truppen im Jahre 841 v. Chr. erstmalig den Süden der libanesischen Küstenebene erreichen, wovon die älteste der assyrischen Inschriften am Nahr el-Kelb zeugt. Tyros und Sidon beeilten sich, Tribut zu zahlen. Durch materielle Opfer blieben die Phönikerstädte auch während der assyrischen Feldzüge der Jahre 838, 810 und 806 v. Chr. von Verwüstung verschont.

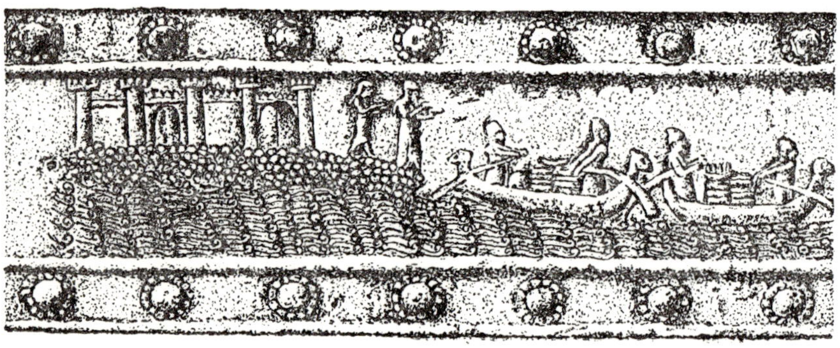

Tribut der Stadt Tyros an Salmanassar III. Bronzerelief am Tor von Balawat

Die Politik der formalen Unterwerfung und der Tributleistung hatte sich also bewährt, zumal man damit rechnen konnte, daß Assyrien nicht auf unbegrenzte Zeit seine Einfälle in Syrien fortzusetzen vermochte. Zu Beginn des achten Jahrhunderts v. Chr. geriet dann auch Assyrien durch innere Wirren in eine ernste Krise. Ihre Folge war nicht nur die Einstellung der Syrienfeldzüge, sondern auch der Aufstieg des Reiches von Urartu zu einer Großmacht, deren Vasallen und Bundesgenossen von Nordsyrien bis zum Iran reichten. Mit äußerster Anstrengung gelang es Tiglatpileser III. (745–727), die Umklammerung zu zerschlagen. Dazu genügte aber nicht mehr die alte Praxis der alljährlichen Beutezüge mit einem Heer, das nach Abschluß der Ernte jeweils aus Bauern und in der Landwirtschaft beschäftigten Sklaven gebildet wurde. Tiglatpileser schuf aus Berufssoldaten und fremden Söldnern ein stehendes Heer, für dessen Zusammenhalt strenge Disziplin und Aussicht auf reiche Beute sorgten. Die neue Heeresorganisation gestattete es, eroberte Gebiete dauernd militärisch zu besetzen und unmittelbar in assyrische Verwaltung zu nehmen. In der Regel blieb man aber zunächst bei dem altbewährten Verfahren der Einsetzung von Vasallen mit ständiger Tributverpflichtung.

Die phönikischen Stadtstaaten sind von den Assyrern großzügiger behandelt worden als ihre binnenländischen Nachbarn. Wenn man ihnen relative Handlungsfreiheit beließ, dann geschah das im Interesse des assyrischen Überseehandels, der sich der alten phönikischen Verbindungen bediente. Weiterhin war Assur bei allen maritimen Unternehmungen, die mit einer Expedition in die Ägäis und mit der Eroberung Zyperns im ersten Jahr Sargons II. (721–705) einsetzten, auf phönikische Flotten angewiesen. Einigen Aufschluß über die handelsökonomischen Möglichkeiten der phönikischen Stadtstaaten in der Frühzeit der assyrischen Herrschaft gewährt das bei den Ausgrabungen in Nimrud (bei Mossul) zum Vorschein gekommene Schreiben eines assyrischen Beamten namens Kurdi-Assur-Lamur, der wahrscheinlich unter Tiglatpileser III. eine Aufsichtsfunktion über das Libanongebiet inne hatte. Danach erfährt die Handelstätigkeit des Königs von Tyros keine Einschränkung: «Seine Knechte gehen in den Handelshäusern nach Belieben ein und aus und kaufen und verkaufen.» Entsprechende Freizügigkeit genießt Tyros bei der Ausbeutung seiner Wälder. Allerdings muß an den Verladeplätzen assyrischen Finanzbeamten eine vermutlich nicht geringe Steuer gezahlt werden. Kurdi-Assur-Lamur meldet, daß die Sidonier die Steuereinnehmer vertrieben hatten. Mit Waffengewalt wurden diese Beamten jedoch rasch wieder in ihre Funktion eingesetzt. Auch den Sidoniern wird die ungehinderte Ausbeutung ihrer Wälder zugestanden, wenn sie nur das Handelsembargo gegenüber Ägypten und den Philisterstädten beachten. So ungünstig ist also die Position der Phönikerstädte im Assyrerreich nicht gewesen. Der Reichtum des stolzen Tyros, den Hesekiel um 585 v. Chr. bewundernd schildert (26, 1 ff.), kann nicht erst nach dem Ende der Assyrerherrschaft erworben worden sein.

Wenn auch der phönikische Handel gedieh und trotz hoher Abgaben der

Wohlstand der Stadtkönige und Kaufherren wuchs, so konnte das doch nicht über den Verlust der Unabhängigkeit hinwegtäuschen. Die noch bestehenden syrisch-palästinischen Kleinstaaten vermochten freilich den Kampf um die Freiheit nicht ohne die Unterstützung einer Großmacht zu führen. Von Ägypten war allerdings wenig zu hoffen. Das Nilland litt unter der zweihundertjährigen Herrschaft der aus ägyptisierten libyschen Söldnerführern hervorgegangenen XXII. und XXIII. Dynastie zunehmend an innerer Auflösung der Zentralgewalt und außenpolitischer Schwäche. Anlaß zu berechtigter Hoffnung auf ägyptische Unterstützung gaben aber die Herrscher der äthiopischen XXV. Dynastie, die um 716 v. Chr. die Macht ergriffen hatten und alsbald eine aktive antiassyrische Asienpolitik einleiteten. Aus den Sprüchen des Propheten Jesaja erfahren wir von einer Gesandtschaft der Äthiopier in Jerusalem (Jes. 18). Ähnliche Verbindungen dürften auch mit den phönikischen Städten angeknüpft worden sein. Während der Wirren nach dem Tode Sargons II. im Jahre 705 v. Chr. schien dann die Gelegenheit gekommen zu sein, das assyrische Joch abzuschütteln. Erfolg versprach vor allem der Abfall Babyloniens von Assur. An seiner Wiedergewinnung mußte den Assyrern mehr gelegen sein als an der Bewahrung der Eroberungen an der Mittelmeerküste. Gesandte des babylonischen Königs Merodach-Baladan trafen in Jerusalem ein, um mit Hiskia von Juda, dem Organisator des Aufstandes, Absprache zu treffen. Es ist verständlich, daß sich unter diesen Umständen Tyros zur Teilnahme am Aufstand entschloß und zunächst das von Sargon II. aus seinen Besitzungen ausgegliederte zyprische Kition erneut unter seine Kontrolle brachte. Wider Erwarten der Abtrünnigen war Sanherib von Assur (704–681) bereits im Jahre 701 v. Chr. in der Lage, einen Syrienfeldzug zu unternehmen. Zu einem gemeinsamen militärischen Handeln der Koalition kam es nicht. Sanherib erledigte einen Gegner nach dem anderen. Elu'eli (Luli) von Tyros traf der erste Schlag. Es scheint, daß er in Sidon, also im Norden seines Herrschaftsgebietes, den assyrischen Ansturm erwartete. Die Sidonier gedachten aber nicht, für tyrische Interessen zu kämpfen, sondern waren eher daran interessiert, von der tyrischen Oberhoheit freizukommen. So mußte Elu'eli die Flucht ergreifen und sich nach Kition auf Zypern zu retten versuchen. Sidon und die übrigen Städte des tyrischen Gebietes, aber auch Arwad und Byblos, unterwarfen sich ohne Gegenwehr. Sanherib hielt sich mit einer Neuordnung im südlichen Phönikien nicht lange auf. Tuba'lu von Sidon wurde zum Nachfolger Elu'elis ernannt und damit zum Herrn über die vordem von Tyros kontrollierten Städte. «Ihnen legte ich Tribut und Abgabe meiner Herrschaft auf, jedes Jahr, ohne Ende.»

 Die Unterwerfung der in Auflehnung verharrenden Inselstadt übertrug

Sanherib seinen phönikischen Vasallen. Mit sechzig Schiffen versuchten sie, die Bruderstadt zu nehmen, wurden aber von nur zwölf tyrischen Schiffen vernichtend geschlagen. Als Sanherib nach der Wiederherstellung der assyrischen Ordnung in Palästina und nach dem Sieg über ein ägyptisches Heer zurückkehrte, umgab er die Stadt mit einem dichten Blockadering. Fünf Jahre hielten die Tyrer stand, bis sie sich, wahrscheinlich unter erträglichen Bedingungen, ergaben.

Es ist eine Ironie der Geschichte, daß Tuba'lus Nachfolger Abdimilkutti von Sidon zwei Jahrzehnte später den gleichen Fehler beging wie einst Elu'eli von Tyros. Die Situation war auch in diesem Falle für eine Erhebung nicht ungünstig. Nach der Ermordung Sanheribs hatte dessen jüngster Sohn Asarhaddon (681–669) mit seinen Brüdern um den Thron zu kämpfen, und es war ungewiß, ob sich der junge Prinz durchsetzen würde. Diesmal wurden Bundesgenossen im Norden, in Kilikien, gesucht und gefunden. Auf die Einstellung der Tributzahlung reagierte Asarhaddon, dessen Herrschaft sich rasch gefestigt hatte, zwar erst im Jahre 677 v. Chr., dafür aber mit bis dahin in Phönikien nicht erlebter Härte: «Sidon, die befestigte Stadt, die inmitten des Meeres liegt, machte ich dem Erdboden gleich. Ich zerstörte ihre Mauern und Häuser und warf sie ins Meer ... Auf eine Orakelweisung Assurs, meines Herrn, fing ich aus dem Meere wie einen Fisch Abdimilkutti, ihren König, der vor meinen Waffen hinaus aufs Meer geflohen war, und schnitt ihm den Kopf ab. Seine Frau, seine Söhne und Töchter, seine Höflinge, Gold, Silber, Wertsachen, Edelsteine, Kleider aus bunten Woll- und Leinenstoffen, Elefantenhäute, Elfenbein, Ebenholz und Buchsbaum, alles, was kostbar war in seinem Palast, trug ich in großer Menge davon. Nach Assyrien verschleppte ich seine Untertanen, die ohne Zahl waren, Rinder, Kleinvieh und Esel ...» In der Nähe des zerstörten Sidon wurde eine neue Stadt gegründet. Sie erhielt den Namen des siegreichen Assyrerkönigs und wurde mit Bewohnern der Küste besiedelt, aber auch mit Deportierten aus fernen Gegenden des Assyrerreiches. Unterstellt wurde das ehemals sidonische Gebiet als assyrische Provinz einem Statthalter Asarhaddons.

Den Vorteil hatte Tyros, das diesmal Assur treu geblieben war. Seinem Territorium fügte Asarhaddon Sarepta und eine weitere Stadt hinzu und regelte durch einen Vertrag mit dem König Baal von Tyros die Beziehungen zwischen Assyrien und der Stadt, die nunmehr wieder zum wichtigsten Handelsplatz der Assyrer an der phönikischen Küste geworden war.

In dem erhalten gebliebenen Teil des Textes wird zunächst die Funktion des in Tyros residierenden assyrischen Gouverneurs umschrieben. Dieser Beamte hat gegenüber dem König und den Ältesten der Stadt Weisungsrecht. Briefe Asarhaddons an den tyrischen König dürfen nur in Gegenwart des Gouverneurs geöffnet und gelesen werden. Diese weise Maßregel verhinderte jene Doppelgleisigkeit der Verwaltung, die einige Jahrhunderte früher den Ägyptern Schwierigkeiten bereitet hatte. Von besonderem Interesse sind die Festlegungen seerechtlicher Art: «Falls ein Schiff des Baal oder der Tyrer an der philistäischen Küste oder irgendeinem anderen assyrischen Gebiet strandet, wird alles, was sich im Schiff befindet, Eigentum Asarhaddons, des Königs von Assur. Die Männer, die auf dem Schiffe sind, darf jedoch niemand behelligen ...» In dieser Bestimmung ist an sich keine sonderlich drückende Maßnahme zu sehen. Sie entspricht dem bis ins vorige Jahrhundert allgemein üblichen Strandrecht. Weitere Regelungen betreffen die dem tyrischen Verkehr offenen Häfen und erteilen die Erlaubnis zur Niederlassung von Residenten der Stadt Tyros in diesen Häfen. Insgesamt bot der Vertrag dem tyrischen Seehandel eine günstige Rechtsgrundlage, wie es schließlich auch dem assyrischen Interesse entsprach. In politischer Hinsicht mußte freilich der Vertragsinhalt weniger positiv erscheinen. Er besiegelte den Verlust der bis 701 v. Chr. von Tyros kontrollierten Küstengegenden mit Ausnahme der kleinen Enklave bei Sarepta. Von daher wird es einsichtig, daß Baal bald versuchte, durch einen Aufstand mit ägyptischer Hilfe das Verlorene wiederzugewinnen. Asarhaddon berichtet darüber im Zusammenhang mit seinem Feldzug im Jahre 671 v. Chr.: «... Ich warf Schanzen auf zur Belagerung von Baal, den König von Tyros, der sein Vertrauen in Tirhaka, den König von Nubien, gesetzt hatte ...» Zu einer förmlichen Belagerung der Inselstadt kam es aber nicht. Asarhaddon zog in Eilmärschen weiter und eroberte Ägypten in kurzer Zeit. Zur Sicherung seines Besitzes und zum Abtransport der riesigen Beute brauchte der Assyrerkönig auch die tyrische Flotte. Man kam also rasch zu einer Verständigung. Baal blieb König, zahlte Tribut und mußte den Rest seiner festländischen Besitzungen aufgeben.

Damit war nunmehr Phönikien fast gänzlich in unmittelbare assyrische Administration übergegangen. Der assyrische Besitz gliederte sich in drei Provinzen, deren Statthalter ihren Sitz in Symira, in der neugegründeten ‹Asarhaddon-Stadt› bei Sidon und in Uschu, dem festländischen Tyros, hatten. In Selbstverwaltung verblieben nur noch die beiden unbezwinglichen Inselstädte Arwad und Tyros sowie Byblos, dessen Könige sich klüglich von allen antiassyrischen Konspirationen ferngehalten hatten. Wenig später begegnet Baal von Tyros gemeinsam mit den Königen von Arwad und Byblos in der Schar von 22 Vasallen des «Meerlandes», die den Feldzug Assurbanipals (669–626) gegen den inzwischen wieder in Ägypten eingefallenen Tirhaka zu Wasser und zu Lande unterstützten.

28
Phönikische Göttin mit Krone und Haartracht ägyptischen Stils, wahrscheinlich aus dem Libanongebiet

29
Phönikische Göttin (etwa 14. Jahrhundert v. Chr.). Die zylindrische mit Perlen verzierte Kopfbedeckung deutet auf nordsyrischen Einfluß. Die ursprünglich eingelegten Augen sind herausgebrochen.

30
Byblos: Zeremonialaxt aus dem Obeliskentempel (etwa 18. Jahrhundert v. Chr.). Die feine Granulierung der Schafthülle ist auch für spätere phönikische Goldschmiedearbeiten charakteristisch.

31, 32

Byblos: Goldener Dolch aus dem Obeliskentempel (etwa 18. Jahrhundert v. Chr.). Auf der Dolchscheide sind dargestellt ein Hirt auf einem Esel, eine Ziege, offenbar von einem Löwen angefallen, den ein Jäger von hinten durchbohrt, weiterhin ein Pavian (ägyptischer Einfluß!), Jäger, Hund und Fisch. Der Dolchgriff trägt eine Tierdarstellung sumerischen Stils unter dem Elfenbeinknauf.

33

Byblos: Sarkophag des Königs Ahiram (11. Jahrhundert v. Chr.). Die um die Deckplatte des Sarkophags laufende Inschrift verflucht denjenigen, der den toten Herrscher in seiner Ruhe stört. Darunter ist Ahiram auf einem Kerubenthron dargestellt, eine Lotosblume in der Linken. Vor ihm steht ein Tisch mit Speisen. Ein Diener vertreibt mit einem Wedel die Fliegen vom Tisch und hält in der anderen Hand eine Serviette. Hinter ihm stehen zwei Speisenträger und vier Männer in ehrfurchtsvoller Haltung.

34
Phönikisches Elfenbein aus dem nordsyrischen Arslan Tasch
(9. Jahrhundert v. Chr.): Kuh mit Kalb

35
Phönikische Elfenbeinstatuette
aus Nimrud (8. Jahrhundert v. Chr.).
Stilistisch eng verwandt mit entsprechenden Elfenbeinarbeiten aus Arslan Tasch
und Megiddo.

36
Phönikische Elfenbeinarbeit aus Nimrud
(8. Jahrhundert v. Chr.):
Mischwesen als Möbelbeschlag

37
Felsheiligtum an der Küste, nahe der Mündung des Nahr Ibrahim. Erkennbar sind die Kultplattform und die heilige Höhle (in antiker Zeit mit Schwelle und Tor versehen). Die Feigenbäume am Fuße des Felsens mögen Nachkommen des alten Kulthaines sein. Die sehr früh einsetzende kultische Nutzung der Stätte ist durch steinzeitliche Funde ausgewiesen.

38
Bostan esch-Schech: Blick auf die Tempelterrasse. Oben rechts im Bilde erscheinen die Reste des Tempels. Erkennbar ist die zwecks Erweiterung der oberen Terrassenfläche von Bodaschtart vorgesetzte Futtermauer. Das Quellheiligtum liegt hinter der im spitzen Winkel zur unteren Terrasse laufenden Mauer aus Großquaderwerk.

39
Bschelle: Felsheiligtum auf dem Gipfel des Berges. Rechts davon die Schutthalde von Kultbauten aus römischer Zeit

40, 41
Chir el-Medan:
Römischer Altar.
[41] Umfassungsmauer
mit Tor,
Blick auf den Altar

42
Sidon: Schiffsdarstellung auf der Rückseite einer Halbschekelmünze
(4. Jahrhundert v. Chr.)

43
Sidon: Anthropoide Sarkophage von der Akropolis
(5./4. Jahrhundert v. Chr.)

44
Ituräischer Felsaltar bei Kab Elias in der Bekaa. Maße der Fassade etwa 12×9 m

Wir wissen nicht, was Baal bewogen hat, im Jahre 665 v. Chr. noch einen letzten Versuch der Auflehnung gegen Assur zu unternehmen. Assurbanipal beschuldigt ihn lediglich, seinen «königlichen Befehl» nicht beachtet zu haben. Vielleicht lag die Veranlassung zu einem Feldzug gegen Tyros bei Assurbanipal selbst, der nun die noch in relativer Selbständigkeit verbliebenen Phönikerhäfen seinen Provinzen einzuverleiben gedachte. Dafür spricht, daß er sich auch gegen Jakinlu von Arwad, «der sich den Königen, meinen Vätern, nicht gebeugt hatte», wandte. Einiges Licht auf die Hintergründe wirft ein Brief des assyrischen Statthalters Itti-Schamasch-Balatu von Symira, dem die Kontrolle der Inselstadt oblag. Er beklagt sich bitter über Jakinlu, der mit Gewalt den Verkehr in seinen Hafen lenke und sogar vor Vernichtung von Schiffen, die nach assyrischen Häfen unterwegs seien, nicht zurückschrecke. Selbst assyrische Beamte machten gemeinsame Sache mit Jakinlu und hätten bei ihm Gelder angelegt. Korruption war also im Spiele, und ebensowenig wie Arwad dürfte Tyros der Versuchung widerstanden haben, sich am Geschäft mit der ägyptischen Beute mehr zu bereichern, als klug war. Immerhin unterwarfen sich beide Herrscher rechtzeitig. Baal zahlte Tribut und lieferte eine Tochter und mehrere Nichten mit reicher Mitgift an den Harem des Assyrerkönigs. Seinen Sohn, der vordem noch niemals die Insel verlassen hatte, sandte ihm jedoch Assurbanipal wieder zurück.
Damit waren die Verhältnisse in Phönikien stabilisiert. Sogar die Befreiung Ägyptens unter Psammetich I., dem Gründer der XXVI. Dynastie, um 655 v. Chr. konnte Tyros und Arwad nicht erneut zum Abfall bewegen. Bezeugt ist lediglich die Verweigerung der Tributzahlung durch die Bevölkerung von Uschu während des Aufstandes, der zwischen 650 und 648 v. Chr. das Reich Assurbanipals erschütterte. Auf der Rückkehr von der Niederwerfung der daran beteiligten Araber hielt der Assyrerkönig über die Bewohner der Provinz Uschu ein strenges Gericht: «Ihre Götter, ihre Männer führte ich als Beute nach Assyrien. Die Leute von Akko, die unbotmäßig gewesen waren, tötete ich. Ihre Leichname hing ich an Stangen auf und ließ sie die Stadt rings umgeben. Die Überlebenden brachte ich nach Assyrien und gliederte sie meinem Heere ein ...»
Schon vor dem Tode Assurbanipals setzte der Niedergang Assurs ein. Eine der Ursachen mag die Invasion skythischer Reiterscharen gewesen sein, die bis nach Phönikien vordrangen. Bereits um 626 v. Chr. konnte sich Josia von Juda der Kontrolle Assurs entziehen und seinem Territorium einen Teil der assyrischen Provinz Samaria einverleiben. Babylonien, der Nachfolger Assurs in der Weltherrschaft, begann sich der assyrischen Oberhoheit zu entledigen. Die Frontlinien der Weltpolitik veränderten

sich. Ägypten trat auf die Seite des geschwächten Assur, um freilich erst dann aktiv einzugreifen, als es nicht mehr zu retten, wohl aber Syrien/Palästina zu gewinnen war. Im Jahre 609 v. Chr. eroberten die Truppen des Pharao Necho Karkemisch. Der Asienbesitz Thutmosis' III. war wiederhergestellt. Das Ägypten der XXVI. Dynastie hatte jedoch nicht die Kraft, seine Herrschaft in diesem großen Gebiet zu festigen. Bereits im Jahre 605 v. Chr. war Karkemisch und wenig später die vorderasiatische Küstenregion insgesamt in neubabylonischer Hand. Ägypten erweckte aber weiterhin in den nun der Herrschaft Babylons unterworfenen Kleinstaaten, soweit sie die assyrische Zeit überlebt hatten, Hoffnungen auf Befreiungshilfe. Vertreter dieser Staaten – Ammon, Moab, Edom, Tyros und Sidon – kamen im Jahre 594 v. Chr. in Jerusalem zusammen. Zu einem gemeinsamen Vorgehen konnte man sich jedoch nicht entschließen, zumal die auswärtigen Gesandten das Anliegen Judas, die nach dem ersten Aufstand im Jahre 598 v. Chr. verlorenen Gebiete wiederzugewinnen, keineswegs teilten. Propagandistischen Wert hatte die Wallfahrt, die Psammetich II. von Ägypten mit zahlreichen Priestern nach Phönikien, wahrscheinlich nach Byblos, unternahm (591 v. Chr.). Gegen einen kultisch begründeten Besuch konnten die neubabylonischen Behörden wenig einwenden, obgleich dadurch auch die Erinnerung an die einstige enge Bindung an das Nilland vergegenwärtigt werden mußte. Als sich im Jahre 588 v. Chr. Zedekia von Juda zum Aufstand entschloß, blieb die ägyptische Hilfe nicht aus, war aber so unzureichend, daß sie den Untergang Judas nicht verhindern konnte. Einigen Erfolg scheint die ägyptische Seekriegführung gehabt zu haben. Sonst wäre auch der Abfall des tyrischen Königs von Nebukadnezar II. kaum zu verstehen, zumal er das Schicksal Judas als warnendes Beispiel noch frisch vor Augen hatte. Immerhin weiß Hesekiel nur die Hybris des reichen Tyros als Motiv anzuführen. Ihm ist es gewiß, daß die Inselstadt dem Angriff Nebukadnezars nicht standhalten kann. «Sie sollen die Mauern von Tyros zerstören und seine Türme niederreißen; und ich will das Erdreich von ihm wegfegen und es zum nackten Felsen machen. Ein Trockenplatz für Fischernetze soll es werden inmitten des Meeres; denn ich habe es gesagt, spricht Jahwe» (Hes. 26, 4 ff.). Doch Tyros widerstand dreizehn Jahre (585–573) der Belagerung, so daß Hesekiel seinen Prophetenspruch zurücknehmen mußte: «Nebukadnezar, der König von Babel, hat sein Heer große Arbeit tun lassen gegen Tyros. Jeder Kopf ist kahlgeschabt und jede Schulter blankgescheuert (vom Transport der Schanz-Erde in Körben); aber Lohn haben er und sein Heer von Tyros nicht davongetragen ...» (29, 18). Wenn auch Tyros durch einen Vergleich mit Nebukadnezar billig davonkam, so hatte es doch seine erste Position unter den

Phönikerstädten verloren. Das wiederaufstrebende Sidon zog seinen Nutzen aus dem Niedergang der Rivalin. Darius I. (520–483) machte Sidon zum Verwaltungssitz einer der zwanzig Satrapien des persischen Weltreiches, nachdem im Jahre 538 v. Chr. die vorderasiatische Küstenregion den Achämeniden kampflos zugefallen war.

Die phönikischen Städte hatten seit Mitte des achten Jahrhunderts v. Chr. nicht nur durch die Expansion der mesopotamischen Großreiche Einbußen an Macht und Vermögen hinnehmen müssen, zugleich geriet auch ihre Monopolstellung im Mittelmeerhandel ins Wanken. Zunehmend machte sich griechische Konkurrenz bemerkbar, die nach phönikischem Vorbild Kolonien einrichtete, zunächst an den von phönikischen Niederlassungen freien griechischen Küsten und am Schwarzen Meer. Später wurde Sizilien in die griechische Kolonisation einbezogen, und im Jahre 681 v. Chr. gründete Sparta Kyrene, die erste griechische Niederlassung an der afrikanischen Küste. Bald kam es zu bewaffneter Konfrontation. Der Versuch, die als Seeräuber gefürchteten jonischen Phokäer an der Niederlassung in Massalia (Marseille) zu hindern, endete um 600 v. Chr. mit einer Niederlage der Karthager.

Inzwischen hatte sich Ägypten als weiterer Konkurrent angemeldet. Für Necho (609–594) stand freilich zunächst die Ausrüstung einer Kriegsflotte,

vgl. Seite 107

bezeichnenderweise mit Triemen griechischen Typs, zur Sicherung seiner vorderasiatischen Eroberungen im Vordergrund. Mit der Besetzung Zyperns durch Amasis (568–526) gelangte dann aber ein bedeutender Teil des Seehandels, wenn auch nur vorübergehend, unter ägyptische Kontrolle. Im sechsten Jahrhundert v. Chr. begann sich außerdem auch noch Rom auf dem Schauplatz des Kampfes um die Seeherrschaft im Mittelmeer zu zeigen. Im Jahre 509 v. Chr. kam es zunächst noch zu einer vertraglichen Anerkennung der Vormacht Karthagos im westlichen Mittelmeer durch Rom und zu einer Regelung der Ankererlaubnis in Notfällen: «Die Römer und die Bundesgenossen der Römer sollen nicht jenseits des Promunturium Pulchrum (Kap Farina, unmittelbar westlich Karthago) die See befahren, es sei denn, sie werden durch Sturm oder Feinde dazu gezwungen. Wenn aber einer durch Gewalt dahin getrieben wird, so soll ihm nichts zu kaufen noch zu nehmen gestattet sein, außer dem, was er zur Wiederherstellung seines Fahrzeuges oder für Opfer braucht ...»*

* *Polybios, Historiai III, 22*

Der Aufstieg des Achämenidenreiches gab den Phönikerstädten des Ostens begründete Hoffnung, die griechische und ägyptische Konkurrenz eindämmen zu können, wie es im Westen Karthago wenigstens Rom gegenüber gelungen war. Kyros II. hatte bereits im Jahre 546 v. Chr. fast ganz Kleinasien und einen Teil der ägäischen Inseln erobert. Eine neue Weltmacht war im Entstehen, die im ersten Anlauf ihre Grenzen weit in den griechischen Kulturraum vorgeschoben hatte. Diese Richtung der persischen Expansion konnte den Phönikern nur willkommen sein. Sie allein vermochten den Persern für das weitere Vordringen nach Westen eine starke Flotte zu stellen und durften ihrerseits damit rechnen, innerhalb des neuen Weltreiches das Übergewicht im maritimen Mittelmeerhandel wiederzuerlangen. Die Interessengemeinschaft zwischen Persern und Phönikern bewährte sich zunächst. Bereits im Jahre 525 v. Chr. eroberte Kambyses, der Nachfolger Kyros II., mit phönikischer Flottenunterstützung Zypern, Ägypten und Libyen mit Einschluß der nordafrikanischen Griechenkolonien. Unter Darius I. folgte ab 517 v. Chr. die Besetzung Makedoniens und Thrakiens bis zur Donau. Parallel vollzog sich der Aufstieg der phönikischen Städte. Sidon wurde nicht nur administratives Zentrum der fünften Satrapie, deren Gebiet von der Grenze Ägyptens bis zum Tigris reichte; es erlangte auch, ebenso wie Arwad, Byblos und Tyros, das Recht zur Selbstverwaltung. Tyros erhielt seinen Festlandsbesitz von Sarepta bis zum Karmel zurück und bekam außerdem Askalon zugesprochen. Der Hauptteil der philistäischen Küstenebene ging an Sidon: «... Es gab uns der Herr der Könige Dor und Jaffa, die reichen Kornländer in der Scharon-Ebene, für die gewaltigen Taten, die ich tat», berichtet Eschmunazar. «Und wir fügten sie den Grenzen des Landes hinzu, damit sie den Sidoniern auf ewig gehören ...»

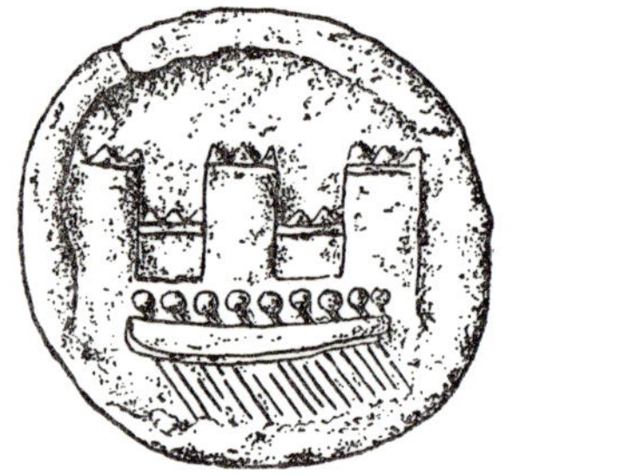

Von «ewig» konnte freilich keine Rede sein. Bereits um 500 v. Chr. kam es zu Aufständen in den kleinasiatischen Griechenstädten. Sie wurden zwar blutig niedergeschlagen; aber der Versuch, Griechenland insgesamt der persischen Herrschaft zu unterwerfen, mißlang schon im Ansatz, als im Jahre 492 v. Chr. die vornehmlich aus phönikischen Einheiten bestehende persische Flotte am Vorgebirge Athos im Sturm scheiterte. Die Wende zugunsten des aufstrebenden Griechentums brachte das Jahr 480 v. Chr.: In der Seeschlacht bei Salamis vernichteten die Griechen die persisch-phönikische Flotte. Nach antiker Überlieferung fiel auf den gleichen Tag die Schlacht bei Himera auf Sizilien, in der Karthagos Streitmacht dem griechischen Aufgebot unterlag.

Dem kurzen Traum von einer Wiedererrichtung der Seeherrschaft der Phöniker und ihrer Kolonien im Mittelmeer folgte die Ernüchterung. Aufstände in Babylonien und Ägypten deuteten an, daß das Perserreich den Höhepunkt seiner Machtentfaltung bereits überschritten hatte. Der Ernüchterung in den phönikischen Handelsstädten folgte die Neuorientierung. Man verlegte die handelsökonomische Expansion gemeinsam mit Karthago in die atlantischen Gestade. In den zweiten Vertrag zwischen Karthago und Rom über die Abgrenzung der Handels- und Niederlassungsrechte vom Jahre 348 v. Chr. sind Tyros und seine Bundesgenossen ebenso wie das nordafrikanische Utica ausdrücklich mit eingeschlossen. Im Unterschiede zu Karthago öffnete man sich aber auch griechischen Einflüssen, zumal die Handelsinteressen eine Zusammenarbeit mit den griechischen Staaten längst entwickelt und die Konkurrenten zu Partnern gemacht hatten. Vor allem Athen war nach dem Friedensschluß mit Persien (448 v. Chr.) zu einem wichtigen Handelszentrum geworden. Die dort später so bedeutende sidonische Niederlassung mag bis in jene Zeit zurückreichen. Aufschwung nahmen diese Beziehungen, nachdem Persien in den 399 v. Chr. einsetzenden Machtkämpfen zwischen Athen und Sparta auf die Seite Athens getreten war. Davon zeugt der bald nach 370 v. Chr. in Athen gefaßte Beschluß, der die Beziehungen zu Sidon regelte und im einzelnen Fragen des diplomatischen Verkehrs und der Steuerfreiheit sidonischer Kaufleute in Athen zum Gegenstand hatte. Auch in der Kunst zeigt sich in dieser Zeit verstärkt griechischer Einfluß. Die für die Bestattung wohlhabender Phöniker im fünften und vierten Jahrhundert v. Chr. charakteristischen anthropoiden Sarkophage sind in ihren ältesten Exemplaren noch ägyptischer Import. Im vierten Jahrhundert v. Chr. prägt dann in zunehmendem Maße griechische Bildhauerkunst die Darstellung des Toten.

Die Stadtmauern von Sidon. Sidonische Münze, 2. Hälfte des 5. Jahrhunderts v. Chr.

Tafel 43

Die progriechische Orientierung der Phönikerstädte erfuhr durch die Mißwirtschaft während der langen Regierung Artaxerxes II. (404–358) starken Auftrieb. Als der griechische König Euagoras von Salamis auf Zypern um 383 v. Chr. Teile der Festlandküste in seine Gewalt brachte, leistete das bislang unbezwungene Tyros nur symbolischen Widerstand. Bezeichnenderweise konnte Euagoras sogleich nach Einnahme der Inselstadt seiner Flotte zwanzig tyrische Triemen eingliedern. Dem Unterfangen des Euagoras war freilich nur vorübergehender Erfolg beschieden. Nicht anders erging es dem Aufstand der Satrapen im Westen des Perserreiches, die nach dem unglücklichen Feldzug Artaxerxes II. gegen das abtrünnige Ägypten (373 v. Chr.) die Stunde für gekommen hielten, ihre Satrapien in selbständige Staaten umzuwandeln. Auch der zunächst erfolgreiche Syrienfeldzug des Pharao Teos (Tachos) im Jahre 360 v. Chr. war nur eine Episode. Immerhin förderte die kurze Zeit der ägyptischen Besetzung das Unabhängigkeitsstreben der Stadtstaaten am Libanon, ebenso wie die zunehmende Willkür der persischen Verwaltung sowie die steigenden Steuern und Leistungen für das Heer die persische Herrschaft immer unerträglicher werden ließen. Die Aussichten für das Gelingen eines Aufstandes waren günstig. Nicht durch militärisches Eingreifen hatte Artaxerxes II. den in den sechziger Jahren drohenden Verlust der westlichen Reichsteile verhindert. Der

Satrapenaufstand war durch Rivalität, Bestechung und Verrat gescheitert, der Feldzug des Teos an innerägyptischen Auseinandersetzungen. Selbst im Falle eines Mißlingens schien das Risiko gering zu sein. War doch sogar Euagoras trotz seiner vollständigen militärischen Niederlage nach zehnjährigem Krieg (380 v. Chr.) von den Persern großzügig behandelt worden.

Unter diesen Voraussetzungen wurden die Vorbereitungen für den Kampf um die Unabhängigkeit sogleich nach Abzug der Truppen des Pharao Teos getroffen. Die wichtigsten phönikischen Städte schlossen sich zu einer Föderation zusammen. Als Zentrum der Vereinigung bot sich das wohl erst in persischer Zeit gegründete Tripoli an, das von Sidon, Arwad und Tyros gemeinsam als Hafen und Industriestandort genutzt wurde. Die Organisation der Föderation folgte griechischem Vorbild. Das zeigt sich vor allem in der Einrichtung eines alljährlich zusammentretenden ‹Parlaments›, in das jede der beteiligten Städte hundert Delegierte entsandte. Diese Versammlung proklamierte im Jahre 350 v. Chr., als Artaxerxes III. (358 bis 338) beim Versuch der Wiedereroberung Ägyptens eine schwere Schlappe erlitten hatte, die Unabhängigkeit Phönikiens. Dem Beschluß des Städteparlaments folgte unmittelbar der Aufruhr der Bevölkerung gegen die persische Verwaltung. Mit Gegenmaßnahmen des Großkönigs war kaum zu rechnen. Immerhin wurden vorsorglich Anstalten zur Verteidigung getroffen. Man warb Söldner an, lagerte Vorräte ein und fällte Zedern in den königlichen Forstreservaten für den Ausbau der Flotte. Dennoch wurde der Aufstand nach einigen Jahren – spätestens 343 v. Chr. – ohne Mühe niedergeschlagen.

Über den Ereignissen liegen die düsteren Schatten bösen Verrats. Der Großkönig hatte sich mit seinem Heer sogleich gegen Sidon, die wichtigste Phönikerstadt, gewandt. Bevor er noch ihre nähere Umgebung erreichte, erschien schon der sidonische König Tennes im Feldlager und machte sich erbötig, die Perser kampflos in seine Stadt einzulassen und seinerseits den bevorstehenden Feldzug des Großkönigs gegen Ägypten zu unterstützen. Das Angebot war zu verlockend, um nicht darauf einzugehen. Tennes zog daraufhin mit den hundert Bürgervertretern Sidons, die zweifellos die Seele des Aufstandes gewesen waren, und mit 500 Soldaten aus der Stadt, angeblich nach Tripoli zu einer Sitzung der Konföderation. In der Nähe seines Lagers nahm Artaxerxes die 600 Sidonier gefangen und ließ sie hinrichten. Inzwischen zogen die persischen Truppen nach Sidon und wurden von dem im Komplott mit Tennes befindlichen Mentor, dem Kommandeur der 4000 Mann zählenden griechischen Söldnertruppe, die Nektanebos II. von Ägypten als einzige Unterstützung entsandt hatte, in die Stadt ein-

Tafel 42

Silbermünze der Stadt Byblos aus persischer Zeit. Schiff mit Soldaten, darunter ein geflügeltes Mischwesen «Seepferd»

gelassen. Die überraschte Bevölkerung wehrte sich verzweifelt. Viele zogen den Tod in den Trümmern der brennenden Stadt dem Verkauf in die Sklaverei vor. Tennes wurde der verdiente Lohn nicht vorenthalten. Der Großkönig ließ ihn hinrichten.

Alexander und die Seleukiden

«Wäre aber Tyros bezwungen, so kämen wir dadurch in den Besitz von ganz Phönikien ...»

Rede Alexanders. Arrian, Anabasis Alexandri 2, 17

Der Sieg des jungen Makedonierkönigs über das gewaltige Heer des persischen Weltreiches kam unerwartet. Nicht weniger überraschend war die Geschwindigkeit, mit der Alexander seinen im November 333 v. Chr. in der Schlacht bei Issos errungenen Erfolg ausbaute. Sofort wurde in Kilikien eine Militärverwaltung organisiert und gleichzeitig Damaskus durch eine Vorausabteilung besetzt. Wenig später folgte der Zug des Hauptheeres nach Süden, und bereits im Januar 332 v. Chr. stand Alexander, Unterwerfung heischend, an der nordphönikischen Küste. Die Phönikerstädte standen vor einer schwierigen Entscheidung. Einerseits waren sie nur zu gern bereit, der drückenden Fremdherrschaft ledig zu werden. Andererseits stand ihnen das Schicksal Sidons noch lebendig vor Augen und ließ es nicht ratsam erscheinen, offen auf die Seite des noch wenig bekannten Alexander überzuwechseln, zumal dessen Erfolgsaussichten unsicher waren, nachdem Artaxerxes III. durch die Wiedereroberung Ägyptens (341 v. Chr.) erneut das Perserreich zu einem Höhepunkt der Machtentfaltung geführt hatte. Erschwerend kam noch hinzu, daß die Entscheidung über Unterwerfung oder Widerstand in Abwesenheit der Herrscher der wichtigsten Hafenstädte gefällt werden mußte. Als nämlich im Frühjahr 334 v. Chr. die Perserflotte mobilisiert worden war, hatten die Könige von Arwad, Byblos und Tyros ihre Geschwader in die Ägäis begleiten müssen. Auch sidonische Schiffe waren bei der Reichsflotte. Sie standen unter dem Befehl des Königs von Byblos, dessen Stadtstaat die Position des gestürzten Sidon im System der phönikischen Städte eingenommen hatte.

Charakteristischerweise fiel die in Abwesenheit der Könige zu treffende Entscheidung nicht einheitlich aus. Noch bevor Alexander auf seinem Zug durch die Eleutherosebene die Küste erreicht hatte, eilte ihm Straton, der

Sohn des Königs der Inselstadt Arwad, entgegen und bot seine Unterwerfung an, um die ungeschützten ausgedehnten Besitzungen Arwads auf dem Festland vor der Verwüstung durch Alexanders Truppen zu bewahren. Die übrigen Küstenstädte sind diesem Beispiel rasch gefolgt. Mit Jubel begrüßten die Bewohner des noch arg zerstörten Sidon die Makedonier als Befreier vom persischen Joch. Alexander gab der Stadt sogleich Landbesitz und Selbstverwaltungsrecht zurück. Einem Angehörigen der alten Dynastie, der als Gartenarbeiter sein Brot verdiente, übertrug er die Herrschaft.

Auch mit Tyros schien alles gut zu gehen. Eine Delegation vornehmer Bürger, mit dem Sohn des bei der Flotte befindlichen Königs an der Spitze, zog Alexander entgegen und versicherte, sich seinen Anordnungen unterwerfen zu wollen. Alexander verbarg seine weitergehenden Forderungen unter dem Wunsch, Tyros zu besuchen und dort dem Stadtgott Melqart ein Opfer darzubringen. Die Tyrer wollten sich aber darauf nicht einlassen. Sie luden Alexander ein, in dem auf dem Festland gelegenen Heiligtum des Melqart zu opfern. Im übrigen seien sie bereit, neutral zu bleiben. Eben deshalb müsse Tyros sowohl Persern als auch Makedoniern verschlossen bleiben. Mit Neutralität war aber Alexander nicht gedient. Er mußte alle Phönikerhäfen in seinem Besitz haben, um den Kern der Perserflotte von seiner Basis abzuschneiden. Ebenso wichtig war die Auslieferung der 80 Kriegsschiffe der tyrischen Heimatflotte. Mit ihrer Hilfe konnte er seine durch die persische Seeherrschaft gefährdeten rückwärtigen Verbindungen sichern. Erst dann war an eine Fortsetzung des Krieges gegen Darius III. zu denken. Da die Zeit drängte, leitete Alexander unverzüglich militärische Maßnahmen zur Eroberung der Inselstadt ein. Zunächst bemühte er sich, sie ihres natürlichen Schutzes zu berauben und die 900 Meter breite Meerenge, die Tyros vom Festland trennte, durch Aufschüttung eines Dammes zu schließen. Die Tyrer konnten freilich diesen zeitweilig durch wirkungsvolle Gegenmaßnahmen unterbrochenen Bemühungen mit Ruhe entgegensehen. Die Belagerungsmaschinen auf dem Damm vermochten letztlich doch nur einen schmalen Abschnitt der Stadtmauer zu bedrängen, auf den sich die Verteidigung konzentrieren konnte. Tatsächlich ist der entscheidende Einbruch, der zur Eroberung führte, nicht vom Damm aus erfolgt.

Gleichzeitig hatte sich Alexander um die Ausrüstung einer Flotte gemüht. Durch Fertigstellung von Neubauten auf den Werften in Sidon konnte er nur wenige Einheiten zusammenbringen. Im Frühsommer trafen jedoch die phönikischen Geschwader aus der Ägäis ein, nachdem sie sich auf Grund der Nachricht von der Übergabe ihrer Heimathäfen an Alexander von der

III
Kalaat Fakra: Blick vom Eingang zur Cella des großen Tempels auf den Säulenhof und die (restaurierte) Umfassungsmauer. Außerhalb der Mauer sind die Reste eines Altars teilweise sichtbar. Im Hintergrund das Wintersportzentrum El-Leben an der Paßstraße nach Hadeth in der Bekaa

Reichsflotte gelöst hatten. Ihnen blieb nichts anderes übrig, als sich den Bedingungen des Makedonierkönigs zu fügen und an der Belagerung von Tyros gemeinsam mit einer starken Flotte aus Zypern und verschiedenen kleineren Kontingenten teilzunehmen. Angesichts der Übermacht mußten sich die tyrischen Geschwader in die beiden geschlossenen Häfen zurückziehen. Auf Hilfe von außen war nun nicht mehr zu rechnen. Aus Karthago war ohnehin nur das heilige Schiff mit der Gesandtschaft zum Jahresfest des Melqart eingetroffen. Nur einen Teil der nicht kampffähigen Bevölkerung hatte man noch rechtzeitig auf dem Seewege aus der Stadt bringen können. Die sich bis in den August 332 v. Chr. hinziehenden Kämpfe waren geprägt durch den Einsatz ausgeklügelter technischer Hilfsmittel auf beiden Seiten. Das Schicksal der Stadt war besiegelt, als es der Alexanderflotte gelang, das Fahrwasser um die Stadtmauer von künstlichen Hindernissen zu befreien, was die Tyrer unter anderem durch Kampfschwimmer vergebens zu verhindern suchten. Nun konnten die Maschinenschiffe anlegen und ihre Widder und Kampftürme gegen die Mauern richten. Ein Generalangriff führte zur raschen Einnahme der Stadt. Die Siegesfeier Alexanders erhielt ihren Akzent durch die feierliche Darbringung des Opfers im Melqart-Tempel, das man ihm verwehrt hatte.

Im Unterschiede zu den assyrischen und persischen Maßnahmen gegen Sidon dachte Alexander nicht daran, das unter großen Opfern Eroberte selbst zu vernichten. Als Flottenbasis und Handelszentrum in unmittelbarem makedonischen Besitz war Tyros für seine Welteroberungspläne von unschätzbarem Wert. So hat sich die Stadt verhältnismäßig rasch wieder erholt. Den Repräsentanten der Oberschicht, die sich mit den karthagischen Festgesandten in den Melqart-Tempel gerettet hatten, ließ Alexander Schonung angedeihen. Die geflüchteten Tyrer mögen bald zurückgekehrt sein. Eine beträchtliche Zahl von Bewohnern war von den Sidoniern, die sich trotz aller Gegensätze ihrer Verwandtschaft mit den unglücklichen Tyrern erinnert hatten, an Bord genommen worden, um sie vor dem Tod oder dem Verkauf als Sklaven zu bewahren. Die Verluste der Einwohnerschaft waren dennoch hoch. Antike Autoren rechnen allein mit 6000–8000 im Kampfe gefallenen Bürgern. Angeblich sollen weitere 2000 waffenfähige Männer nach der Eroberung ans Kreuz geschlagen worden sein. Immerhin könnte man für diese Härte ein gewisses Verständnis aufbringen, hatten doch die Tyrer während der Belagerung gefangene Soldaten der Armee Alexanders auf der Stadtmauer erwürgt und dann hinabgestürzt, um ihre Gegner zu demoralisieren.

Im Frühjahr 331 v. Chr. hat Alexander Tyros erneut aufgesucht. Er kam in der Glorie des Befreiers Ägyptens von persischer Herrschaft. Demgemäß war sein Aufenthalt begleitet von Paraden, sportlichen Wettkämpfen und repräsentativen Kulturveranstaltungen, an denen die bedeutendsten Schauspieler Griechenlands und die berühmten Männerchöre der zyprischen Könige mitwirkten. Der mit Herakles identifizierte Melqart empfing reiche Opfer. Die Vorbereitungen zur Fortsetzung des Krieges überschatteten aber bald den festlichen Glanz. Phönikische Handelsleute rüsteten sich, den Feldzug in das Innere des Perserreiches zu begleiten, um die Verwertung der zu erwartenden Beute in ihre erfahrenen Hände zu nehmen. In den Werkstätten wurde für die Ausrüstung des Alexanderheeres gearbeitet. Schiffbau und Seefahrt standen vor großen Aussichten, wenn sich nicht nur die Weltherrschafts-, sondern auch die Welthandelspläne des ehrgeizigen Makedoniers erfüllten. Phönikische Schiffbauer und Seeleute wurden auch unmittelbar zur Hilfeleistung angefordert. Im Jahre 324 v. Chr. erfolgte jener technisch interessante Transport zerlegbarer Schiffe zum Euphrat. *vgl. Seite 37* Zugleich gelangten Schiffer und Rudersklaven aus Phönikien in Alexanders Heerlager nach Babylon. Auch Fischer und sogar lebende Purpurschnecken trafen ein; denn Alexander beabsichtigte, die ostarabischen Küsten durch phönikische Ansiedlungen zu erschließen. Diesem Plan setzte freilich der Tod des Eroberers im Jahre 323 v. Chr. vorzeitig ein Ende.

Die Aufteilung des Weltreiches unter die Feldherren Alexanders bei Wahrung einer fiktiven Einheit unter einem Verweser, dem das Reichsheer unterstand, bot Zündstoff für langwierige Konflikte. In der Auseinandersetzung der sich allmählich zu selbständigen Staaten entwickelnden Reichsteile um das Erbe Alexanders waren die phönikischen Städte ein begehrtes Objekt. Wer sie besaß, beherrschte die traditionellen Zentren des Asienhandels, verfügte über Werften und Häfen zum Aufbau und Unterhalt einer starken Flotte und gewann eine vorzügliche strategische Ausgangsposition zur Verwirklichung weitreichender machtpolitischer Pläne. Eine aktive eigenständige Politik vermochten die Städte am Libanon im Zeitalter der Diadochen (Nachfolger) Alexanders nicht zu betreiben. Ihr Schutz war die Bedeutung, die sie für die kriegführenden Parteien hatten.

Bei der Teilung des Reiches war die syrische Satrapie mit Phönikien Laomedon zugefallen; doch geriet die Küstenregion bereits im Jahre 320 v. Chr. in die Hand des Diadochen Ptolemäos, der Ägypten und die Kyrenaika beherrschte. Zwei Jahre später erschien Eumenes, der ehemalige Geheimschreiber Alexanders, mit einem stattlichen Heere in Syrien, um Ptolemäos die unrechtmäßig erworbenen Gebiete im Interesse der Reichsgewalt wieder abzunehmen. Dies gelang ohne Schwierigkeit, da sich Ptolemäos mit seiner vornehmlich aus phönikischen Schiffen bestehenden Flotte den Geschwadern des Antigonos, der gleichfalls auf Kosten der Reichseinheit nach

Ausdehnung seiner Satrapie und nach Oberherrschaft strebte, beigesellt hatte. Eumenes begann sogleich, in den phönikischen Häfen eine Flotte zusammenzustellen und mit den in Syrien erhobenen Abgaben zu beladen. Als seine Schiffe zum Auslaufen bereit an der Küste lagen, erschienen die Geschwader des Antigonos, die unterdes bei Byzanz die Seestreitkräfte der Reichsgewalt besiegt hatten. Mit den Schiffsschnäbeln der vernichteten Einheiten am Bug, befanden sie sich nun auf einer großen Demonstrationsfahrt. Sobald die phönikischen Besatzungen der Schiffe des Eumenes diesen Sachverhalt erkannten, plünderten sie die Tributgelder und ließen sich von der Flotte des Antigonos an Bord nehmen.

Das Bündnis zwischen Antigonos und Ptolemäos hatte nur kurze Dauer. Die territorialen Erfolge des Antigonos wandelten bald Ptolemäos und andere Verbündete in erbitterte Gegner. Wieder konzentrierten sich die ersten Kämpfe auf Phönikien, das nach dem mißglückten Unternehmen des Eumenes an Ptolemäos zurückgefallen war. Das schwache ägyptische Heer vertrieb Antigonos im Frühjahr 315 v. Chr., allein die starke Besatzung von Tyros vermochte Widerstand zu leisten. Die Stadt fiel erst nach fünfzehnmonatiger Belagerung im Sommer 314 v. Chr. durch Mangel an Nahrung und Wasser. Schon zwei Jahre später, im Sommer 312 v. Chr., stand wiederum das Heer des Ptolemäos vor dem schwergeprüften Tyros, nachdem die ägyptische Streitmacht den Antigonossohn Demetrios bei Gaza vernichtend geschlagen hatte. Diesmal erzwang die verzweifelte Bevölkerung die kampflose Übergabe ihrer Stadt. Tyros war kaum wieder in ptolemäischen Besitz gelangt, da wandte sich auch schon das Kriegsglück erneut dem Antigonos zu. Sein Sohn Demetrios konnte noch im Jahre 312 v. Chr. die gesamte Küstenregion wieder besetzen. Auch nachdem Antigonos im Jahre 301 v. Chr. in der Schlacht beim phrygischen Ipsos Reich und Leben verloren hatte, hielt Demetrios wenigstens die wichtigen Hafenstädte Sidon und Tyros noch bis 294 v. Chr. Über ihr weiteres Schicksal war aber bereits von den siegreichen Gegnern des Antigonos, von Seleukos von Babylon und Lysimachos von Thrakien, sogleich nach der Schlacht bei Ipsos entschieden worden. Ebenso wie Nordsyrien sollten die phönikischen Städte an Seleukos fallen, während sich Ptolemäos, der an der Schlacht bei Ipsos nicht beteiligt gewesen war, mit Palästina und dem mittelsyrischen Binnenland begnügen mußte, mit Gebieten, die er ohnehin schon seit 305 v. Chr. nach und nach größtenteils seiner Kontrolle wieder unterworfen hatte.

Die ersten drei Jahrzehnte der Diadochenherrschaft waren auch für diejenigen Phönikerstädte, die nicht unmittelbar von den Kampfhandlungen in Mitleidenschaft gezogen wurden, keine Zeit der ruhigen Entwicklung. Die Leistungen, die von den verschiedenen Oberherrn insbesondere zur Ausrüstung und Verstärkung ihrer Flotten gefordert wurden, waren drückend. Antigonos ließ unter bisher nicht gekanntem Großeinsatz von Arbeitskräften binnen weniger Monate des Jahres 315/314 v. Chr. eine Flotte von 120 Kriegsschiffen auf den Werften in Tripoli, Byblos und Sidon aus dem Boden stampfen, während sein Sohn Demetrios den Ruhm beanspruchen konnte, Auftraggeber für das bisher größte auf einer phönikischen Werft gebaute Schiff zu sein. Sein Kiel bestand aus dem Stamm einer über vierzig Meter hohen Libanonzeder. Es war mit elf Ruderreihen versehen und benötigte mindestens 1800 Rudersklaven zur Fortbewegung. Phönikische Schiffe standen sowohl in der Flotte des Demetrios als auch in den Geschwadern des Ptolemäos. In der großen Seeschlacht vor dem zyprischen Salamis (306 v. Chr.) kämpften Phöniker gegen Phöniker ... Der einst so berühmte phönikische Handel konnte in dieser Situation nicht gedeihen. Hinzu kam, daß die ägyptischen und rhodischen Handelsflotten weithin den Seeverkehr übernommen hatten. Auch die Handelsbeziehungen mit Südarabien liefen nunmehr zunehmend über Gaza und Alexandria. Letzteres entwickelte sich zu einer Welthandelsmetropole unter Ptolemäos II. (285–246), der den Seeverkehr im Roten Meer ausbaute, die Kanalverbindung zum Nil wiederherstellte und Handelsbündnisse mit Syrakus, Rom und Karthago einging. Unter der Herrschaft Seleukos' I. gewann jedoch auch der phönikische Handel wieder eine günstigere Perspektive. Die Phönikerstädte waren nun Teil eines mächtigen Reiches, das sich vom Indus bis zur Ägäis dehnte und ihnen einträgliche Aufgaben im überseeischen Warenaustausch zuwies. Allerdings hatten sie angesichts des aufstrebenden Antiochien, das von Seleukos um 300 v. Chr. gegründet worden war, keine Aussicht, eine ihrer alten Monopolstellung ähnliche Position im Seleukidenreich zu erlangen.

Der Verbleib der phönikischen Städte im Verband des Seleukidenreiches war freilich zunächst nicht von langer Dauer. Bereits im Jahre 280 v. Chr. gerieten sie wieder in ägyptische Hand, als Ptolemäos II. sich anschickte, Antiochos I., dem Sohn und Nachfolger des ermordeten Seleukos I., das syrische Erbe streitig zu machen, das dann erst durch Antiochos III. (223 bis 187) dem Seleukidenreich wieder zurückgewonnen werden konnte. Zunächst führten ihn die Feldzüge der Jahre 221 und 219 v. Chr. durch die Bekaa bis nach Palästina, ohne daß er dabei die ptolemäischen Garnisonen gänzlich zu vertreiben vermochte. So mußte Antiochos im Jahre 218 v. Chr. einen dritten Feldzug unternehmen, den er mit einer kombinierten Land- und Seeoperation gegen die Küstenstädte am Libanon eröffnete. Eine ptolemäische Riegelstellung sperrte den Engpaß des Küstenweges am Nahr ed-Damur und stoppte den bis dahin zügigen Vormarsch des Seleukidenheeres, doch bezwangen sie schließlich Gebirgstruppen durch ein kühnes Umgehungsmanöver. An dem stark befestigten Sidon zog Antiochos vorbei, ohne Anstalten zur Belagerung zu treffen, obgleich sein Heer das zahlenmäßig stärkste war, das seit den Tagen Ramses' II. den Vormarsch auf dem Küstenweg gewagt hatte. Es scheint, daß Antiochos sogar die 102 Kriegselefanten, die er im nächsten Frühjahr nebst 62 000 Fußsoldaten und 6000 Reitern dem ägyptischen Heer bei Raphia entgegenstellte, auf dem schwierigen Küstenpfad und nicht durch die Bekaa nach Palästina gebracht hatte. Die Schlacht bei Raphia (217 v. Chr.) ging verloren. «Ptolemäos nahm Raphia und die anderen Städte im Marsche ein; denn alle Gemeinden eiferten, ihren Nachbarn in der Wiederherstellung seiner Herrschaft und im Übertritt zu ihm zuvorzukommen», bemerkt Polybios und fügt hinzu, daß gerade das Volk jener Gegenden «sich leicht zu Huldigungen entschließt, die der Augenblick zu erfordern scheint».* Der rasche Wechsel zwischen ptolemäischer und seleukidischer Oberherrschaft auch in den folgenden Jahren macht diese Haltung aber vollauf verständlich. Endlich, im Jahre 198 v. Chr. konnte Antiochos III., dem seit 203 v. Chr. der schwache, im Kindesalter zum Thron gelangte Ptolemäos IV. gegenüberstand, die seleukidische Herrschaft bis zum Ostrande des Nildeltas stabilisieren.

* *Polybios, Historiai V, 87*

Fast zur gleichen Zeit als Antiochos das Übergewicht über das Ptolemäerreich erlangte, entschied sich der Machtkampf im westlichen Mittelmeer zugunsten Roms. Der Friedensvertrag, der den zweiten punischen Krieg beendete (201 v. Chr.), beschränkte Karthago auf seine afrikanischen Besitzungen. Das wichtige Rohstoffgebiet Spanien wurde römische Kolonie. Nicht nur für Karthago, sondern für den phönikischen Handel überhaupt war dies ein schwerer Schlag. Um so wichtiger wurde nun die wirtschaftliche Position Phönikiens im Seleukidenreich. Man setzte aber auch politische Hoffnungen auf die unvermeidliche Auseinandersetzung zwischen den Siegermächten, den Römern im Westen und den Seleukiden im Osten. Wie Ägypten die Annäherung Roms suchte, so sympathisierte Karthago mit der seleukidischen Seite. Der Plan des karthagischen Feldherrn Hannibal, ein großes Bündnis zwischen Karthago, den in Aufruhr gegen Rom befindlichen spanischen Provinzen und dem Seleukidenreich zustandezubringen, scheiterte jedoch an der Wachsamkeit des römischen Senats. Hannibal mußte zu Antiochos III. fliehen, der ihn zum Admiral ernannte. Nach der für die Seleukiden unglücklichen Schlacht bei Magnesia in Lydien (190 v. Chr.) trat er in kretische, später in bythinische Dienste, stets von Auslieferungsbefehlen Roms verfolgt, bis er 183 v. Chr. seinem Leben selber ein Ende setzte.

Die Schlacht von Magnesia wandelte auch im Osten des Mittelmeerraumes

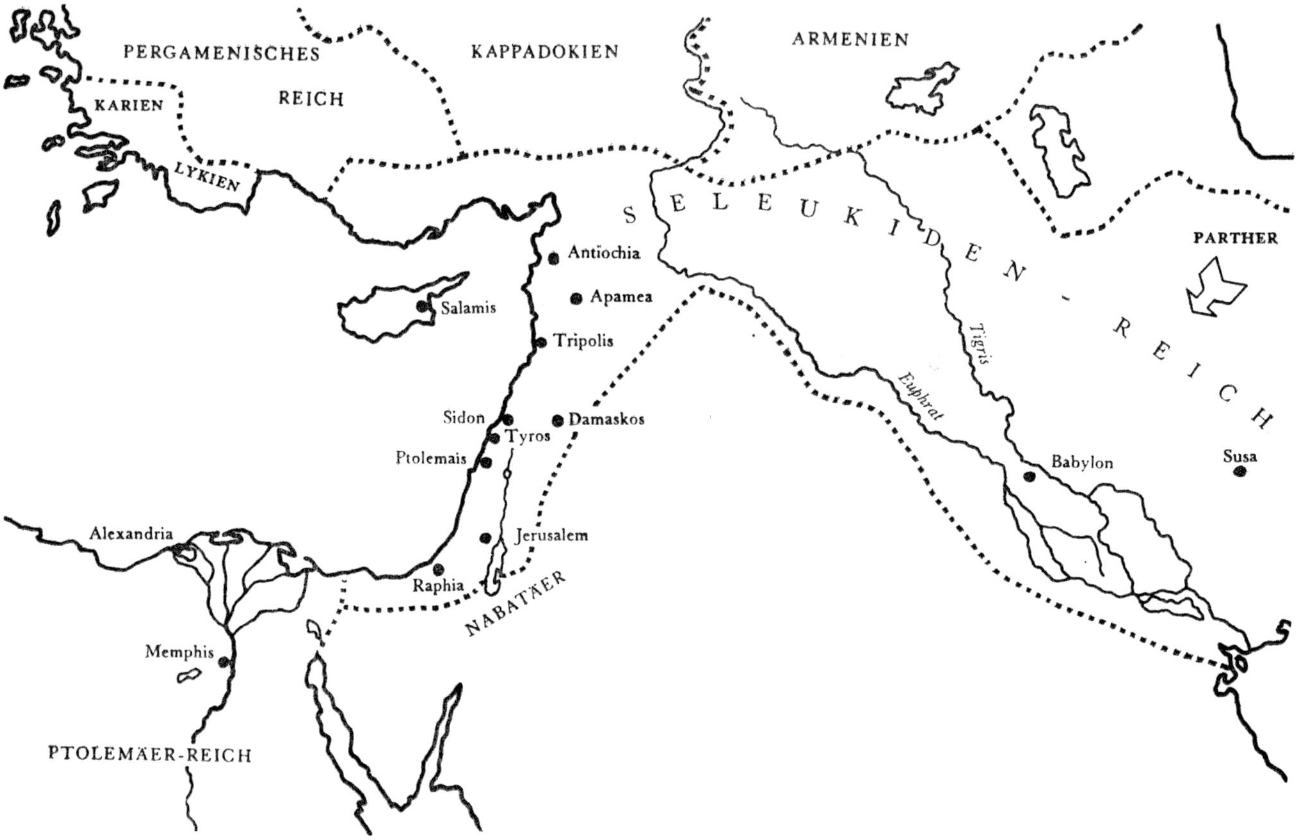

das Kräfteverhältnis zugunsten Roms. Das Seleukidenreich, nach den harten Bedingungen des Friedensvertrages von Apamea (189 v. Chr.) durch territoriale Verluste, einschneidende Rüstungsbeschränkungen und sehr hohe Zahlungen an Kriegsentschädigung geschwächt, machte allerdings unter Antiochos IV. (175–164) noch einen Versuch, die verlorene Position wiederzuerringen. Als um 170 v. Chr. die ptolemäisch-seleukidische Auseinandersetzung um die vorderasiatische Küstenregion wieder aufflammte, konnte Antiochos in raschem Zugriff fast ganz Unterägypten in seine Hand bekommen und sich sogar im Memphis zum König krönen lassen (169 v. Chr.). Die Eroberung Alexandrias mißglückte allerdings und mußte einem weiteren Feldzug im folgenden Jahr vorbehalten bleiben. Diesmal führte Antiochos zugleich mit dem Landheer eine starke Flotte aus den phönikischen Häfen heran. Dem kombinierten Angriff vermochte Alexandria nicht lange zu widerstehen. Die Rettung kam aus Rom. Im Feldlager des Antiochos erschien der römische Gesandte C. Popillius Laenas mit einem Ultimatum des Senats, das sofort die Beendigung des Krieges und die Räumung Ägyptens verlangte. Antiochos bat um Zeit zur Beratung. Popillius jedoch zog mit seinem Rebstock im Staube einen Kreis um Antiochos und erklärte, daß er sein Ja oder Nein in diesem Kreise stehend zu geben habe. Antiochos unterwarf sich. Damit war die Kontrolle Roms über das Gleichgewicht der Kräfte in Vorderasien endgültig durchgesetzt. Die seleukidische Flotte wurde im Jahre 163 v. Chr. – also wohlweislich erst nach dem Tode des Antiochos – wieder auf den im Friedensvertrag von Apamea festgelegten nur mehr symbolischen Bestand von zehn Schiffen reduziert. Überzählige Einheiten ließ eine römische Kontrollkommission in den phönikischen und nordsyrischen Häfen verbrennen. Den Kriegselefanten wurden die Sehnen an den Hinterbeinen durchschnitten, um sie für den Einsatz unbrauchbar zu machen. Im übrigen war die Abhängigkeit der Seleukiden seit dem Frieden von Apamea durch Geiseln gesichert.

Charakteristisch für die Situation im römisch kontrollierten Seleukidenreich ist das Schicksal Demetrios' I. Er war von seinem Vater Seleukos IV. (187–175) zur Auslösung von dessen Bruder Antiochos als Geisel nach Rom geschickt worden. Nach dem Tode Seleukos' IV. hatte Antiochos unter Übergehung des Thronrechts seines allerdings erst zehnjährigen Neffen als der vierte seines Namens den Thron bestiegen. Als nach dem Tode Antiochos' IV. der römische Senat die Kandidatur seines unmündigen Sohnes förderte und ihn als Antiochos V. zur Herrschaft gelangen ließ, suchte der als sehr befähigt geltende, inzwischen 23jährige Demetrios auf eigene Faust die Seleukidenkrone zu erringen. Offensichtlich war auch Karthago an der Übernahme der Herrschaft durch den vielversprechenden Demetrios interessiert. Seine Flucht gelang mit Hilfe eines jener heiligen Festschiffe, mit denen Karthago nach wie vor dem Melqart von Tyros alljährlich seine Abgaben durch eine Gesandtschaft überbringen ließ. In der Auseinandersetzung mit Antiochos V. blieb Demetrios I., den dann auch Rom anerkannte, zwar Sieger; aber der Ermordung seines jungen Vetters folgten erbitterte Machtkämpfe, die zum Zerfall des Reiches führten. Überhaupt starben von den 23 Seleukidenkönigen nur Antiochos I. und IV. eines friedlichen Todes. Neun wurden ermordet, fünf fielen in der Schlacht, drei kamen auf Flucht oder in Gefangenschaft um, zwei wurden hingerichtet, einer verübte Selbstmord und einer – Antiochos III. – wurde beim Versuch einer Tempelplünderung erschlagen.

Vorderasien
um 189 v. Chr.

Das Ende Antiochos' III. charakterisiert die chronische Finanznot der Seleukiden. Auch Antiochos IV. hat jede Gelegenheit zur Beschlagnahme von Tempelvermögen unbedenklich genutzt. Der offene Aufruhr des schon lange nach Unabhängigkeit strebenden Juda entbrannte nach dem Raub des

Jerusalemer Tempelschatzes durch Antiochos IV. im Jahre 167 v. Chr., den bereits Seleukos IV. vergebens an sich zu bringen versucht hatte. Den sich derart drastisch äußernden finanziellen Bedürfnissen waren die Steuern angemessen, die auf den reichen phönikischen Städten lasteten, so daß die ökonomische Entwicklung Phönikiens während der Seleukidenherrschaft den günstigen handelspolitischen Voraussetzungen nicht entsprochen haben dürfte.

Einen wesentlichen Anteil an den besonders hohen Ausgaben Antiochos' IV., die Steuern und Ämterverkauf nicht zu decken vermochten, hatten die großzügigen Stiftungen, die er den griechischen Staaten zukommen ließ. Diese ‹Politik der Geschenke› zielte auf die Herstellung einer griechisch-seleukidischen Front gegen Rom. Deshalb drang auch Rom gerade nach Antiochos' Tod auf die strikte Einhaltung der Abrüstungsauflagen vom Jahre 189 v. Chr. Mit der politischen Annäherung verband sich eine intensive Hellenisierung im Seleukidenreich. Antiochos öffnete die Grenzen griechischen Kolonisten und förderte den Ausbau der Stadtkultur nach griechischem Vorbild. Kultfeste wurden nach griechischer Sitte ausgestaltet, wie die alle fünf Jahre zu Ehren des Herakles in Tyros veranstalteten Spiele, die Kultfeier mit sportlichem Wettkampf verbanden. Zu den ersten Heraklesfestspielen im Jahre 174 v. Chr. schickte auch der hellenistisch gesonnene Hohepriester Jason von Jerusalem Festgesandte mit einer Opferspende nach Tyros. Die ihrem jüdischen Glauben getreuen Überbringer baten jedoch, den für das Heraklesopfer bestimmten Betrag einem anderen Zwecke zuzuführen. Die Tyrer hatten Verständnis für dieses Bedenken und vereinnahmten die Summe kurzerhand für den Kriegsschiffbau.

In den Phönikerstädten fand die Hellenisierungspolitik Antiochos' IV. keinen Widerstand. Griechische Kultur hatte hier bereits seit der Perserzeit zunehmend an Einfluß gewonnen. Wie eng sich in diesem Prozeß griechischer und phönikischer Geist miteinander verbanden, zeigt sich in der Begründung der stoischen Philosophie durch den phönikischen Kaufmann Zenon aus dem zyprischen Kition (etwa 333–261). Sicher ist es kein Zufall, wenn mit Beginn des ersten Jahrhunderts v. Chr. phönikische Schrift und Sprache aus den Inschriften des Mutterlandes verschwinden. Nur in den zweisprachigen Umschriften der Münzen hält sich das Phönikische noch bis in das erste nachchristliche Jahrhundert. Viel länger ist der punische Dialekt des Phönikischen in der römischen Provinz Karthago lebendig geblieben. Entsprechend haben auch in Kultur und Religion alte phönikische Traditionen den Untergang Karthagos und seines Handelsimperiums lange überdauert, während die hellenisierten Städte des Mutterlandes einem neuen Aufstieg unter römischer Herrschaft entgegensahen.

45, 46
Sidon:
[45] Bauten römischer Zeit auf der Akropolis – wahrscheinlich eine Toranlage. Oberhalb der Ausgrabung Reste der Kreuzfahrerfestung.
[46] Aufgang zum Plateau der Akropolis mit Blick auf Stadt und Mittelmeer

47, 48
Tyros: Die große Säulenstraße nach der Restaurierung.
[47] Blick nach Norden. [48] Blick nach Süden

49
Tyros: Die rechteckige Arena
mit sekundär eingebauten Zisternen

50
Tyros: Hippodrom mit teilweise wiederhergestellten Zuschauertribünen auf beiden Seiten. In der Mitte der Spina der für große Sportanlagen dieser Gattung charakteristische Obelisk aus rosafarbenem Granit von Aswan in Oberägypten (Gewicht etwa 80 t). Auf der Spina ist weiterhin zu erkennen die Kolossalstatue der Herakles. Unmittelbar links neben dem Geländer der Friedhof mit Sarkophagen im Hintergrund.

51, 52
Tyros: Friedhof der römischen und byzantinischen Zeit. [51] Vorn und in der Bildmitte mehrstöckige Grabanlagen. [52] Der aus besonders schönem Marmor gestaltete Sarkophag im Vordergrund (Ende des 2. Jahrhunderts n. Chr.) ist durch Reliefdarstellungen tanzender Mänaden verziert. In den Akroteren des Sarkophagdeckels befindet sich jeweils ein schlummernder Amor.

1

53, 54, 55, 56

Tyros: Sarkophage aus römischer Zeit. [53] Reliefdarstellung von Szenen aus Homers Ilias (2. Jahrhundert n. Chr.). In der Mitte Achilles und der Streitwagen, mit dem er den toten Hektor um die Mauern Trojas schleifte. Links werden die Kostbarkeiten abgeladen, die Priamos zum Loskauf des Leichnams seines Sohnes in das griechische Lager brachte. Rechts kniet Priamos bittend vor Achill. [54] Kampf zwischen Griechen und Trojanern (2. Jahrhundert n. Chr.). [55] Hippolyt und Phädra (3. Jahrhundert n. Chr.). Dargestellt ist eine Szene aus der Theseussage: Hippolyt, Sohn des Theseus, weist eine Botschaft zurück, die ihm die Amme der von ihm verschmähten Phädra, seiner Stiefmutter, zustecken will. Links das Jagdgefolge des Hippolyt. [56] Dem Bacchus dienende Knaben (2. Jahrhundert n. Chr.). Auf der Deckplatte der Verstorbene mit seiner Gattin. Im Zentrum des Reliefs auf der Vorderseite des Sarkophages ein großes Gefäß, aus dem Knaben Wein schöpfen. Daneben musizierende und trunkene Knaben, die von ihren noch standfesten Kameraden gestützt werden.

57
Bet Meri: Römische Villa. Im Vordergrund schmale Säulenstraße und Mühle.
Links das rekonstruierte Gewölbe des Westbades, davor Sarkophag

58
Der alte
Pilgerweg
nach
Kalaat
Fakra

59
Kalaat Fakra: Der Kaiser Claudius gewidmete, wohl kultischen Zwecken dienende Turm.
In der Bildmitte ein kleiner Altar (ähnlich Tafel 86), rechts der große Altar
mit zinnenförmiger Umgrenzung

60
Kalaat Fakra: Der große Tempel. Die Cella ist in ihrem unteren Teil in das Felsmassiv hineingebaut.

61
Hesn Sfire:
Der kleine Bergtempel
am Aufweg zum Altar.
Das Ensemble
der drei Tempel
liegt rechts außerhalb
des Bildes am Fuße
des heiligen Berges
(vergleiche Tafel 63)

62
Hesn Sfire: Der große Tempel. Links vom Tor zur Cella führt eine Treppe auf die «Zinne des Tempels», wie bei allen größeren Anlagen dieser Zeit im Libanon und in Syrien. Die Darbringung von Opfern auf dem Dach wird bereits in kanaanäischen Texten des 13. Jahrhunderts v. Chr. aus dem nordsyrischen Ugarit erwähnt.

63
Hesn Sfire: Blick vom Aufweg auf das Ensemble der drei Tempel. Parallel zum großen Tempel das dem Helios geweihte Heiligtum mit Monumentalaltar im Vorhof

64
Hesn Sfire:
Der Altar
auf dem
Gipfel
des
heiligen
Berges

65
Kasr Benat: Tempelruine mit Resten der Umfassungsmauer im Vordergrund. Hinter dem Tempel erscheint der Dschebel Bekaa; der Libanonkamm selbst bleibt im Dunst verborgen.

66
Ghine: Blick vom Felsheiligtum auf die einer Arena ähnliche Bodensenke und den modernen Ort. Der nur in spärlichen Resten erhaltene Tempel (in byzantinischer Zeit Kirche) liegt hinter dem einzelstehenden Haus inmitten der Umzäunung. Im Bildhintergrund ist der Einschnitt des Adonistales (Nahr Ibrahim) zu erkennen.

67, 68
Medschdel Andschar: [67] Ruine des Peripteros-Tempels. Außenmaße der Cella 27×11 m, des Podiums 45×21 m. [68] Werkstück vom Dachgesims. Arbeit der «Baalbek-Schule» (vergleiche Tafel 71, 76). Auch die außenwandähnliche Gestaltung der Cella im Inneren erinnert an den Venus-Tempel in Baalbek. An der ungleichmäßigen Verwitterung der Bauelemente zeigt sich die Mitverwendung von lokalem geringwertigem Steinmaterial (ein Konglomerat, der sogenannte Puddingstein).

69
Vorberge des Antilibanon am Wadi Sbat.
Auf dem Plateau in der Bildmitte Reste eines römischen Kastells zum Schutze der Straße Baalbek – Damaskus (vergleiche Farbtafel II)

70
Votivhand aus Baalbek.
Darstellung der segnenden Hand des Gottes mit Nachbildung seiner Kultstatue (wahrscheinlich Mercurius Heliopolitanus, vielleicht auch Jupiter Heliopolitanus)

71

Baalbek: Die sechs erhalten gebliebenen Säulen des Jupitertempels (von ursprünglich 54). Äußere Abmessungen des Tempels 93×53 m. Die 2,20 m starken Säulen haben eine Höhe von 20 m. Hinzu kommt das 5 m hohe Gebälk. Im Vordergrund ein Stück des Kranzgesimses. Der den Rachen aufsperrende Löwenkopf diente als Wasserspeier.

72
Baalbek: Blick von der zum Jupiter-Tempel führenden Treppe auf den Altarhof. Im Vordergrund der kleine Altar, dahinter der große Altar, aus den Resten der byzantinischen Kirche rekonstruiert. Im Hintergrund öffnet sich der Vorhof zu den Propyläen. Neben dem kleinen Altar freigelegte Reste von Kultbauten aus vorhellenistischer Zeit. Die Maße des großen Altars waren 21×20 m, 18 m hoch, vier Stockwerke mit Gängen und Treppen. Die Opfer wurden auf der Dachterrasse des Gebäudes dargebracht.
(Zustand Herbst 1970)

73
Baalbek: Reliefdarstellung von Fabelwesen am nördlichen der beiden Bassins im Altarhof. Man vermutet, daß in diesen Bassins heilige Fische gehalten worden seien.

74
Baalbek: Die Keule des Herakles. Als Symbol des Halbgottes öfters anzutreffendes Motiv

75

Baalbek: Tempel der Atargatis/Venus kurz vor Beendigung der jüngsten Restaurierungsarbeiten (1972). Wiederaufgerichtet wurden die beiden letzten Säulen im Bilde links und Teile des Giebels. Äußere Maße des Tempels 69×36 m, Inneres der Cella 27×22,5 m, Höhe der Säulen bis zum Gebälk 17 m. Von den ursprünglich 42 Säulen des Peristyls stehen jetzt wieder 23, von den 8 Säulen des Peripteros 2.

Baalbek: Tempel der Atargatis/Venus von Osten. Freitreppe und Tor zur Cella (13×7,5 m). Im Bilde links schiebt sich ein Festungsturm aus arabischer Zeit auf die Treppe vor.

77
Baalbek:
Große Basilika
südöstlich des Tempelbezirkes
während der Rekonstruktion
(1972)

78, 79
Baalbek: Das Quellheiligtum von Ras el-Ain im Zustande der Wiederherstellung (1974). [78] Blick nach Osten auf die Vorberge des Antilibanon. Die Quelle ist im Bilde links, etwas von Zweigen verdeckt, zu erkennen. [79] Das Bild zeigt den rechts außerhalb von Tafel 78 liegenden Teil der künstlichen Halbinsel und der Tempelruine mit Blick in westliche Richtung.

80
Hesn Niha: Blick auf Tal und Tempelbezirk. Der Prozessionsweg von den unteren Niha-Tempeln steigt von links her auf.

Niha: Ort und Tempel. In der Bildmitte der seit 1967 in Rekonstruktion befindliche Tempel des sonst wenig bekannten Gottes Hadaranus (Außenmaße 32×14 m). Der kleinere stark zerstörte Tempel (folgende Tafel) ist links unten zu erkennen. Die Verehrung des Jupiter Heliopolitanus (in diesem Tempel ?) bezeugen Funde von zwei Kultstatuen dieses Gottes.

82
Niha: Der kleine Tempel. Von rechts nach links oberhalb der Ruine der nach Hesn Niha aufsteigende Prozessionsweg

83
Niha: Wiedererrichtete Südostecke des Giebels des großen Tempels

NONIANVS

84, 85
Ksarnaba (Kasr Neba): [84] Reliefbüste vom Tempelgiebel, wahrscheinlich den Stifter des Bauwerkes darstellend. [85] Der neben der Ruine wieder aufgestellte Giebel

86
Ksarnaba (Kasr Neba): Tempel nach Abschluß der Restaurierung (1974). Im Vordergrund Reste eines Altars (vergleiche Tafel 59)

87
Temnin el Foka:
Quellheiligtum

88, 89
Ain Akrine (Kasr Naus): Der Osttempel und der gänzlich zerstörte Helios-Tempel
(Tor, Umfassungsmauer und im Vordergrund Trümmer der Cella)

90
Edde: Die an Stelle eines antiken Tempels erbaute Kirche

Unter römischer Herrschaft

«Längst ergoß der Syrer Fluß Orontes sich in unsern Tiber ...» *Juvenal, Satiren 3, 114-116*

Die letzten Jahrzehnte des Seleukidenreiches kennzeichnet die allmähliche Auflösung des einstigen Großstaates in eine Vielzahl von relativ selbständigen Gemeinwesen. Diese Entwicklung gab auch den phönikischen Handelsstädten eine neue Perspektive. Mit Besorgnis mag man allerdings den Blick nach Süden gerichtet haben. Hier hatte die Provinz Juda bereits im Jahre 141 v. Chr. unter dem Hohenpriester Simon Selbständigkeit erringen können, die sein Nachfolger Johann Hyrkan I. (134–104) durch Eroberung der Provinz Samaria ausbaute. Alexander Jannai (102–76) setzte die Eroberungspolitik fort. Sein erster Feldzug richtete sich gegen die südphönikische Hafenstadt Akko, die er jedoch seinem Territorium nicht einverleiben konnte. Auch östlich des Libanon hatte sich ein neues Staatswesen gebildet, das Reich der Ituräer, die als Halbnomaden aus dem Ostjordanland in die Bekaa eingedrungen waren. Bereits von den assyrischen Behörden wurden im achten Jahrhundert v. Chr. gelegentlich Ituräer als Hilfstruppen im Libanongebirge eingesetzt. Residenz der Ituräerkönige war das alte Chalkis. Das bedeutendste Monument, das sie im Libanon hinterlas-
Tafel 44 sen haben, ist der mächtige Felsaltar bei Kab Elias, unweit des modernen Schtora. Seine Gestaltung erinnert sehr an die Felsfassaden im nabatäischen Petra und deutet auf die Verwandtschaft zwischen Nabatäern und Ituräern, deren Gebiete im nördlichen Ostjordanland zeitweilig aneinander grenzten. Seine größte Ausdehnung, bis dicht vor Damaskus, erreichte das Ituräerreich im ersten Jahrhundert v. Chr. Die von den Römern später so geschätzten ituräischen Bogenschützen kontrollierten von ihren Schlupfwinkeln im Libanon aus die Handelswege. Im Norden gelang es den Ituräern, sogar ein Stück der Küstenebene in ihren Besitz zu bringen. Batrun wurde ihr Hafen und das Vorgebirge Ras Schekka zu ihrem Stützpunkt, der die Küstenstraße beherrschte. Byblos und Beirut hatten unter Raubüberfällen der im Gebirge sitzenden Ituräer zu leiden, die dadurch auch diesen Teil der Küstenebene zur Eroberung reifmachen wollten. Noch eine weitere Gefahr bedrohte Phönikien Ende der siebziger Jahre des ersten Jahrhunderts v. Chr. Der Armenierkönig Tigranes I. leitete durch Brandschatzung von See aus die Eroberung der nordphönikischen Häfen ein, nachdem er bereits aus dem seleukidischen Erbe große Teile Kleinasiens und Syriens an sich gerissen hatte.

Schwerer noch als diese äußeren Gefahren lastete auf den phönikischen Städten der allgemeine wirtschaftliche Rückgang, der den Vorteil der Wiedererlangung der Unabhängigkeit in den Jahren 126 (Tyros), 111 (Sidon) und 81 v. Chr. (Beirut) nicht wirksam werden ließ. Die andauernden Kriege hatten die Nachbarländer verwüstet und die binnenländischen Handelsbeziehungen schwer gestört. Nicht besser war der Zustand der seewärtigen Verbindungen, die von den Flotten kilikischer Seeräuber beherrscht wurden. Eine Wandlung brachte das Eingreifen Roms.

Die römische Republik befand sich selbst in einer sozialökonomischen Krise, die zu schweren Aufständen von Sklaven, Bauern und Bundesgenossen geführt hatte. Der Niederschlagung des Aufruhrs folgte als Stabilisierungsmaßnahme die Verstärkung der äußeren Expansion. Ihr Hauptgewicht lag im Osten. Gewiß ging es zunächst um die Sicherung römischen Gebietes im westlichen Kleinasien, das Mithridates VI., König von Pontos, an sich zu reißen drohte. Man befürchtete auch eine Störung des Gleichgewichts der Kräfte durch das nach der vorderasiatischen Küste vorstoßende armenische Großreich, dessen Herrscher Tigranes I. zudem noch der Schwiegersohn des Mithridates war. Hinzu kamen die Expansionsbestrebungen des jungen Partherreiches, das bereits den Euphrat erreicht hatte. Weiterhin bedurften die engen Handelsbeziehungen zu Ägypten, von dessen Getreidelieferungen Rom immer mehr abhängig geworden war, der Sicherung, zumal sich Tigranes mit Erfolg um die Herstellung familiärer Verbindungen zur Ptolemäerdynastie bemühte und sogar mit den kilikischen Seeräubern paktierte. Im Endziel ging es aber doch um die Begründung der römischen Herrschaft in Vorderasien, um ein römisches Alexanderreich.

Der glänzende militärische Siegeszug des Makedonierkönigs wiederholte sich jedoch nicht. Die Seeräuberkolonien in Kilikien konnte freilich Pompejus, zum Großadmiral des Mittelmeeres ernannt und mit unbeschränkter Vollmacht ausgestattet, rasch vernichten. Den Zugang zum syrischen Raum erlangte Pompejus aber vornehmlich durch geschickte Verhandlungen, indem er die Gegensätze zwischen den Parthern, Tigranes und Mithridates, der ohnehin schon durch jahrelange Kämpfe mit den Römern unter Lukullus militärisch geschwächt war, ausnutzte. Im Endergebnis lief diese Politik allerdings auf eine Stärkung des Partherreiches hinaus, das zur Vormacht des Ostens und damit zum Hauptgegner Roms in der Folgezeit wurde. Nachdem also Mithridates ausgeschaltet worden war, Tigranes sich zur Aufgabe aller Eroberungen bereitgefunden und den Status eines Klientels der römischen Republik angenommen hatte und schließlich die verbündeten Parther durch Garantierung der Euphratgrenze zufriedengestellt waren, marschierte Pompejus im Winter 64/63 v. Chr. in Syrien ein. Ohne größe-

ren Widerstand zu finden, unterwarf er die Küstenregion bis zur ägyptischen Grenze. Lediglich der ungebärdige Hasmonäer Aristobul (67–63) bereitete Schwierigkeiten, so daß der Tempel- und Palastbezirk von Jerusalem durch förmliche Belagerung eingenommen werden mußte.
Pompejus ergriff sogleich die nötigen Verwaltungsmaßnahmen, um die römische Herrschaft in den gewonnenen Gebieten zu sichern und möglichst hohe Einkünfte zu erzielen. Syrien wurde eine römische Provinz, die den gesamten Küstenbereich umfaßte. Im übrigen ließ man nach bewährtem Brauch die geschichtlich gewachsene territoriale Gliederung bestehen und griff in die inneren Angelegenheiten der Staaten und Städte, die nunmehr bloß administrative Einheiten der Provinz waren, nicht ein. Die Territorialstaaten, die Expansionsbestrebungen gezeigt hatten, mußten sich allerdings eine Reduzierung gefallen lassen. Das Hasmonäerreich verlor seine Eroberungen sämtlich. Auch die Ituräer dürften territoriale Einbußen erlitten haben. Da sich ihr König Pompejus gegenüber unterwürfig verhielt und es nicht versäumte, ihn durch ein Geschenk von 1000 Talenten (etwa 6 Millionen Goldfranken) zu erfreuen, blieb er jedoch ungestört im Besitze der Bekaa. Die Raubnester in den Bergen des Libanon wurden von römischen Truppen zerstört und damit auch den Beutezügen der Ituräer in die Küstenebene ein Ende bereitet. Die Phönikerstädte konnten also mit der neuen Oberherrschaft zufrieden sein, zumal den größeren unter ihnen Selbstverwaltung und Unverletzlichkeit ihres territorialen Besitzstandes zugesichert wurden. Allerdings mußte die monarchische Verfassung, römischem Vorbilde gemäß, einer republikanischen weichen.
An eine gedeihliche Entwicklung war vorerst aber noch nicht zu denken. Die rasch wechselnden römischen Statthalter, zumeist wenig erfreuliche Charaktere, waren bemüht, möglichst viel für sich aus der Provinz herauszuwirtschaften, wie vor allem der berüchtigte Gabinius. «Unter seiner Statthalterschaft wurde in Syrien an nichts anderes gedacht, nichts anderes betrieben als Transaktionen mit den Despoten, Abkommen, Plünderungen, Raubzüge und Morde ...»* Kriegerische Verwicklungen fehlten nicht, zunächst mit den Arabern, dann mit den Parthern. Zwischen 40 und 38 v. Chr. gelang es dem Partherkönig, vorübergehend nahezu die ganze Provinz zu besetzen. Von den phönikischen Städten widerstand ihm nur Tyros. Mit den Partherkriegen verknüpfte sich der innere Machtkampf um die Herrschaft über das Imperium, der sich zum großen Teil in der Provinz Syrien abspielte. Der Bürgerkrieg zwischen Cäsar und Pompejus (49–44) ließ den Libanon noch unberührt. Lediglich Cäsar durchzog das Land und bestätigte dabei die Privilegien der phönikischen Städte. Während der Phönikien und Ituräa stärker in Mitleidenschaft ziehenden Auseinandersetzung zwischen

** Cicero, De provinciis consularibus 4,9*

Antonius und Octavianus (41–30) kam Phönikien überraschend zu einem neuen Oberherrn. Antonius machte fast ganz Ituräa und die Küstenstädte am Libanon mit Ausnahme von Sidon und Tyros seiner Geliebten Kleopatra zum Geschenk. Wenig später änderte er die Verfügung zugunsten seines Sohnes Ptolemäos, den ihm Kleopatra geboren hatte. Dieser erhielt Syrien einschließlich Phönikien, während seiner Mutter nur Ituräa verblieb. Der römische Senat bestätigte indessen diese Schenkung nicht; aber es wurden doch zumindest in Beirut Münzen mit dem Bilde der Kleopatra geprägt. Zu einer administrativen Angliederung an Ägypten ist es freilich nicht mehr gekommen. Nach den Niederlagen bei Aktium und Alexandria und dem Freitode des Paares im Jahre 31/30 v. Chr. stellte der Sieger Octavianus die alten Verhältnisse wieder her. Mit der Herrschaft des Octavianus, der sich im Jahre 27 v. Chr. den Titel Augustus verleihen ließ, begann für den Libanon eine lange Epoche des Friedens. In den Kriegen des römischen Reiches mit Judäa, Parthien, den Sassaniden und Palmyra blieb Phönikien stets im Hinterland der Kämpfe. Erst im Jahre 614 n. Chr., als der Sassanide Chosrau II. verheerend in Syrien und Palästina einfiel, war auch für den Libanon die Epoche der Pax Romana beendet.

Die friedliche Entwicklung während der römischen Zeit brachte der phönikischen Wirtschaft eine neue Blüte, trotz der Konkurrenz anderer Handels- und Manufakturzentren. In Rom und seinen Häfen richteten die phönikischen Kaufherren ihre Kontore ein. In der Hauptstadt selbst entstand ein stattliches phönikisches Viertel, dessen Reste heute noch an der Via Campana zu sehen sind. Bedeutende phönikische Niederlassungen hatten Neapel und Misenum, vor allem aber die großen Häfen Ostia und Puetoli (heute Puzzuoli) am Golf von Neapel. Eine Anweisung des tyrischen Senats aus dem Jahre 174 n. Chr. auf Zahlung von jährlich 10 000 Denaren (etwa 85 000 Goldfranken) als Miete für Speicher, Verkaufshallen und dergleichen in Puetoli ist erhalten geblieben. Wenn auch Rom und Mittelitalien das Zentrum der neuen Wirtschaftsexpansion Phönikiens waren, so erstreckte sich doch das Netz seiner Handelskontore über das ganze Imperium. Nicht nur Handelsleute, sondern auch Handwerker und Vertreter der Dienstleistungsgewerbe suchten in der Weite des römischen Weltreiches ihr Auskommen, wie ehedem in den phönikischen Kolonien.

Mit der wirtschaftlichen Expansion der Phönikerstädte verband sich eine starke kulturelle Ausstrahlung. Sie erreichte einen Höhepunkt unter der Herrschaft der syrisch-libanesischen Dynastie (193–235). Septimius Severus, der erste Kaiser aus dieser Linie, stammte aus der alten phönikischen Kolonie Leptis in Nordafrika, während seine Frau Julia Domna im syrischen Emesa (Homs) beheimatet war. Ihre Familie hatte Beziehungen zum nordlibanesischen Arka, wo Alexander Severus, der letzte Herrscher der Dynastie, geboren wurde. Als Heimat der Kaiser und der von ihnen verehrten Götter, die im Reiche weite Verbreitung fanden, gewannen Südsyrien und der Libanon auch für den römischen Tourismus bedeutend an Anziehungskraft, die durch großzügige Kultbauten noch gesteigert wurde.

Die Ruinen der großen öffentlichen Bauten sind für uns heute das eindrucksvollste Zeugnis der Blüte Phönikiens unter römischer Herrschaft. Was sich in der notvollen hellenistischen Zeit noch nicht in größerem Umfange durchsetzen konnte, das wurde nun verwirklicht: Die düstere Enge der altorientalischen Städte öffnete sich. Die äußere Sicherheit beruhte nicht mehr allein auf den Mauern und Türmen der eigenen Stadt. Man genoß den weit in die Steppen des Ostens vorgeschobenen Schutz der befestigten Straßen, Wachtürme und Kastelle des römischen Limes, der von Palästina bis zum Tigris die Provinz Syrien vor Einfällen der Parther und Araber bewahrte. Außerhalb der Städte entstanden nun von Gärten umgebene Villen. Den Verkehr förderte ein System von guten Straßen. Vor allem wurde der Küstenpfad zu einer Nordsyrien mit Palästina verbindenden Fernstraße ausgebaut. Selbst den gefährlichsten Abschnitt des alten Küstenpfades, die Scala Tyriorum, den ‹Treppenweg der Tyrer›, erschlossen römische Pioniere durch in den Felsen gehauene Gleise dem Wagenverkehr.

Einen ungeahnten Aufstieg nahm Beirut, das stets im Schatten seiner Nachbarn Byblos und Sidon gestanden hatte. Hier siedelte Marcus Agrippa, der Sieger in der Schlacht bei Aktium und Schwiegersohn des Kaisers Augustus, um 15 v. Chr. Veteranen der V. und VIII. Legion an. Die erforderlichen Ländereien wurden der Stadt, die seit ihrer Zerstörung durch den seleukidischen Thronprädententen Diototos Tryphon (140 v. Chr.) noch weithin in Trümmern lag, abgekauft. Die Neugründung erhielt den Freiheit von Grund- und Kopfsteuer gewährenden Status einer Kolonie italischen Rechts und wurde nach der Tochter des Augustus ‹Colonia Julia Augusta Felix Berytus› benannt. Als Kriegshafen, als Ausgangspunkt der kürzesten Verbindung über den Libanon nach Damaskus und als natürlicher Mittelpunkt der Küstenstädte entwickelte sich Berytus bald zum Zentrum des römischen Einflusses in Phönikien. Seine Ruinen liegen freilich unzugänglich unter der modernen Stadt. Öfters kommen jedoch bei Bauarbeiten Reste von ‹Julia Augustas glücklicher Kolonie Berytus› zum Vorschein. Tieferen Einblick in die römische Gestalt der Phönikerstädte gewähren die Ausgrabungen in Byblos, obgleich ein großer Teil der antiken Bausubstanz in den Anlagen der Kreuzfahrerzeit aufgegangen ist. Ein ähn-

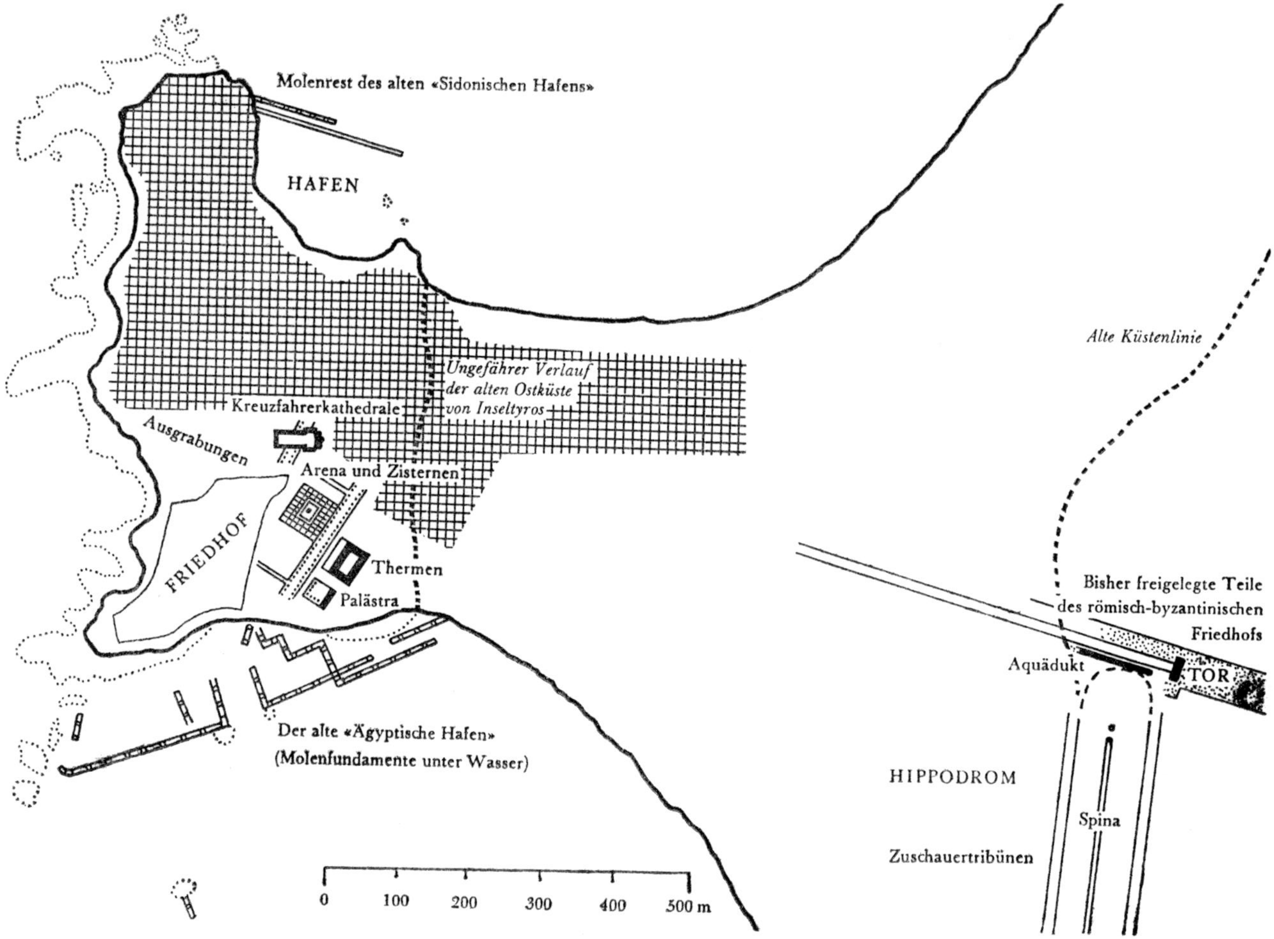

liches Schicksal ist den Monumentalbauten des alten Sidon beschieden gewesen; doch vermochte hier – ebenso wie in Tyros – die sekundäre Nutzung die großzügigen Anlagen der römischen Zeit nicht zu beseitigen. Die Ruinen des römischen Tyros sind durch die libanesischen Ausgrabungen unter Emir Maurice Chehab im Verlaufe der letzten zwanzig Jahre bereits zu einem beträchtlichen Teil freigelegt und restauriert worden. *Tafel 45, 46*

Im Zentrum des ausgegrabenen Bezirks verläuft die große Säulenstraße, die Verbindung zwischen den beiden alten Häfen im Norden und Süden der Inselstadt. Von den ausnehmend schönen monolithischen Säulen aus grünlich geädertem Cippolin-Marmor von Euböa sind nur noch wenige erhalten geblieben. Einst säumten sie beide Seiten der 11 Meter breiten Straße, der sich auf beiden Seiten noch je 5 Meter breite überdachte Kolonnaden anschlossen. Der auf einer Strecke von 175 Metern freigelegte süd- *Tafel 47, 48*

liche Abschnitt der Säulenstraße führte in das Viertel, das vornehmlich
Tafel 49 Sportstätten vorbehalten war. Eine merkwürdigerweise rechteckige Arena bot 2000 Zuschauern Platz. Ihr gegenüber lagen ausgedehnte Thermen und daneben der Komplex der Palästra, der Ringerschule. Ursprünglich waren auf diesem hafennahen Gelände Handwerk und Gewerbe beheimatet gewesen, die dem Ausbau zu sportlichen Zwecken seit Ende des ersten Jahrhunderts v. Chr. weichen mußten. Zum weiteren Ausbau haben auch viel spätere Zeiten ihren Beitrag geleistet. Noch um 400 n. Chr. ersetzte man die rechteckige Arena durch einen Neubau. Bald gerieten dann aber die Anlagen in Verfall. Ende des fünften Jahrhunderts n. Chr. wurde die Palästra zerstört und ihr Gelände wieder industrieller Nutzung zugeführt. Am längsten hielten sich die Thermen, die vielleicht noch bis in arabische Zeit den Besuchern offenstanden.

Moderne Bebauung

Klippen und Strand, bei Niedrigwasser sichtbar

Plan der Ausgrabungen von Tyros

Für große Theater und Wettkampfstätten war auf dem beschränkten Terrain der tyrischen Insel selbstverständlich kein Raum. Sie lagen auf dem Festland, das in römischer Zeit durch eine feste Landbrücke, die sich aus den Resten des Alexanderdammes und durch Anschwemmung gebildet hatte, mit Inseltyros verbunden war. Eine breite Straße führte über diese
Tafel 50 Landbrücke zu dem etwa zwei Kilometer entfernten Hippodrom, mit einer äußeren Länge von 480 Metern und einer größten Breite von 92 Metern einer der größten seiner Art. Obgleich die Bauten später als Steinbruch für die in seinem Oval errichteten Wohnhäuser und eine kleine christliche Kapelle dienten, ist der Hippodrom relativ gut erhalten und hat bereits wieder Beiruter Pferdesportlern zur Abhaltung von Wagenrennen im antiken Gewand hinreichende Voraussetzungen geboten.

Tafel 51, 52 In auffälliger Nähe zu der riesigen Sportanlage liegt der große Friedhof der römischen und byzantinischen Zeit. Die lange Reihe der manchmal in mehreren Etagen stehenden Sarkophage ist erst zum Teil freigelegt. Die schönsten, sicherlich sehr teuren Arbeiten aus prokonnesischem Marmor sind offensichtlich in Igeum selbst hergestellt worden. Ihrem unfern der Stätte des alten Troja gelegenen Entstehungsort entsprechen die plastischen Dar-
Tafel 53–56 stellungen, die in reicher Fülle diese Sarkophage zieren. Sie zeigen vornehmlich Szenen aus Homers Ilias. Die überwiegende Zahl der Sarkophage ist freilich von bescheidener Ausführung aus einheimischen Gesteinen.

Der Friedhof ist sicher älter als der Hippodrom, der so dicht wie nur möglich an die Totenstätte herangebaut worden ist. Dies deutet auf einen mächtigen Bauherrn, wahrscheinlich auf Kaiser Septimius Severus, den Gründer der syrisch-libanesischen Dynastie. Nach der Ermordung seines Vorgängers Commodus (192 n. Chr.) war er von der Donauarmee zum Kaiser ausgerufen worden, während die römischen Truppen in Britannien

B. C. Albinus auf den Schild hoben und die in Syrien und Kleinasien stationierten Legionen in C. P. Niger ihren eigenen Kandidaten hatten, dem alsbald der ganze Osten des Reiches anhing. Nur Tyros unterstützte Septimius Severus, der in drei Schlachten in Kilikien seinen Rivalen Niger im Jahre 194 n. Chr. und drei Jahre später auch Albinus besiegte und ausschaltete. Der neue Kaiser vergaß Tyros diesen Dienst nicht und verlieh der Stadt, die bereits durch Hadrian zur Metropolis erhoben worden war, die Rechte einer römischen Kolonie. Sicher verband sich damit auch die Errichtung repräsentativer Bauten als Zeichen der kaiserlichen Huld. Überhaupt gehen die sehr aufwendigen Hippodrom-Gründungen für Wagenrennen römischen Stils zumeist ganz oder teilweise auf kaiserliche Stiftungen zurück. So hat Septimius Severus den Hippodrom in Laodicea, neben den Bauten in Antiochia, Berytus, Bostra, Caesarea, Edessa und Tyros eine der wenigen großen Anlagen dieser Art in der syrischen Provinz, errichten lassen. Bezeichnenderweise fand man bei der Freilegung des tyrischen Hippodroms Reste einer Skulptur und einer Kolossalstatue des Herakles. Das deutet auf eine Verbindung mit den Festspielen für Herakles, die Alexander der Große begründet und Antiochos IV. erneuert hatte. Gerade der Herakleskult erfreute sich besonderer Förderung durch Septimius Severus. Bei der Säkularfeier im Jahre 204 n. Chr. stellte er das beginnende neue Weltzeitalter unter den Schutz seiner Heimatgötter Herakles (Melqart) und Dionysos (Eschmun).

Die Errichtung von Kultbauten, Kultur- und Sportstätten, Markthallen und anderen öffentlichen Gebäuden durch kaiserliche Stiftung ist charakteristisch für die Zeit der römischen Herrschaft. Es braucht kaum hervorgehoben zu werden, daß diese ‹Geschenke› letztlich doch aus dem Steueraufkommen der Provinzen kamen. Zu den Stiftern öffentlicher Einrichtungen gehörten aber auch reiche Privatleute und hohe römische Beamte. Speziell für die phönikischen Städte sind die großzügigen Schenkungen der judäischen Vasallenkönige von nicht geringer Bedeutung gewesen. Zu den Stiftungen Herodes des Großen (37–4) gehörten ebenso Straßenpflaster und Parks wie Tempel und Theater. Sicher spielte dabei als Motiv die Baulust des großen Herodes eine Rolle, nicht weniger jedoch auch sein Streben nach der führenden Position unter seinen Kollegen innerhalb der Provinz Syrien. Vor allem aber mußte sich ihm der Kaiser dankbar verpflichtet fühlen für die Förderung der kulturellen Einheitlichkeit des römischen Reiches. Gegenleistungen in Form von wiederholten Landschenkungen beträchtlichen Umfanges blieben nicht aus. Unter Herodes' Enkel, dem listenreichen Herodes Agrippa I. (37–44) zeigte es sich, daß diese ‹Politik der Geschenke› der römischen Herrschaft aber auch gefährlich werden konnte.

IV
Schhim: Helios-Tempel

Agrippa konzentrierte seine Schenkungen auf die römische Kolonie Berytus, die durch den Bau von Theatern, Bädern und Säulenhallen nahezu den Charakter einer herodianischen Residenz bekam, zumal er sich selbst öfters in Berytus sehen ließ und in seinen Theatern jene Schaustellungen und Wettkämpfe genoß, die er als Förderer der pharisäischen Richtung des Judentums in seinem eigenen Lande entbehren mußte. Versuche, sich von Roms Oberherrschaft zu lösen, wurden allerdings von Marsus, dem wachsamen Statthalter der kaiserlichen Provinz Syrien, vereitelt. Welchen politischen Einfluß sich immerhin Agrippa I. auf die phönikischen Städte erwerben konnte, zeigt eine Notiz in der neutestamentlichen Apostelgeschichte. Danach befand sich Agrippa I. in seinem letzten Lebensjahr «in erbitterter Fehde mit den Tyrern und Sidoniern. Diese aber schickten in einmütigem Entschluß eine Gesandtschaft zu ihm, gewannen den Blasius (wohl ein Hofbeamter) für sich und baten um Frieden; denn ihr Land war wirtschaftlich von dem des Königs abhängig.» (12, 20 ff.).

Bergtempel und Pilgerstraßen

«Es ereignete sich aber auf dem Casiusberg, als er (d. i. Kaiser Hadrian) hinausgestiegen war, ..., daß ein Regen anhob, ein Blitz niederfuhr und das Opfertier samt dem Priester während der Opferhandlung versengte.»

Aelius Spartianus XIV, 3

«Es ist Sache der Götter, zu mir zu kommen, nicht die meine, zu den Göttern zu gehen.» *Plotin. Porphyrios, Leben des Plotin 10*

Die Festigung der politischen Verhältnisse im Zeitalter der Pax Romana gestattete eine beträchtliche Ausdehnung des Siedlungsraumes im römischen Orient. Bisher kaum ständig bewohnte Gegenden am Rande der Steppe und in den Gebirgen wandelten sich in relativ kurzer Zeit in blühende Kulturlandschaften. Manche der großen Dörfer auf dem Westhang des Libanon sind Gründungen dieser Epoche, in der die steigende Bevölkerungszahl der Küstenstädte zu der im Zeitalter der überseeischen Kolonisation – gewiß auch aus Sicherheitsgründen – vernachlässigten Erschließung des angrenzenden Binnenlandes nötigte. Neben Bauerndörfern entstanden dort auch Landhäuser, in denen die wohlhabenden Bürger der

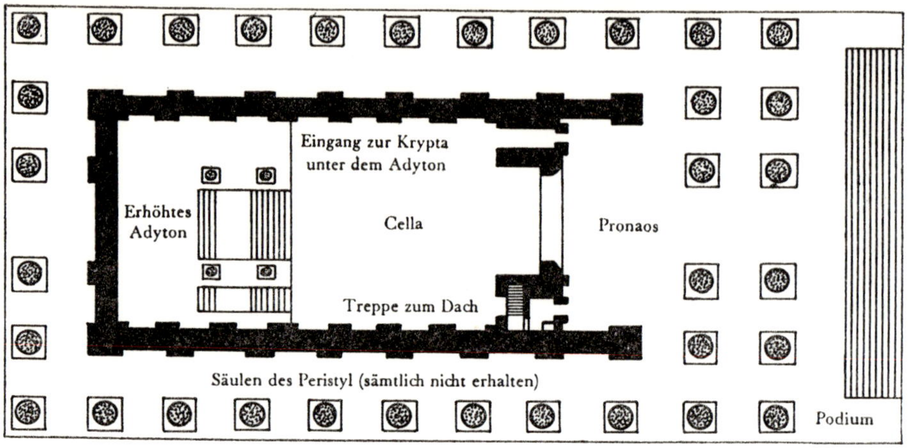

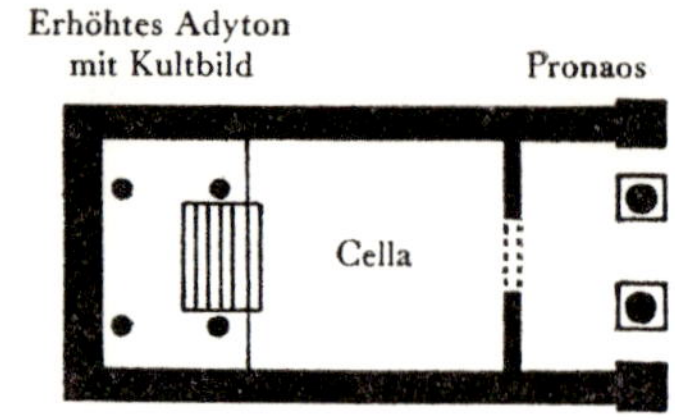

Grundrisse römischer Tempel im Libanon
oben rechts:
Kasr Benat: Anten-Tempel (Säulen des Pronaos zwischen den Anten)
unten:
Niha, Hadaranus-Tempel: Prostylos-Tempel (Säulen des Pronaos vor den Anten)
oben links:
Hesn Sfire, großer Tempel: Peripteros-Tempel

Hafenstädte unter angenehmen klimatischen Bedingungen den heißen Sommer verbrachten. Man trieb ein wenig Landwirtschaft, widmete sich vor allem dem Obstbau und pflegte in den mit Bädern und anderem Komfort ausgestatteten Villenkolonien heitere Geselligkeit. Gern wählte man als Standort die Nähe eines Heiligtums, das als Wallfahrtsstätte seinen Ruf hatte. Ein schönes Beispiel bietet dafür die seit 1959 ausgegrabene Siedlung von Bet Meri, unterhalb der dem Baal Markod geweihten Stätte. Auch die alten Bergheiligtümer selbst verblieben nicht im bescheidenen Zustand altsemitischer Kultplätze. Dem Baal Markod wurde ein stattlicher Tempel errichtet. In Bschelle blieb das offene Höhenheiligtum erhalten; doch umgab man es mit größeren Bauten, die heute nur noch ein mächtiges Trümmerfeld bilden. Einen ähnlichen Ausbau erfuhren auch viele andere heilige Stätten.

Tafel 57, vgl. Seite 54

Tafel 15

Tafel 39

Die Zahl der heute noch im Libanongebirge anzutreffenden Tempelruinen aus römischer Zeit ist überraschend groß, wenn auch von vielen nur geringe Reste erhalten geblieben sind, manchmal nicht mehr als einige Säulen-

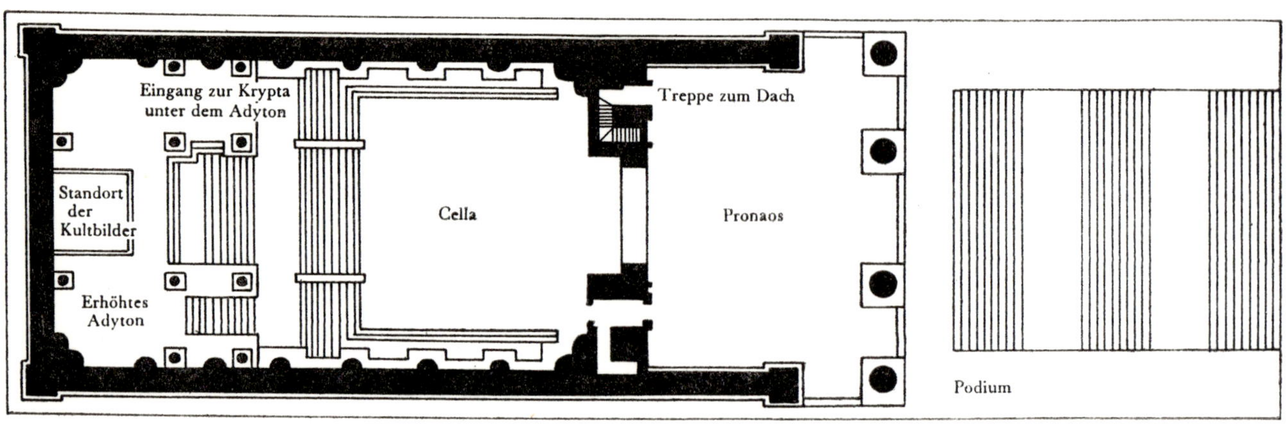

Römische Tempel im Libanon

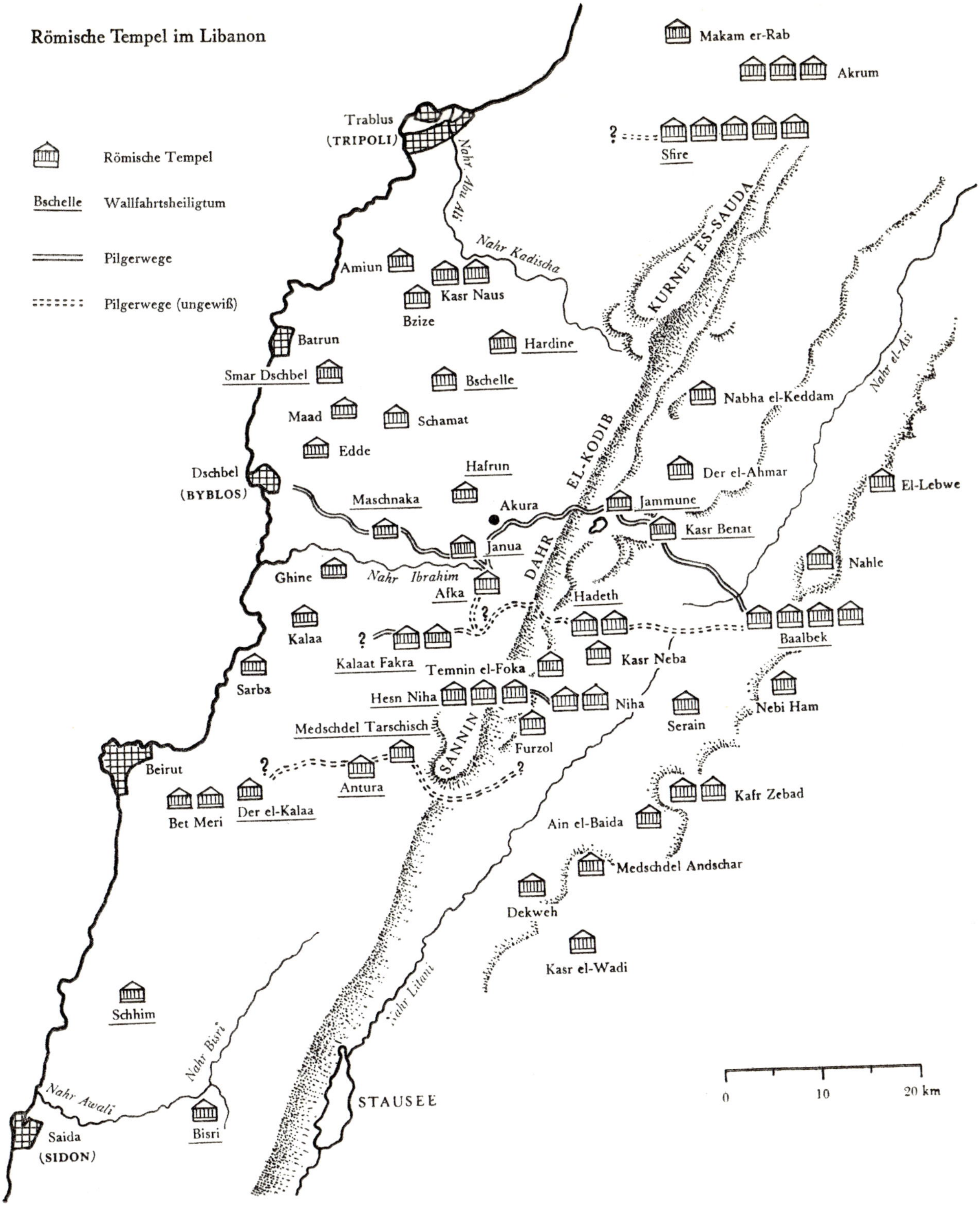

bruchstücke im Mauerwerk einer christlichen Kirche, die an die Stelle des heidnischen Heiligtums trat. Architektonisch sind die Bergtempel des Libanon keine sonderlich aufwendigen Bauten. Zumeist handelt es sich um kleine Anten- oder Prostylos-Tempel mit einem gemäß phönikischer Tradition erhöhten Adyton. Dennoch entstand schon bei Heiligtümern mit nur einem Tempel eine monumentale Wirkung durch das Ensemble der Gesamtanlage mit den Nebengebäuden und der mächtigen Mauer, die den heiligen Bezirk umschloß, auch hierin älterer phönikischer Tradition folgend. Der harmonische ästhetische Eindruck der Bergheiligtümer der römischen Zeit wurde durch die meisterhafte Einbeziehung der Landschaft in die bauliche Gestaltung erreicht. In dieser Hinsicht unübertroffen ist die heute Kalaat Fakra genannte Kultstätte nordwestlich des Dschebel Sannin, unweit der Dschisr el-Hadschar. Einen etwas anderen Charakter trägt der gleichfalls gut erhaltene Komplex der Kultbauten von Hesn Sfire in den nordwestlichen Vorbergen des Kurnet es-Sauda, unmittelbar an der Grenze des gerade noch anbaufähigen, heute durch Terrassenkultur erschlossenen Landes. Die Pilger der römischen Zeit, die durch eine wohl noch dichtbewaldete Landschaft aufstiegen, trafen zunächst auf einen mittelgroßen Tempel, dessen Reste inmitten des modernen Dörfchens erhalten geblieben sind. Dann führte der Prozessionsweg weiter zum heiligen Bezirk auf einer schmalen Terrasse am Fuß eines steil aufragenden Felsmassivs (1345 Meter). Hier drängten sich zwei kleine Tempel an einen auch heute noch – trotz fehlender Säulen – mächtig wirkenden Peripteros, der einzige seiner Art westlich des Libanonkammes. Jenseits des heiligen Bezirks nahm der Prozessionsweg seinen Fortgang und erklomm das weit die Landschaft beherrschende Felsmassiv, zunächst bis zu einem fünften kleinen Tempel und dann in breiten und hohen Stufen bis zum Gipfelplateau. Dort stand der große Altar, von dem der in den Wolken thronende Baal des Gebirges die Opfer der Pilger entgegennahm.

Tafel 90
Abb. Seite 210
Tafel 58–60, Farbtafel III
Tafel 61–64

Kalaat Fakra und Umgebung

Der großzügige Ausbau und gelegentlich wohl auch die Neugründung von Wallfahrtsheiligtümern in römischer Zeit korrespondierte mit der Erschließung des Libanongebirges. Auch sehr einsam gelegene Stätten wie die Kultplätze in der Zedernregion waren nun leichter und sicherer zu erreichen. Selbst zu dem erst in neuerer Zeit von Schatzsuchern gänzlich zerstörten Tempel auf dem Dschebel Hafrun im byblischen Zederngebiet, dem am höchsten gelegenen Bergtempel (1950 Meter), führte eine schmale Römerstraße. Selbstverständlich darf von der Zahl der Bergtempel nicht auf eine entsprechend dichte Besiedlung des Gebirges geschlossen werden. Wo sich in römischer Zeit Siedlungen an kulturlandnahen Heiligtümern bilden, dann sind sie sekundär wie in Bet Meri. In der Regel waren an den Berg-

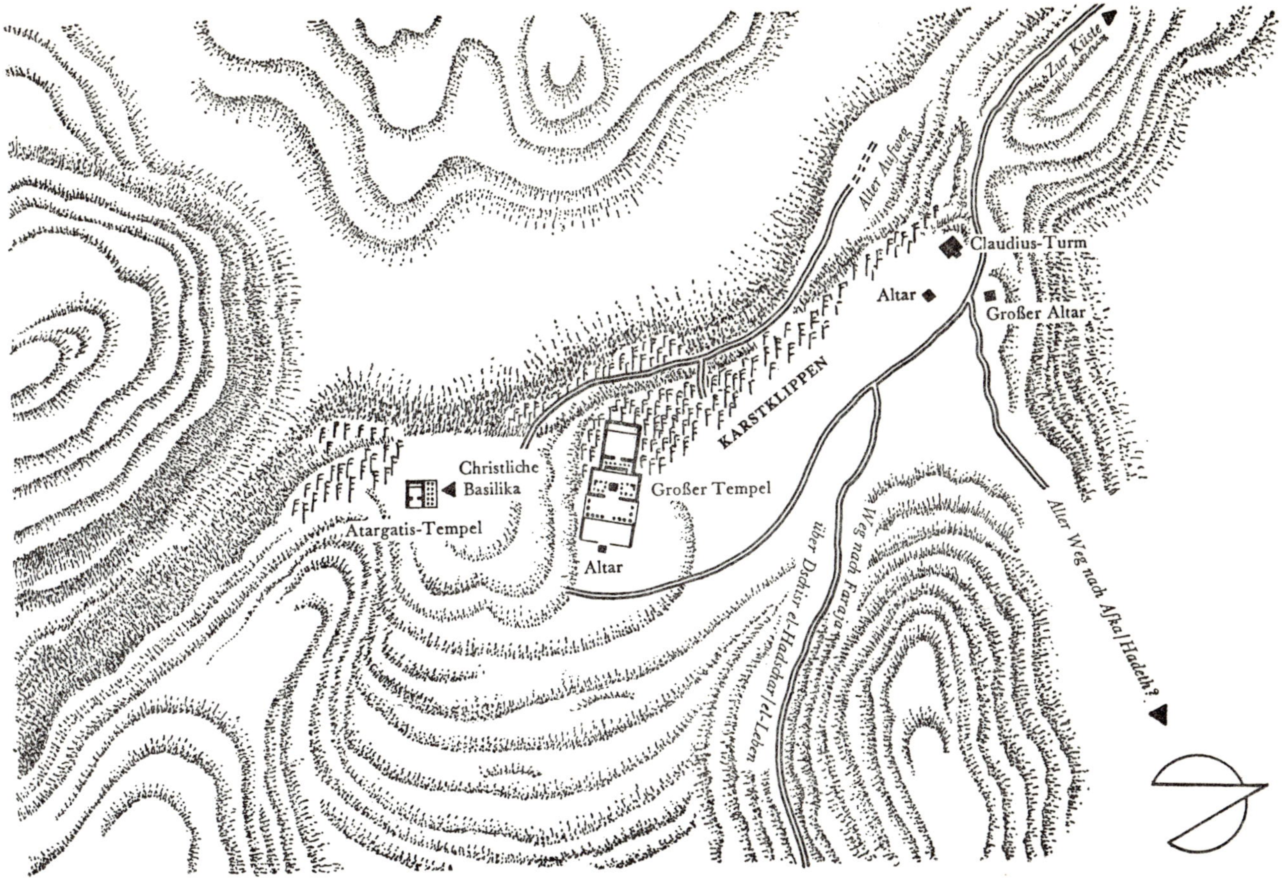

tempeln nur kleine Niederlassungen für das ständig anwesende Kultpersonal und allenfalls auch Unterkünfte für Pilger vorhanden.

Sicherlich haben manche der Bergtempel engere Beziehungen zueinander gehabt, so daß Wallfahrtswege entstanden, die ein ganzes System von Heiligtümern miteinander verbanden. Erwiesen ist das für die heiligen Stätten im Adonistal. Sie erschloß die alte Straße, die als kürzeste Verbindung zwischen Byblos und der Bekaa überhaupt ein wichtiger Verkehrsweg war. Auch ihre Weiterführung von Jammune nach Baalbek dürfte als Pilgerweg Bedeutung gehabt haben. Der heute Kasr Benat genannte Bergtempel bei Chlife im Dschebel Bekaa wäre dann als Zwischenstation anzusehen. Vielleicht waren auch einige Heiligtümer in der weiteren Umgebung des Nahr Ibrahim dem System der Adonisstätten angeschlossen. Angenommen wird dies für den kleinen Tempel von Ghine, weil sich in seiner Nähe ein Fels-

Tafel 65

Tafel 66

relief mit der Darstellung eines Bärenkämpfers befindet, den man mit Adonis identifizieren zu können meint. Die noch deutlich wahrnehmbaren Umrisse einer Arena am Fuße des Felsens lassen eher auf eine Stätte zur Abhaltung von Kampfspielen schließen.

Dem System der Adonisheiligtümer wird öfters auch der Tempelbezirk Kalaat Fakra zugerechnet, von dem aus das nur zwölf Kilometer entfernte Afka auf einem offenbar alten Wege leicht zu erreichen ist. Doch wurde in Kalaat Fakra aller Wahrscheinlichkeit nach der Jupiter Heliopolitanus als Hauptgott verehrt. Für den kleineren Tempel ist die Widmung an die Göttin Atargatis durch Inschrift bezeugt. Bei Jupiter Heliopolitanus handelt es sich um den alten Baal Biqa', der in späthellenistischer Zeit unter arabischer Beeinflussung Züge des Sonnengottes in sich aufgenommen hatte, weshalb dann auch Baalbek den Namen Heliopolis (‹Sonnenstadt›) erhielt. Wie der Jupiter Heliopolitanus eine Mischgestalt ist, so verbanden sich auch in seiner Gefährtin Atargatis verschiedene Elemente. In Nordsyrien beheimatet, gewann ihr Kult schon zu Beginn der hellenistischen Epoche weite Ver-

Felsskulptur in Ghine: Bärenkampf und Frau in Trauerkleidung. Das Massiv trägt Merkmale eines alten Felsheiligtums. Auch eine Höhle – im unteren Teil des Bildes sichtbar – ist vorhanden.

breitung, wobei die verschiedenen Ausprägungen der Aschtart in ihm aufgingen. Die Verbindung zum Hauptheiligtum in Heliopolis braucht nicht unbedingt über Afka geführt zu haben. Auch unmittelbar östlich von Kalaat Fakra war die Überwindung des Libanonkammes, ganz im Süden des Sattels zwischen Kurnet es-Sauda und Dschebel Sannin, möglich. Ebenso wie die moderne Paßstraße hätte diese Route das Gebirge bei Hadeth verlassen, von dessen kultischer Bedeutung in römischer Zeit noch die Ruinen zweier Tempel und eines monumentalen Altars künden.

Überregionale Bedeutung gewann der Gott von Baalbek/Heliopolis mit der Begründung des Ituräerreiches im zweiten Jahrhundert v. Chr. Als die wichtigste Kultstätte der Bekaa wurde Heliopolis zum Reichsheiligtum der Ituräer. Wahrscheinlich gehen die Anfänge der gewaltigen Kultbauten der römischen Zeit auf die Ituräerkönige zurück. Heliopolis blieb ihr kultisches Zentrum, nachdem es unter Kaiser Augustus römische Kolonie geworden war. Wie in Berytus wurden auch in Heliopolis Veteranen angesiedelt und die Kolonie zum Mittelpunkt der römischen Herrschaft in der strategisch und ökonomisch wichtigen Bekaa ausgebaut. Das schloß die Förderung des in Heliopolis beheimateten Kultes ein, dem die hellenistisch-synkretistische Prägung seines Hauptgottes von vornherein große Ausstrahlungkraft verlieh. Schon bald hat sich der Jupiter Heliopolitanus als der bedeutendste Gott der wertvollsten römischen Provinz im Kultleben Roms selbst einen festen Platz erobert, wie es sonst nur wenigen Göttern des Orients gelungen ist.

Der Ausbau des römischen Heliopolis vollzog sich in zwei Phasen. Neben der inneren Gestaltung der jungen Kolonie widmete man sich zunächst der Herstellung von Verkehrswegen, die den Anforderungen von Heer und Verwaltung entsprachen. Für die Verbindung zwischen den beiden Kolonien Heliopolis und Berytus konnte auf die alten Paßwege Beirut – Damaskus und Byblos – Jammune zurückgegriffen werden. Inschriftlich bezeugt sind für den Abschnitt zwischen Afka/Akura und Jammune umfangreiche Arbeiten unter Kaiser Domitian (81–96). Besonders wichtig war

Tafel 3, 69

weiterhin die Straßenverbindung zwischen Heliopolis und Damaskus. Die heute noch relativ gut erhaltene Römerstraße unterhalb des Antilibanonkammes war bis vor dem ersten Weltkrieg in Benutzung. Zum Ausbau der Hauptstraßen gehörte auch die Anlage von Wachtürmen, Forts und Nebenwegen, die dem Schutze des Verkehrs dienen, überhaupt ein Wiederaufleben des Räuberunwesens verhindern und die ordnungsgemäße Ausbeutung der Bergwälder sichern sollten. Nicht zuletzt hatten diese Anlagen Bedeutung für die militärische Kontrolle der Vasallenkönigtümer in der Bekaa. Diese kleinen Nachfolgestaaten des Ituräerreiches haben eine wenig

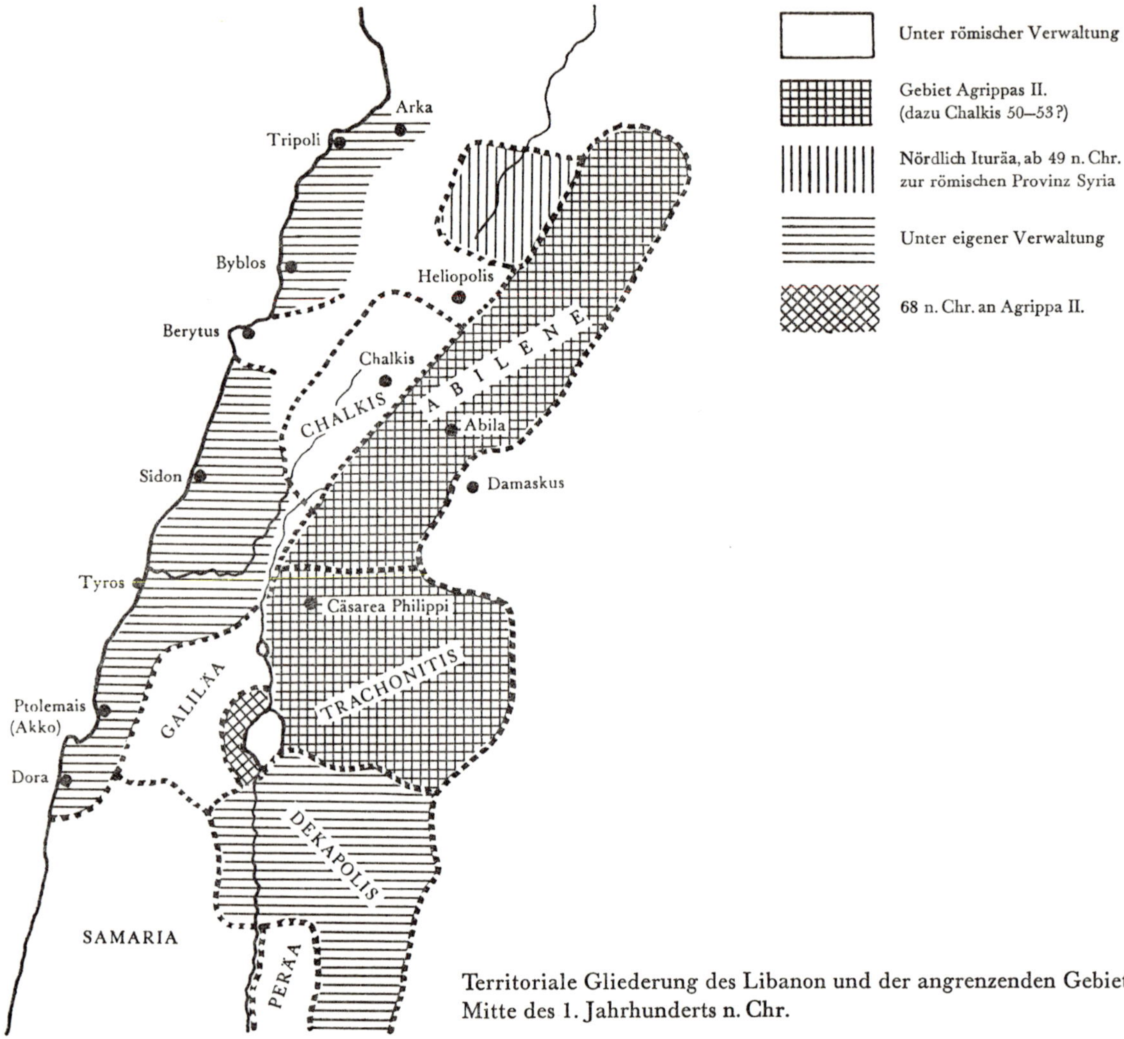

Territoriale Gliederung des Libanon und der angrenzenden Gebiete, Mitte des 1. Jahrhunderts n. Chr.

bekannte Geschichte. Im Norden von Heliopolis scheint einer dieser ituräischen Kleinstaaten bis 49 n. Chr. bestanden zu haben. Abila, im wesentlichen das Gebiet vom Hermon bis zum nördlichen Antilibanon umfassend, hatte bis 37 n. Chr. einen ituräischen Herrscher. Unter der Regierung der Kaiser Caligula (37–41) und Claudius (41–54) gerieten die Reste des Ituräerreiches an das Haus Herodes. Zunächst erhielt im Jahre 37 n. Chr. Herodes Agrippa I. Abila. Im gleichen Jahre wurde sein Bruder Herodes König von Chalkis. Angesichts der bald erkennbar werdenden Bestrebungen Agrippas I. nach Ausdehnung seines Vasallenkönigtums und nach

Unabhängigkeit von Rom waren militärische Sicherheitsvorkehrungen des römischen Statthalters keineswegs überflüssig. Für kurze Zeit konnte sein Nachfolger Herodes Agrippa II. beide Teilgebiete Ituräas unter seinem Szepter vereinen. Er war aber ein treuer Anhänger Roms.

In die erste Phase der Konsolidierung der römischen Herrschaft über die Bekaa fällt der großzügige Ausbau von Kalaat Fakra. Die Errichtung eines Tempels für den Jupiter Heliopolitanus gerade an dieser Stätte war von erheblicher kultpolitischer Bedeutung. Sie erhob den Gott von Heliopolis zum Herrn über den Libanon. Diesem Interesse kam die exponierte Lage des Heiligtums in 1500 Meter Höhe unterhalb des Sannin-Massivs entgegen. Für die römische Oberherrschaft war freilich ein solcher kultpolitischer Aspekt nur von geringem Rang. Er entsprach aber den Expansionsbestrebungen der ituräischen Könige. So mag Kalaat Fakra auf eine ituräische Gründung zurückgehen. Vielleicht ist der von älterer Bautradition geprägte turmähnliche Altar im Norden des heiligen Bezirks von Kalaat Fakra ein
Tafel 59 Rest der ituräischen Anlage. Es liegt nahe, die Bauherren der großzügigen Erweiterung des Heiligtums unter den Nachfolgern der Ituräerherrscher zu suchen, für die Kalaat Fakra den gleichen politischen Anspruch manifestierte. Die Widmung des mächtigen, das Ensemble von Kalaat Fakra beherrschenden Kultturmes an Kaiser Claudius im Jahre 43 n. Chr. weist auf Agrippa I., zugleich enger Freund des Kaisers und Gegner der römischen Oberherrschaft. In die Regierungszeit Agrippas II. datiert ist der Atargatis-Tempel von Kalaat Fakra, so daß die Anlage insgesamt zwischen 40 und 60 n. Chr. entstanden sein dürfte.

Die Herodianer haben während der Zeit ihrer Herrschaft in Ituräa zweifellos auch in der Bekaa selbst eine rege Bautätigkeit entfaltet, wenn auch deren Spuren gering sind. Auf Herodes von Chalkis (37–48) oder auf Agrippa II., der die alte Hauptstadt Ituräas allerdings nur vier Jahre (49 bis 53) in seinem Besitz hatte, geht wohl der große Peripteros-Tempel von
Tafel 67, 68 Medschdel Andschar zurück. Auch heute noch majestätisch, erhob er sich in einiger Entfernung von Chalkis auf einem die Ebene weit beherrschenden Bergrücken, der schon in altorientalischer Zeit Kultstätte war. In der reichen bildnerischen Ausgestaltung und in der Bevorzugung von Großquaderwerk bestehen enge Beziehungen zu den Tempeln von Heliopolis. Vielleicht waren die Herodianer auch am Ausbau des Haupttheiligtums des
Abb. Seite 219 Jupiter Heliopolitanus beteiligt. Der Bau des großen Jupiter-Tempels muß jedenfalls bereits um die Mitte des ersten Jahrhunderts n. Chr. zumindest in einigen Teilen über die gewaltigen Substruktionen des Podiums hinausgelangt sein. Eine Inschrift auf einer seiner Säulen stammt aus dem Jahre 60 n. Chr.

Die mit Beginn des zweiten Jahrhunderts n. Chr. einsetzende zweite Phase des Ausbaus von Heliopolis wird charakterisiert durch die aufwendige Förderung seiner Kultstätten seitens römischer Behörden und Einzelper- *Tafel 70–77* sonen. Die Propyläen zum Jupiter-Tempel waren spätestens um die Mitte des zweiten Jahrhunderts n. Chr. vollendet. Die Kapitelle ihrer Säulen ließ ein Offizier der I. Legion in der Zeit des Kaisers Antonius Pius (138–161) vergolden. An dem riesigen Tempelgebäude selbst ist freilich noch zwei Jahrhunderte hindurch weitergebaut worden. Überhaupt erst begonnen wurde im zweiten Jahrhundert n. Chr. mit dem Neubau des vorzüglich erhaltenen Atargatis-Tempels. Etwa gleichzeitig entstanden der heute gänz- *Tafel 75, 76* lich zerstörte Merkur-Tempel außerhalb des heiligen Bezirks und das neuerdings restaurierte Quellheiligtum am Ras el-Ain östlich der Stadt, während *Tafel 78, 79* der einem Pavillon der Renaissance gleichende kleine Venus-Tempel wohl jüngeren Datums ist.

Seit der Mitte des zweiten Jahrhunderts n. Chr. wurden auch auf den Hügeln am Rande der Bekaa in großer Zahl kleine Tempel und Monumentaltäre errichtet. Größtenteils standen diese Bauten in engerer Beziehung zu Heliopolis, was sich auch architektonisch-stilistisch an der Beeinflussung durch die ‹Schule von Heliopolis› erkennen läßt. Zu dem herodianischen Tempel für den Jupiter Heliopolitanus bei Chalkis gesellten sich nun weitere Filialheiligtümer in Der el-Achmar, in Nachle und sicher auch an manch anderer Stelle, deren Ruinen nicht mehr verraten, welchem Gott sie einst gewidmet waren. Der 172 n. Chr. erbaute kleine Bergtempel von Ham an der Handelsstraße nach Damaskus diente dem Kult des Merkur. *Farbtafel II* Zumindest einen Altar hatte der Jupiter Heliopolitanus in Niha, nächst *Abb. Seite 220* Baalbek/Heliopolis das wichtigste Kultzentrum in der Bekaa. Hier liegen am Ende eines der Quertäler des Dschebel Bekaa die Ruinen zweier stattlicher Tempel, von denen ein zum Teil in den Felsen gehauener Pro- *Tafel 81–83* zessionsweg hinaufführt zu einer Gruppe von drei weiteren Tempeln, die *vgl. Seite 13* wohl etwas älter sind als die Bauten im Tal. Enge Kultbeziehungen mögen *Tafel 80* auch zu den zahlreichen Heiligtümern in den benachbarten Tälern bestanden haben, zu dem prachtvoll gelegenen Tempel von Kasr Neba, dem vor- *Tafel 84–86* züglich erhaltenen Quellheiligtum von Temnin el-Foka und dem noch alt- *Tafel 87* semitischen Charakter tragenden Felsheiligtum von Furzol.

Offenbar hat der Kult des Jupiter Heliopolitanus an den heiligen Stätten auf dem Westhang des Libanon, abgesehen von Kalaat Fakra, keine größere Bedeutung erlangt. Um so reger ist der Pilgerverkehr aus den großen Städten an der Küste nach Heliopolis und den anderen Wallfahrtsorten der Bekaa gewesen. Dagegen haben Götter, deren Kultzentren weiter entfernt waren, in den Bergheiligtümern des phönikischen Libanon in jener

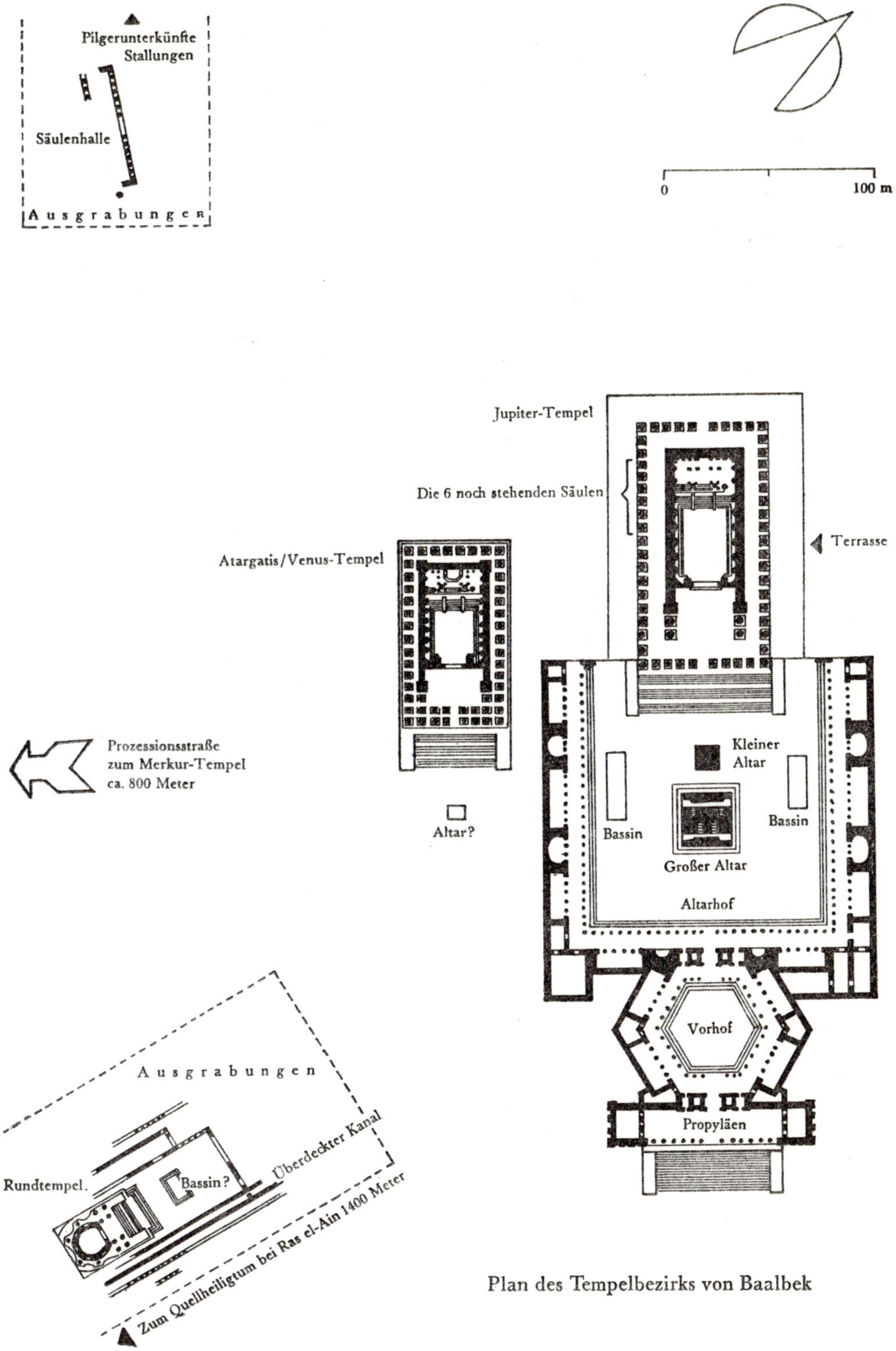

Plan des Tempelbezirks von Baalbek

2013
1780
1469
1344
Hesn Niha
Kasr Neba
Quellheiligtum
Ain ed-Dschob
Römische Straße
in Fels gehauen
1542
Temnin el-Foka
Niha
Mugharet el-Habis
Nebi A'ila
Temnin et-Tachta
Furzol
Ablah
Baalbek
Nahr Litani
Aquädukt
Kerak Nuh
Zahle
892
0
1
2 km

Zeit des Synkretismus durchaus Aufnahme gefunden. So genoß der den Morgenstern repräsentierende Karawanengott Aziz, dessen Kult in Edessa und Palmyra beheimatet war, in dem kleinen Tempel von Bzize (Bet Aziz, ‹Haus des Aziz›) am Rande der Kura Verehrung. Das noch wenig bekannte *Farbtafel IV* Heiligtum von Schhim (Schehim) im südlichen Libanon war dem Sonnengott Helios geweiht, ebenso der jüngere Tempel im heiligen Bezirk Kasr *Tafel 88, 89* Naus bei Ain Akrine am Rande der mittleren Gebirgsterrasse oberhalb der *Tafel 63* Kura. Auch einer der kleineren Tempel von Hesn Sfire scheint dem Sonnengott zugeeignet gewesen zu sein. Dieses Interesse an der Verehrung des Sonnengottes ist auf die Verbreitung syrischer Kulte durch die Kaiser der syrisch-libanesischen Dynastie zurückzuführen. Besonders Elagabal (218 bis 222) förderte den Kult des zum Sonnengott entwickelten Baal seiner Heimatstadt Emesa, dessen Priester er vor seiner Ausrufung zum Kaiser gewesen war und dessen Namen er trug. Als ‹Sol Invictus Elagabal› wurde der Gott von Emesa oberster Reichsgott. Es ist nicht ausgeschlossen, daß der großzügige Ausbau von Sfire unter Hinzufügung eines Helios-Tempels auf Elagabals Veranlassung zurückgeht. Immerhin lag Sfire im Hinterland des von Elagabal zur römischen Kolonie erhobenen Arka. Entsprechendes gilt für das Verhältnis zwischen Schhim und Sidon, das gleichfalls durch Elagabal den Status einer Kolonie erhielt.
Der Einfluß des syrischen Sonnengottes setzt erst spät ein und war nicht von langer Dauer. Zunehmend begann auch im Libanon die im Römischen Reich unerlaubte Religion der Christen Verbreitung zu finden. Die Ablösung der synkretistischen Kulte der Spätantike durch das Christentum war nur noch eine Frage der Zeit.

Die Kultbauten
in Niha und Umgebung

Römische Tempel

Antike Steinbrüche

Wege

Zeitweilig wasserführende Täler

Heutige Ortschaften

Anfänge des Christentums

«Wären solche Taten zu Tyros und Sidon geschehen, wie bei euch geschehen sind, sie hätten vorzeiten im Sack und in der Asche Buße getan.» *Matthäus 11, 21*

Wenige Kilometer südlich von Saida, im Hügelland der untersten Gebirgsterrasse des Libanon, liegt in einer Felsenhöhle eine kleine Kapelle. Sie ist Maria, der Mutter Jesu von Nazareth, geweiht, die hier den Namen Seijidet el-Manzara (‹Herrin der Warte›) trägt. Vielleicht bezog sich dieser Name ursprünglich auf die schöne «Aussicht» – auch diese Bedeutung kann

Manzara haben –, die sich von hier aus auf das 200 Meter tiefer liegende Saida bietet. Der frommen Tradition bedeutet dieser Name jedoch mehr. Er schließt ein Stück heiliger Geschichte ein. Sollte hier nicht die Stätte sein, an der Maria auf Jesus wartete, während er in Sidon lehrte? Nach der Legende übernachteten beide in der Höhle und kehrten am folgenden Tage nach Galiläa zurück.

Das Neue Testament berichtet freilich nur, daß Jesus auf seinen Wanderungen auch nach Phönikien gekommen ist und zwischen Tyros und Sidon eine Frau geheilt habe (Matth. 15, 21; Mark. 7, 24). Spätere Tradition verlegt diesen Vorgang nach Sarepta. Jedenfalls haben in Tyros und Sidon frühzeitig christliche Gemeinden bestanden (Ap.Gesch. 21, 3ff.; 27, 3). Sie mögen zumindest indirekt auf das Wirken Jesu zurückgehen; denn Bürger dieser Städte werden unter seinen Zuhörern ausdrücklich erwähnt (Mark. 3, 8; Luk. 6, 17). Tyros ist schon gegen Ende des zweiten Jahrhunderts Bischofssitz geworden und lange Zeit unter den christlichen Gemeinden an der libanesischen Küste führend gewesen. In der Basilika von Tyros soll der große alexandrinische Theologe Origines (185–254) begraben worden sein. Auf das Wirken zweier junger tyrischer Bürger geht nach alten Quellen die Gründung der äthiopischen Kirche zurück. Diese beiden, Frumentes und Ädesius, hatten um 330 n. Chr. mit dem Onkel des ersteren, dem tyrischen Arzt Meropes, eine Seereise auf dem Roten Meer unternommen. Ihr Schiff scheiterte, und seine Mannschaft wurde von den Küstenbewohnern getötet. Frumentes und Ädesius aber brachte man an den äthiopischen Königshof nach Axum, wo sie bald das Vertrauen des Herrschers gewannen. Mit hohen Staatsämtern betraut, hatten sie volle Freiheit, den christlichen Glauben ihrer Heimatstadt den Äthiopiern zu vermitteln. Ädesius ist später wieder nach Tyros zurückgekehrt.

Der Ausbreitung des Christentums im Libanon wie überhaupt im Römischen Reich war die Religionspolitik der Herrscher der syrisch-libanesischen Dynastie förderlich. Julia Mamäa, die Mutter des letzten der vier Kaiser dieser Dynastie, hat den gelehrten Origines zu Vorträgen eingeladen. Von ihrem in Arka geborenen Sohn Alexander Severus wird berichtet, daß er in seiner Hauskapelle neben den Büsten Abrahams, Orpheus' sowie des Philosophen und Wundermannes Apollonios von Tyana auch die Büste Christi aufgestellt habe. Er soll sogar die Errichtung eines Tempels für Christus in Rom erwogen haben.

Von den bedeutenden Theologen der alten Kirche, die in Phönikien ihre Heimat hatten, ist besonders Pamphilos, Schüler des Origines und Lehrer des Euseb, zu erwähnen. Er stammte aus wohlhabender Beiruter Familie und kam während der 303 n. Chr. einsetzenden letzten Phase der Christenverfolgung im Jahre 309 n. Chr. ums Leben. Sein Schicksal hat mancher Student und Lehrer der kaiserlichen Rechtsschule in Berytus geteilt, die gegen Ende des dritten Jahrhunderts zunehmend unter christlichen Einfluß geraten war. Zuflucht bot den Christen das Gebirge mit seinen einsamen Tälern und zahlreichen Höhlen. Manche der alten Höhlenkirchen im Libanon mag auf jene Zeit zurückgehen. Auch fromme Einsiedler wußten die einkehrsame Stille der Gebirgstäler zu schätzen und ließen sich in Höhlen nieder oder schlugen sich selbst ihre Klausen in den Fels. Hin und wieder kam es zur Entstehung von Anachoretensiedlungen. Ein besonders malerisches Beispiel aus altchristlicher Zeit bietet das Ensemble von Mönchszellen, das die Felswand am Ende des Wadi el-Habis, einige Kilometer oberhalb des Dorfes Furzol, bienenwabenähnlich durchsetzt. Zumindest teilweise stammt diese heute von den Einheimischen Mugharat el-Habis, ‹Einsiedlerhöhlen›, genannte Anlage von einem Heiligtum der vorchristlichen Zeit. Die Bedeutung der Stätte bezeugen die Reste weiterer Kultbauten aus römischer Zeit innerhalb der Ortschaft im unteren Teil des Tales. Dementsprechend gehört Furzol zu den ältesten Bischofssitzen im Libanon.

Dieser offensichtlich unproblematische Übergang von heidnischer zu christlicher Kultstätte ist weithin charakteristisch für die frühchristliche Geschichte des Libanon. Nachdem das Christentum unter den Söhnen Kaiser Konstantins um die Mitte des vierten Jahrhunderts n. Chr. Staatsreligion geworden war, verwandelte man viele der antiken Tempel in christliche *Tafel 90* Kirchen. Das erforderte zwar in der Regel größere Umbauten, um die Gotteswohnung zum Versammlungsraum für die Gemeinde umzugestalten; aber die Beibehaltung der traditionellen Kultplätze erleichterte den Übergang zu der neuen Staatsreligion. Die heiligen Stätten blieben, wenn auch die alten Götter verschwanden. Ebenfalls erhalten blieb in gewissem Maße die Vielzahl der Götter und lokalen Numina. An ihre Stelle trat die Verehrung der Märtyrer und Heiligen, so daß auch manche der Wallfahrtsstätten ihre Bedeutung behielten. So wurde Smar Dschbel dem Gedächtnis des Märtyrers Mar Nohra geweiht, der als Missionar persischer Herkunft in Batrun und Umgegend das Evangelium verkündet hatte, bis er um 305 n. Chr. der Verfolgung unter Kaiser Diokletian zum Opfer fiel. Da Mar Nohra der Legende nach vor seiner Hinrichtung geblendet wurde, galt und gilt der Gottesdienst an seiner heiligen Stätte als hilfreich gegen mancherlei Augenkrankheit. Der kleine Venus-Tempel in Heliopolis wurde in eine Kapelle der ob ihrer außergewöhnlichen Schönheit gerühmten heiligen Barbara umgewandelt, die nach lokaler Sage in Heliopolis den Märtyrertod erlitten haben soll. Der Adonis-Tempel in Janua wurde St. Georg übereignet, der zu den im Libanon besonders volkstümlichen Heiligen gehört. Als hoher Offizier zum Christentum bekehrt, soll der gebürtige Palästinenser am 23. April 303 n. Chr. den Märtyrertod gestorben sein. Mit Beirut ist er besonders verbunden durch die hier lokalisierte Sage von der wundersamen Tötung eines gefährlichen Drachens. An die Stelle der Aschtart trat allenthalben Maria, vor allem auch als Herrin des Zedernwaldes. *vgl. Seite 128*

Auch die alten Feste fanden Umdeutung und Weiterentwicklung. Die Wagenrennen in den großen Hippodromen erfreuten sich sogar in byzantinischer Zeit besonderer Förderung, obgleich mancherlei magische Praktiken mit diesem Sport verbunden waren, wie dies ein in Beirut gefundenes Bleitäfelchen vom Ende des vierten Jahrhunderts n. Chr. zeigt, dessen Text 35 Wagenpferde der gegnerischen Partei samt ihren Jockeys feierlich verflucht. Als besonders eifrige Besucher der Rennen werden noch in der Mitte des fünften Jahrhunderts n. Chr. die Studenten der nunmehr christlichen juristischen Hochschule in Berytus genannt. Einige der beliebtesten Wagenlenker, Julian von Tyros (aktiv etwa 460–480) und Porphyrius (aktiv etwa 490–510), stammten aus Phönikien. Wahrscheinlich ist der antike Rennsport erst im sechsten Jahrhundert n. Chr. erloschen, nachdem das schwere Erdbeben vom Jahre 551 die großen Hippodrome zerstört hatte.

In der langen Übergangsperiode vom antiken Synkretismus zum Christentum fehlte es aber auch im Libanon nicht an ernsten Auseinandersetzungen. In Tyros, das in römischer Zeit bedeutende Naturwissenschaftler, Astronomen und Geographen beherbergte, empfing der neuplatonische Philosoph Porphyrios (233–305) die Grundlagen seiner Bildung. Nebst seinem in Chalkis geborenen Schüler Jamblichos (um 250–325) gehörte er zu den schärfsten Kritikern des aufstrebenden Christentums, während der ältere Philo von Byblos (64–161) die Welt der alten Götter durch vernünftige Erklärung zu retten versucht hatte. Die Auseinandersetzungen konzentrierten sich an den großen Heiligtümern, vor allem in Heliopolis. Die Einstellung der öffentlichen Opfer und der Entzug der staatlichen Zuwendungen war für die großen Tempel, deren bauliche Substanz und personelle Besetzung bedeutende Unterhaltskosten verursachte, das Todesurteil. Eben deshalb war hier der Widerstand besonders heftig.

Eine kleine christliche Gemeinde hatte sich in Heliopolis wohl schon im zweiten Jahrhundert n. Chr. gebildet, der für die vorkonstantinische Zeit zwei Märtyrer, ein Tempelmädchen und ein Schauspieler, zugeschrieben werden. Konstantins Maßnahmen beschränkten sich auf die Errichtung einer Kirche und auf das Verbot der sakralen Prostitution. Unter Julian dem Abtrünnigen (361–363) wurde die Kirche wieder zerstört und ein gewisser Kyrillos, der heidnische Götterbilder beseitigt hatte, unter Martern hingerichtet. Damit waren die alten Kultverhältnisse für einige Zeit wiederhergestellt. Während der Herrschaft Theodosius' I. (379–395) erlangte dann die christliche Gemeinde erneut das Übergewicht. Theodosius ließ

Tafel 72 mitten im Altarhof des Jupiter-Tempels eine stattliche christliche Basilika errichten. Als Baumaterial dienten die Quader des jetzt wieder rekonstruierten riesigen Monumentalaltars und die Stufen der breiten Zugangstreppe zur Cella. Die Kirche war so angelegt, daß sie den Haupteingang zur Cella des Jupiter-Tempels verdeckte und verstellte. Den Kultbetrieb wagte man jedoch nicht zu unterbrechen. Er kam erst zum Erliegen, als im Jahre 554 n. Chr. durch Blitzschlag das Dach des Jupiter-Tempels Feuer fing und abbrannte. Zur Unterdrückung eines Aufstandes der den alten Göttern anhängenden Heliopolitaner mußte Kaiser Tiberius II. noch im Jahre 579 n. Chr. Truppen entsenden. Aber auch die Jahre der christlich-byzantinischen Herrschaft waren gezählt. Genau 55 Jahre später zogen die Truppen Abu Ubeida's, des Feldherren des zweiten Khalifen Muhammeds, in Baalbek/Heliopolis ein.

Anhang

Erklärung topographischer arabischer Begriffe

Ain: Quelle
Bet: Haus
Birke(t): Teich
Der: Kloster
Dschebel: Berg, Gebirge
Dschisr: Brücke
Hesn: Burg, Festung
Kalaa(t): Burg, Festung
Kasr: Schloß, Burg
Kurnet: Horn
Nahr: Fluß
Ras: Kap
Tell: Ruinenhügel
Wadi: Periodisch wasserführendes Tal

Zeittafel

Archäologische Chronologie

vor 12000	Paläolithikum (Altsteinzeit)
12000–7000	Mesolithikum (Mittlere Steinzeit)
7000–4100	Neolithikum (Jungsteinzeit)
	7000–6000 vorkeramisches Neolithikum
	6000–4100 keramisches Neolithikum
4100–3100	Chalkolithikum (Kupfersteinzeit)
3100–2100	Frühbronze
2100–1600	Mittlere Bronze
1600–1200	Spätbronze
1200– 550	Eisen I und II
550– 350	Eisen III (Perserzeit)
350– 50	Hellenistisch
50– 350	n. Chr. Römisch
350– 650	Byzantinisch

Epochen der historischen Chronologie

2900–2400	Frühdynastische Zeit in Mesopotamien
2700–2200	Ägyptisches Altes Reich (III.–VI. Dynastie)
	um 2630 Erstmalige Bezeugung einer ägyptischen Flottenexpedition zum Libanon unter Pharao Snofru
2340–2198	Großreich von Akkad in Mesopotamien
	um 2330 Sargon von Akkad erreicht auf seinem zweiten Syrienfeldzug das Mittelmeer
2200–2040	Erste ‹Zwischenzeit› in Ägypten

2111–2005 III. Dynastie von Ur (Südmesopotamien)
um 2040 Ibdati von Byblos abhängig von Amarsuena von Ur
2040–1786 Ägyptisches Mittleres Reich
1991–1786 XII. ägyptische Dynastie
Der Libanon gerät zunehmend unter ägyptischen Einfluß. Gegen Ende der Epoche Vorstoß Assyriens zum Mittelmeer und in das südliche Syrien unter Schamschi-Adad I. (1815–1782)
1785–1570 Zweite ‹Zwischenzeit› in Ägypten
1785–ca. 1630 XIII. ägyptische Dynastie
ab ca. 1700 hurritische und kleinasiatische Elemente als Oberschicht in den Städten Syriens und Palästinas
ca. 1670–1570 Herrschaft der Hyksos in Unter- und Mittelägypten
1563–1080 Ägyptisches Neues Reich
1450–1190 Hethitisches Großreich
1563–1306 XVIII. ägyptische Dynastie
ca. 1519 Erster Syrienfeldzug Thutmosis' I. bis zum oberen Euphrat. Beginn der Epoche der ägyptischen Herrschaft über die vorderasiatische Küstenregion. Auseinandersetzung um die Vormacht im nördlichen Syrien, zunächst mit dem Reich von Mitanni, dann mit dem hethitischen Großreich
1469 Sieg Thutmosis' III. über eine Koalition syrisch-palästinischer Fürsten bei Megiddo
1306–1185 XIX. ägyptische Dynastie
1285 Schlacht bei Kadesch zwischen Ramses II. und dem Hethiterkönig Muwatalli
1269 Friedensvertrag zwischen Ramses II. und dem Hethiterkönig Hattuschili III.
um 1200 Eindringen der ‹Seevölker› in die vorderasiatische Küstenregion
1174 Sieg Ramses' III. über die Seevölker / Ansiedlung von Seevölkergruppen in der Küstenebene
ab 1150 Ägypten verliert die Kontrolle über seine Asienbesitzungen
1150– 750 Das ‹Goldene Zeitalter› der Unabhängigkeit Phönikiens. In der Epoche der wirtschaftlichen und politischen Schwäche der Großmächte entstehen größere Territorialstaaten in Südsyrien und Palästina. Vorstöße des Assyrerkönigs Tiglatpileser I. (1114–1076) zur Mittelmeerküste und der Pharaonen der XXII. Dynastie (941–832) bleiben ohne dauernden Erfolg
ab 1150 Errichtung phönikischer Handelsniederlassungen in Übersee
1004–926 Davidisch-salomonisches Reich in Palästina
980–817 Blütezeit von Tyros unter Hiram I.
882–845 Dynastie Omri in Israel; familiäre Bindungen zu Ittobaal von Tyros (878–847)

911– 609 Neuassyrisches Reich

877 Erster Syrienfeldzug Assurnasirpals II. bis zur Nordgrenze Palästinas — Beginn der assyrischen Expansion

853 Schlacht zwischen Salmanassar III. von Assur und einer Koalition von «Königen der Meeresküste»

745—727 Tiglatpileser III. unterwirft Syrien, Phönikien und Palästina der assyrischen Herrschaft

um 700 Beginn des Rückgangs des phönikischen Seehandelsmonopols durch griechische, später auch ägyptische Konkurrenz

664 Eroberung Ägyptens durch Asarhaddon — Assyrien auf dem Höhepunkt seiner Macht

ca. 654 Ägypten erlangt unter Psammetich I. seine Unabhängigkeit wieder

ab 650 Rascher Rückgang Assyriens

612 Eroberung der assyrischen Hauptstadt Ninive durch Meder und Neubabylonier

609 Ende des neuassyrischen Reiches — Schlacht bei Megiddo zwischen Necho II. von Ägypten und Josia von Juda

625– 538 Neubabylonisches Reich

605 Sieg Nabopolassars über Necho II. bei Karkemisch

ab 604 Nebukadnezar II. gliedert Syrien, Phönikien und Palästina dem neubabylonischen Imperium ein
Niedergang von Tyros (585—573 Belagerung durch Nebukadnezar II.). Die führende Position unter den Küstenstädten am Libanon geht bis 343 an Sidon über

546 Der Achämenidenkönig Kyros II. erobert Kleinasien

539 Einnahme Babylons durch Kyros II. – Ende des neubabylonischen Reiches

538– 330 Persisches Weltreich

525 Kambyses erobert Zypern, Ägypten und Libyen

ab 550 Beginn der Kriege zwischen Phönikern/Karthagern und Griechen auf Sizilien (mit Unterbrechungen bis zum Übergang der Insel in römischen Besitz 241)

492—448 Auseinandersetzungen zwischen dem Perserreich und den Griechen unter Führung von Athen und Sparta (‹Perserkriege›)

nach 500 Beginn der phönikischen Atlantikexpeditionen

404 Ägypten löst sich vom Perserreich

ab 370 Satrapenaufstände und die phönikische Erhebung (350—343) kennzeichnen den Niedergang der persischen Macht. Zunahme des griechischen Einflusses in Phönikien

358—338 Artaxerxes III. kann noch einmal die persische Herrschaft stabilisieren
(341 Rückeroberung Ägyptens)

334 Alexander von Makedonien eröffnet den Krieg gegen das Perserreich

333 Schlacht bei Issos

332 Besetzung Phönikiens, Palästinas und Ägyptens durch Alexander

330 Einzug Alexanders in Persepolis – Ende des Persischen Weltreiches

330– 323 Das Alexanderreich

323– 280 Die Zeit der Diadochen

280– 64 Die Zeit der hellenistischen Großreiche

280–198 Phönikien Teil des Ptolemäerreiches

264–241 Erster punischer Krieg

ab 237 Karthagische Expansion in Spanien

218–201 Zweiter punischer Krieg

198– 74 Phönikien Teil des Seleukidenreiches

191–189 Krieg der Römer gegen Antiochos III. – Durch den Frieden von Apamea gewinnt Rom die Kontrolle über das Seleukidenreich

168 Ein römisches Ultimatum nötigt Antiochos IV., die Eroberung Ägyptens aufzugeben

ab 160 Die Parther unter Mithridates I. entreißen dem Seleukidenreich Medien und Mesopotamien (141)

149–146 Dritter punischer Krieg. Karthago wird römische Provinz

ab 126 Die Phönikerstädte erlangen Selbständigkeit

104–63 Das Hasmonäerreich in Palästina

83–69 Syrien unter der Herrschaft des Armenierkönigs Tigranes I.

64/63 Römische Neuordnung in Vorderasien: Pompejus errichtet die Provinz Syria. Ende des Seleukidenreiches

64– 635 n. Chr. Der Libanon unter römischer bzw. seit 395 n. Chr. unter oströmischer (byzantinischer) Herrschaft

40/39 Die Parther besetzen die Provinz Syria; nur Tyros widersteht

37–94 n. Chr. Die Dynastie Herodes

30 Ägypten wird römische Provinz

n. Chr.

66– 70 Der jüdische Krieg

98–117 Trajan römischer Kaiser. Größte Ausdehnung des Imperium Romanum

106 Das nabatäische Arabien wird römische Provinz Arabia

227 Die Sassaniden treten das Erbe des Partherreiches an

614 Eroberung der syrischen Provinzen (619 auch Ägyptens) durch den Sassaniden Chosrau II.

628 Nach erfolgreichen Feldzügen des byzantinischen Kaisers Herakleios und dem Tod Chosraus II. Rückgabe der byzantinischen Provinzen

635/36 Eroberung Syriens und Palästinas durch islamische Araber

Literaturhinweise

ALOUF, M. M., *History of Baalbek,* Beirut 1944

BARAMKI, D., *Die Phöniker,* Stuttgart 1965

BAUDISSIN, W. W. GRAF, *Adonis und Esmun,* Leipzig 1911

BOSSERT, H. TH., *Altsyrien,* Tübingen 1951

BROWN, J. P., *The Lebanon and Phoenicia,* I, Beirut 1969

CHEHAB, M., *Tyr,* Beyrouth 1969

CLEMEN, C., *Die phönikische Religion nach Philo von Byblos,* Leipzig 1939

CONDÉ, B., *See Lebanon,* Beirut ²1960

CONTENAU, G., *La civilisation phénicienne,* Paris ³1959

CULICAN, W., *The First Merchant Ventures,* London 1968

DESCHAMPS DE MERTZENFELD, C., *Inventaire commenté des ivoires phéniciens,* Paris 1954

DONNER, H., und RÖLLIG, W., *Kanaanäische und aramäische Inschriften,* I–III, Wiesbaden ²1967–1969

DUNAND, M., *Byblos. Son histoire, ses ruines, ses légendes,* Beirut 1965

DUNAND, M., *Fouilles de Byblos, I–II,* Paris 1939 bis 1954

DUNAND, M., und DURU, R., *Oumm el-'Amed. Une ville de l'époque hellénistique aux échelles de Tyr,* I–II, Paris 1962–1963

DUSSAUD, R., *L'art phénicien de IIe millénaire,* Paris 1949

EDZARD, D. O., HACHMANN, R., MAIBERGER, P., und MANSFELD, G., *Kamid el-Loz – Kumidi. Schriftdokumente aus Kamid el-Loz,* Bonn 1970

EISELEN, F. C., *Sidon. A Study in Oriental History.* New York 1907

EISSFELDT, O., *Philister und Phöniker,* Leipzig 1936

FLEMING, W. B., *History of Tyre,* New York 1915

GESE, H., *Die Religionen Altsyriens,* in: Die Religionen Altsyriens, Altarabiens und der Mandäer, Stuttgart 1970, S. 1–235

HACHMANN, R., und KUSCHKE, A., *Bericht über die Ergebnisse der Ausgrabungen in Kamid el-Loz (Libanon) in den Jahren 1963 und 1964,* Bonn 1966

HACHMANN, R., *Bericht über die Ergebnisse der Ausgrabungen in Kamid el-Loz (Libanon) in den Jahren 1966 und 1967,* Bonn 1970

HAEFELI, L., *Syrien und sein Libanon,* Luzern/Leipzig 1926

HARDEN, D., *The Phoenicians,* London ²1963

HELCK, W., *Die Beziehungen Ägyptens zu Vorderasien im 3. und 2. Jahrtausend v. Chr.,* Wiesbaden 1962

HITTI, PH. K., *Lebanon in History,* London 1957

JIDEJIAN, N., *Byblos through the Ages,* Beirut 1968

JIDEJIAN, N., *Tyre through the Ages,* Beirut 1969

KLENGEL, H., *Geschichte und Kultur Altsyriens,* Leipzig 1967

KLENGEL, H., *Geschichte Syriens im 2. Jahrtausend v. u. Z.,* II–III, Berlin 1969–1970

KRENCKER, D., und ZSCHIETZSCHMANN, W., *Römische Tempel in Syrien,* I–II, Berlin 1938

KUKAHN, E., *Anthropoide Sarkophage in Beyrouth,* Berlin 1955

MONTET, P., *Byblos et l'Egypte,* Paris 1928

MOSCATI, S., *Die Phöniker von 1200 v. Chr. bis zum Untergang Karthagos,* Zürich 1966

POIDEBARD, A., *Tyr, un grand port disparu,* Paris 1939

POIDEBARD, A., und LAUFFRAY, J., *Sidon. Aménagements antiques du port de Saida,* Beyrouth 1951

POPE, M. H., und RÖLLIG, W., *Syrien. Die Mythologie der Ugariter und Phönizier,* in: HAUSSIG, H. W., Wörterbuch der Mythologie, I, Stuttgart 1965, S. 217 bis 312

RAPHAEL, P., *Le cèdre du Liban dans l'histoire,* Beyrouth 1924

RENAN, E., *Mission de Phénicie,* I–II, Paris 1864–1874

TAYLOR, G., *The Roman Temples of Lebanon,* Beirut ²1971

VAUMAS, E. DE, *Le Liban. Etude de géographie physique,* I–III, Paris 1954

WARD, W. A. (Herausgeber), *The Role of the Phoenicians in the Interaction of Mediterranean Civilizations,* Beirut 1967

Wein, E. J., und Opificius, R., *7000 Jahre Byblos,* Nürnberg 1963

Weissbach, F. H., *Die Denkmäler und Inschriften an der Mündung des Nahr el-Kelb,* Berlin/Leipzig 1922

Wiegand, Th. (Herausgeber), *Baalbek. Ergebnisse der Ausgrabungen und Untersuchungen in den Jahren 1898–1905,* I–III, Leipzig/Berlin 1921–1925

Verzeichnis der Abbildungen *auf den Textseiten*

rai, Grab Nr. 40. – Nach R. LEPSIUS, Denkmäler aus Ägypten und Äthiopien, Berlin 1849 ff., Bd. III, Tafel 116.

84 Ägyptische Hafenszene. Wandmalerei im Grab des Kenamun in Theben. – Nach A. KÖSTER, a. a. O., Tafel I.

86 Tribut aus den vorderasiatischen Provinzen. Gebracht werden vergoldete Tafelaufsätze und Kosmetika in den während des 2. Jahrtausends v. Chr. als Exportverpackung gebräuchlichen kleinen Tongefäßen. Die Tributbringer der oberen Reihe führen außerdem ein kleines Sklavenmädchen und ein kunstvoll verziertes Horn als Behälter für Salböl mit sich. Unten rechts wird ein goldenes Rhyton (Trinkgefäß) in Form eines Falkenkopfes gebracht. Wandmalerei im Grab des Sobekhotep (um 1410 v. Chr.) in Theben, Abd el Qurna, Grab Nr. 63. – Nach J. B. PRITCHARD, The Ancient Near East in Pictures, Relating to the Old Testament, Princeton ^{2}1969, Nr. 47.

88 Phönikische Elfenbeinarbeit aus Megiddo (etwa 13. Jahrhundert v. Chr.). Möbelbeschlag mit der Darstellung einer Sphinx.
Nach G. LOUD, The Megiddo Ivories, Chicago 1939, Tafel 7, 21.

88 Elfenbeinfigur aus Kamid el-Loz. Höhe 7 cm. – Nach R. HACHMANN / A. KUSCHKE, Kamid el-Loz 1963/64, Bonn 1966, Abb. 18, 19.

95 Das Relief der Melqart-Stele. Der Gott trägt noch die alte Prunkwaffe der Mittleren Bronzezeit und ist nur mit einem Lendenschurz bekleidet. Basalt, Höhe 1,15 m, jetzt im Museum von Aleppo. – Nach J. B. PRITCHARD, a. a. O., Nr 499.

96 Purpurschnecke (Murex trunculus). – Nach R. PIETZSCHMANN, a. a. O., S. 240.

100 Zypro-phönikische Schale. Im Zentrum steht das ägyptische Motiv «der Pharao schlägt seine Feinde». Im umschließenden Rundfries Sphinge mit Feinden unter ihren Tatzen. Der äußere Rundfries zeigt Kämpfer gegen Löwen und Drachen (mesopotamischer Einfluß). Die Szenen erinnern ebenso an ältere ägyptische und mesopotamische Darstellungen (Bes/Gilgamesch) wie an die Ikonographie der Heraklessagen. Aus vergoldetem Silber, Durchmesser 18,5 cm, 6. Jahrhundert v. Chr., jetzt im Britischen Museum. – Nach R. PIETZSCHMANN, a. a. O., S. 189.

103 Zypro-phönikische Schale mit ägyptischen, assyrischen und griechischen Motiven. Silber, Durchmesser 19 cm, 8. Jahrhundert v. Chr., aus Amathus auf Zypern, jetzt im Metropolitan Museum in New York. – Nach L. P. DI CESNOLA, Cypern, Jena 1879, Tafel LI.

106 Phönikische Schifftypen (Rekonstruktionen)
links: Handelsschiff, 14. Jahrhundert v. Chr. Grab des Kenamun. – Nach W. CULLICAN, The First Merchant Venturers, London 1966, Abb. 37.
Mitte: Handelsschiff, um 700 v. Chr. – Nach Tafel 10.
rechts: Segelschiff, 2. Jahrhundert n. Chr. Relief auf einem Sarkophag aus Sidon, jetzt im Nationalmuseum Beirut. – Nach Fotografie des Autors.
unten: Kriegsschiffe, um 700 v. Chr. Detail einer Reliefdarstellung aus dem Palast Sanheribs in Kujundschik, jetzt im Britischen Museum. – Nach A. H. LAYARD, Monuments of Niniveh, London 1849, Bd. I, Tafel 71.

112 Die phönikischen Kolonien. – Nach Vorlage des Autors.

116 Gorillajagd in Afrika. Detail der phönikischen Silberschale aus der Tomba Bernadini, 7. Jahrhundert v. Chr. Das Kunstwerk beweist, daß die Phöniker/Karthager bereits lange vor der Expedition des Hanno Gebiete Westafrikas südlich der Sahara kannten, vorausgesetzt, daß die Datierung der Schale zuverlässig ist. – Nach L. CURTIUS, Antike Kunst, Band I, Berlin 1923, Abb. 227.

122 Heiliger Wagen der Aschtart von Sidon. Darstellung auf einer Kupfermünze der Julia Paula, der ersten Gattin Elagabals, 219/220 n. Chr. – Nach P. K. HITTI, Lebanon in History, London 1957, S. 192.

124 Tyrische Kultstätte. Die Inschrift bezeichnet die beiden Stelen als «ambrosisch (mit Öl oder Honig) gesalbte». Münze aus dem 3. Jahrhundert n. Chr., Durchmesser etwa 3 cm. – Nach G. F. HILL, A Catalogue of the Greek Coins of Phoenicia, Bologna 1965, Tafel 33, 14.

125 Relief der Stele des Königs Jehaumilk von Byblos (5./4. Jahrhundert v. Chr.). Das Relief stellt die Baalat Byblos im Stile der ägyptischen Hathor (Kopf-

Verzeichnis der Tafeln

«Heiligen Tales». Im Hintergrund links erscheinen die ausgedehnten Ölbaumpflanzungen auf der unteren Gebirgsterrasse und die Küstenebene um Trablus.

7 Krugbestattung aus Byblos (4. Jahrtausend v. Chr.).

8 Kohlenmeiler aus Stämmchen und Ästen der Steineiche in der Gegend von Faraja.

9 Fällen von Nadelholz im Libanon und Transport bis zur Küste. Relief aus dem Palast Sargons II. von Assur in Khorsabad, um 700 v. Chr. (Musée du Louvre, Paris, Inv.-Nr. AO 19883-45).

10 Entladen einer Holztransportflotte aus dem Libanon in einem nordsyrischen Hafen zur Weiterbeförderung auf dem Landwege zum Euphrat. Die Balken werden sowohl auf Deck als auch im Schlepp geführt. In der Mitte links am Pier ein mischgestaltiger Meergott, unter dessen Schutz die Flotte glücklich in das Hafenbecken einlief. Relief aus dem Palast Sargons II. von Assur in Khorsabad, um 700 v. Chr. (Musée du Louvre, Paris, Inv.-Nr. AO 19890-44).

11, 12 Ägyptischer Sarg aus Zedernholz («Sarg des Hetbastiru»). Fundort unbekannt, Spätzeit. Höhe 2,12 m, Breite 0,75 m (Ägyptisches Museum der Karl-Marx-Universität Leipzig, Inv.-Nr. 494).

13, 14 Ägyptischer Sarg aus Zedernholz (Detail von Tafel 11, 12). [13] Darstellung der Göttin Nut. [14] Tote und Schutzgottheiten. Die «Söhne des Horus» bilden die erste Reihe. Es handelt sich um Schutzgottheiten der vier Krüge mit Eingeweiden, die neben dem Sarg des mumifizierten Toten aufgestellt wurden. Die beiden Horussöhne auf der rechten Seite sind mit Pavian- und Falkenkopf versehen, während das vom Holzbildhauer nicht vollendete Paar auf der linken Seite Hunde- beziehungsweise Menschenkopf trägt.

15 Der el-Kalaa: Tempelruine mit eingebautem Klostergebäude. Erhalten sind teilweise die Säulen des Pronaos und das aus mächtigen Quadern bestehende Podium. Außenmaße der Cella 28×11 m.

16 Die Mündung des Nahr el-Kelb (um 1920). Das Ras el-Kelb mit den alten Paßwegen liegt hinter dem Felsmassiv links. Die arabische Bogenbrücke für Saumtier- und Fußgängerverkehr stammt aus dem 14. Jahrhundert n. Chr. Am rechten nördlichen Ufer ist unter dichtem Bewuchs ein alter Aquädukt zu erkennen. Heutzutage ist der Anblick durch starken Baumbestand und die neue Straßenbrücke verändert.

17, 18 Geborgene Sarkophage der byblischen Königsnekropole (1. Hälfte des 2. Jahrtausends v. Chr.). [17] Königssarkophag. [18] Die Säule stammt aus römischer Zeit.

19 Importierte syrische Bären und Gefäße. Reliefbruchstück aus dem Totentempel des Königs Sahure in Abusir (um 2500 v. Chr.). Höhe des Bruchstücks etwa 35 cm. (Ägyptisches Museum der Staatlichen Museen zu Berlin, Inv.-Nr. 21828).

20 Byblos: Stadtmauer um 2500 v. Chr. mit Strebepfeilern am Fuße der Kreuzfahrerfestung. Rechts vor der mit Strebepfeilern versehenen Mauer Reste der ältesten Stadtmauer um 2800 v. Chr., daran anschließend Grundmauern von Wohnbauten etwa aus der gleichen Zeit.

21 Byblos: Blick von der Kreuzfahrerzitadelle auf den Palast mit rekonstruiertem Innentor (Mitte 3. Jahrtausend v. Chr.). Links neben dem Tor ein Tempel aus der gleichen Zeit. Daneben sind freigelegt die Grundmauern von Wohnhäusergruppen aus der Übergangszeit zwischen Chalkolithikum und Frühbronzezeit (um 3200 v. Chr.). In der Bildmitte vor der gewaltigen Stützmauer der zur «Königsquelle» führende Schacht. Im Vordergrund rechts die Umfassungsmauer des Baalat-Tempels (vergleiche Tafel 22), daran nach links anschließend das Terrain des ehemaligen heiligen Sees, dessen geschwungene Einfassung aus der Frühbronzezeit noch deutlich erkennbar ist.

22 Byblos: Blick von der Kreuzfahrerzitadelle auf den Baalat-Tempel. Anlage der Frühbronzezeit (um 2800 v. Chr.), nach Zerstörung rekonstruiert (um 2100 v. Chr.), umgebaut in persischer Zeit. Hinter der Umfassungsmauer Steinbruch und Reste von aus Großquaderwerk errichteten Repräsentationsbauten aus einer späteren Phase der Frühbronzezeit. Desgleichen im Bilde links (Tempel ?). Die kreisförmigen Ummauerungen auf der Oberfläche der Ruine des Baalat-Tempels sind modern.

23 Byblos: Blick von der Kreuzfahrerzitadelle auf den Rescheph-Tempel der Frühbronzezeit (um 2800 v.

Chr.). Nach Zerstörung um 2200 v. Chr. wurde auf seinen Ruinen nach verändertem Grundriß der sogenannte Obeliskentempel errichtet. Um ihn zu erhalten, wurde er von den Ausgräbern umgesetzt (im Bilde links teilweise sichtbar).

24 Byblos: Rescheph-Tempel, eingelassene Tonfässer, wahrscheinlich im Zusammenhang mit Guß- oder Sprengopfern genutzt.

25 Enfe: Blick über die Halbinsel mit Resten der Befestigung. Links ein «Salzgärtner», im Hintergrund an der Küste Windräder zum Heben des Meerwassers in die Verdunstungsbassins. Der künstliche Einschnitt von Tafel 26 verläuft vor dem hochragenden eckigen Felsmassiv nach rechts.

26 Enfe: In den Felsen gehauener Graben, der die Spitze der Halbinsel vom Festland trennt. Die ausgesparte Felssäule diente der Zugbrücke als Auflage. Die Anlage stammt aus der Kreuzfahrerzeit.

27 Enfe: Kleine Slipanlage an der Nordküste der Halbinsel, angeblich phönikisch, wahrscheinlich aber erst aus der Kreuzfahrerzeit.

28 Phönikische Göttin mit Krone und Haartracht ägyptischen Stils. Wahrscheinlich aus dem Libanongebiet. Bronze, Höhe 17,5 cm (Musée du Louvre, Paris, Inv.-Nr. AO 4049).

29 Phönikische Göttin (etwa 14. Jahrhundert v. Chr.). Die zylindrische mit Perlen verzierte Kopfbedeckung deutet auf nordsyrischen Einfluß. Die ursprünglich eingelegten Augen sind herausgebrochen. Bronze, Höhe 16,5 cm (Musée du Louvre, Paris, Inv.-Nr. AO 1761).

30 Byblos: Zeremonialaxt aus dem Obeliskentempel (etwa 18. Jahrhundert v. Chr.). Die feine Granulierung der Schafthülle ist auch für spätere phönikische Goldschmiedearbeiten charakteristisch. Höhe der Schneide 14,2 cm (Nationalmuseum, Beirut).

31, 32 Byblos: Goldener Dolch aus dem Obeliskentempel (etwa 18. Jahrhundert v. Chr.). Auf der Dolchscheide sind dargestellt ein Hirt auf einem Esel, eine Ziege, offenbar von einem Löwen angefallen, den ein Jäger von hinten durchbohrt, weiterhin ein Pavian (ägyptischer Einfluß!), Jäger, Hund und Fisch. Stilistisch zeigt sich kretischer und hurritischer Einfluß. Der Dolchgriff trägt eine Tierdarstellung sumerischen Stils unter dem Elfenbeinknauf. Gesamtlänge der Waffe mit Scheide 40 cm (Nationalmuseum, Beirut).

33 Byblos: Sarkophag des Königs Ahiram (11. Jahrhundert v. Chr.). Die um die Deckplatte des Sarkophags laufende Inschrift verflucht denjenigen, der den toten Herrscher in seiner Ruhe stört. Darunter ist Ahiram auf einem Kerubenthron dargestellt, eine Lotosblume in der Linken. Vor ihm steht ein Tisch mit Speisen. Ein Diener vertreibt mit einem Wedel die Fliegen vom Tisch und hält in der anderen Hand eine Serviette. Hinter ihm zwei Speisenträger und vier Männer in ehrfurchtsvoller Haltung (Nationalmuseum, Beirut).

34 Phönikisches Elfenbein aus dem nordsyrischen Arslan Tasch (9. Jahrhundert v. Chr.): Kuh mit Kalb. Nach F. Thureau-Dangin, Arslan Tash, Paris 1931.

35 Phönikische Elfenbeinstatuette aus Nimrud (8. Jahrhundert v. Chr.). Stilistisch eng verwandt mit entsprechenden Elfenbeinarbeiten aus Arslan Tasch und Megiddo. Nach R. D. Barnett, A Catalogue of the Nimrud Ivories with other Examples of Ancient Near Eastern Ivories in the British Museum, London 1957.

36 Phönikische Elfenbeinarbeit aus Nimrud (8. Jahrhundert v. Chr.): Mischwesen als Möbelbeschlag. Nach R. D. Barnett, a. a. O.

37 Felsheiligtum an der Küste, nahe der Mündung des Nahr Ibrahim. Erkennbar sind die Kultplattform und die heilige Höhle (in antiker Zeit mit Schwelle und Tor versehen). Die Feigenbäume am Fuße des Felsens mögen Nachkommen des alten Kulthaines sein. Die sehr früh einsetzende kultische Nutzung der Stätte ist durch steinzeitliche Funde ausgewiesen.

38 Bostan esch-Schech: Blick auf die Tempelterrasse. Oben rechts im Bilde erscheinen die Reste des Tempels. Erkennbar ist die zwecks Erweiterung der oberen Terrassenfläche von Bodaschtart vorgesetzte Futtermauer. Das Quellheiligtum liegt hinter der im spitzen Winkel zur unteren Terrasse laufenden Mauer aus Großquaderwerk.

39 Bschelle: Felsheiligtum auf dem Gipfel des Berges. Rechts davon die Schutthalde von Kultbauten aus römischer Zeit.

40, 41 Chir el-Medan: Römischer Altar. [41] Umfassungsmauer mit Tor, Blick auf den Altar.

42 Sidon: Schiffsdarstellung auf der Rückseite einer Halbschekelmünze (4. Jahrhundert v. Chr.). Silber, Durchmesser 2 cm (Münzkabinett der Staatlichen Museen zu Berlin).

43 Sidon: Anthropoide Sarkophage von der Akropolis (5./4. Jahrhundert v. Chr.).

44 Ituräischer Felsaltar bei Kab Elias in der Bekaa. Maße der Fassade etwa 12×9 m.

45, 46 Sidon: [45] Bauten römischer Zeit auf der Akropolis – wahrscheinlich eine Toranlage. Oberhalb der Ausgrabung Reste der Kreuzfahrerfestung. [46] Aufgang zum Plateau der Akropolis mit Blick auf Stadt und Mittelmeer.

47, 48 Tyros: Die große Säulenstraße nach der Restaurierung. [47] Blick nach Norden. [48] Blick nach Süden.

49 Tyros: Die rechteckige Arena mit sekundär eingebauten Zisternen.

50 Tyros: Hippodrom mit teilweise wiederhergestellten Zuschauertribünen auf beiden Seiten. In der Mitte der Spina der für große Sportanlagen dieser Gattung charakteristische Obelisk aus rosafarbenem Granit von Aswan in Oberägypten (Gewicht etwa 80 t). Auf der Spina ist weiterhin zu erkennen die Kolossalstatue des Herakles. Unmittelbar links neben dem Geländer der Friedhof mit Sarkophagen im Hintergrund.

51, 52 Tyros: Friedhof der römischen und byzantinischen Zeit. [51] Vorn und in der Bildmitte mehrstöckige Grabanlagen. [52] Der aus besonders schönem Marmor gestaltete Sarkophag im Vordergrund (Ende 2. Jahrhundert n. Chr.) ist durch Reliefdarstellungen tanzender Mänaden verziert. In den Akroteren des Sarkophagdeckels jeweils ein schlummernder Amor.

53, 54, 55, 56 Tyros: Sarkophage aus römischer Zeit. [53] Reliefdarstellung von Szenen aus Homers Ilias (2. Jahrhundert n. Chr.). In der Mitte Achilles und der Streitwagen, mit dem er den toten Hektor um die Mauern Trojas schleifte. Links werden die Kostbarkeiten abgeladen, die Priamos zum Loskauf des Leichnams seines Sohnes in das griechische Lager brachte. Rechts kniet Priamos bittend vor Achill. [54] Kampf zwischen Griechen und Trojanern (2. Jahrhundert n. Chr.). [55] Hippolyt und Phädra (3. Jahrhundert n. Chr.). Dargestellt ist eine Szene aus der Theseus-Sage: Hippolyt, Sohn des Theseus, weist eine Botschaft zurück, die ihm die Amme der von ihm verschmähten Phädra, seiner Stiefmutter, zustecken will. Links das Jagdgefolge des Hippolyt (Nationalmuseum, Beirut). [56] Dem Bacchus dienende Knaben (2. Jahrhundert n. Chr.). Auf der Deckplatte der Verstorbene mit seiner Gattin. Im Zentrum des Reliefs auf der Vorderseite des Sarkophags ein großes Gefäß, aus dem Knaben Wein schöpfen. Daneben musizierende und trunkene Knaben, die von ihren noch standfesten Kameraden gestützt werden.

57 Bet Meri: Römische Villa. Im Vordergrund schmale Säulenstraße und Mühle. Links das rekonstruierte Gewölbe des Westbades, davor Sarkophag.

58 Der alte Pilgerweg nach Kalaat Fakra.

59 Kalaat Fakra: Der Kaiser Claudius gewidmete, wohl kultischen Zwecken dienende Turm. In der Bildmitte ein kleiner Altar (ähnlich Tafel 86), rechts der große Altar mit zinnenförmiger Umgrenzung.

60 Kalaat Fakra: Der große Tempel. Die Cella ist in ihrem unteren Teil in das Felsmassiv hineingebaut.

61 Hesn Sfire: Der kleine Bergtempel am Aufweg zum Altar. Das Ensemble der drei Tempel liegt rechts außerhalb des Bildes am Fuße des heiligen Berges (vergleiche Tafel 63).

62 Hesn Sfire: Der große Tempel. Links vom Tor zur Cella führt eine Treppe auf die «Zinne des Tempels», wie bei allen größeren Anlagen dieser Zeit im Libanon und in Syrien. Die Darbringung von Opfern auf dem Dach wird bereits in kanaanäischen Texten des 13. Jahrhunderts v. Chr. aus dem nordsyrischen Ugarit erwähnt.

63 Hesn Sfire: Blick vom Aufweg auf das Ensemble der drei Tempel. Parallel zum großen Tempel das dem Helios geweihte Heiligtum mit Monumentalaltar im Vorhof.

64 Hesn Sfire: Der Altar auf dem Gipfel des heiligen Berges.

65 Kasr Benat: Tempelruine mit Resten der Umfassungsmauer im Vordergrund. Hinter dem Tempel erscheint

der Dschebel Bekaa; der Libanonkamm selbst bleibt im Dunst verborgen.

66 Ghine: Blick vom Felsheiligtum auf die einer Arena ähnliche Bodensenke und den modernen Ort. Der nur in spärlichen Resten erhaltene Tempel (in byzantinischer Zeit Kirche) liegt hinter dem einzelstehenden Haus inmitten der Umzäunung. Im Bildhintergrund ist der Einschnitt des Adonistales (Nahr Ibrahim) zu erkennen.

67, 68 Medschdel Andschar: [67] Ruine des Peripteros-Tempels. Außenmaße der Cella 27×11 m, des Podiums 45×21 m. [68] Werkstück vom Dachgesims. Arbeit der «Baalbek-Schule» (vergleiche Tafel 71 und 76). Auch die außenwandähnliche Gestaltung der Cella im Inneren erinnert an den Venus-Tempel in Baalbek. An der ungleichmäßigen Verwitterung der Bauelemente zeigt sich die Mitverwendung von lokalem geringwertigem Steinmaterial (ein Konglomerat, der sogenannte Puddingstein).

69 Vorberge des Antilibanon am Wadi Sbat. Auf dem Plateau in der Bildmitte Reste eines römischen Kastells zum Schutze der Straße Baalbek – Damaskus (vergleiche Farbtafel II).

70 Votivhand aus Baalbek. Darstellung der segnenden Hand des Gottes mit Nachbildung seiner Kultstatue (wahrscheinlich Mercurius Heliopolitanus, vielleicht auch Jupiter Heliopolitanus). Bronze, 22 cm (Musée du Louvre, Paris, Inv.-Nr. AO 4409).

71 Baalbek: Die sechs erhalten gebliebenen Säulen des Jupitertempels (von ursprünglich 54). Äußere Abmessungen des Tempels 93×53 m. Die 2,20 m starken Säulen haben eine Höhe von 20 m. Hinzu kommt das 5 m hohe Gebälk. Im Vordergrund ein Stück des Kranzgesimses. Der den Rachen aufsperrende Löwenkopf diente als Wasserspeier.

72 Baalbek: Blick von der zum Jupitertempel führenden Treppe auf den Altarhof. Im Vordergrund der kleine Altar, dahinter der große Altar, soweit er aus den Resten der byzantinischen Kirche rekonstruiert werden konnte. Im Hintergrund öffnet sich der Vorhof zu den Propyläen. Neben dem kleinen Altar freigelegte Reste von Kultbauten aus vorhellenistischer Zeit. Die Maße des großen Altars waren 21×20 m, 18 m hoch, vier Stockwerke mit Gängen und Treppen. Die Opfer wurden auf der Dachterrasse des Gebäudes dargebracht (Zustand Herbst 1970).

73 Baalbek: Reliefdarstellung von Fabelwesen am nördlichen der beiden Bassins im Altarhof. Man vermutet, daß in diesen Bassins heilige Fische gehalten worden seien.

74 Baalbek: Die Keule des Herakles. Als Symbol des Halbgottes öfters anzutreffendes Motiv.

75 Baalbek: Tempel der Atargatis/Venus kurz vor Beendigung der jüngsten Restaurierungsarbeiten (1972). Wiederaufgerichtet wurden die beiden letzten Säulen im Bilde links und Teile des Giebels. Äußere Maße des Tempels 69×36 m, Inneres der Cella 27×22,5 m, Höhe der Säulen bis zum Gebälk 17 m. Von den ursprünglich 42 Säulen des Peristyls stehen jetzt wieder 23, von den 8 Säulen des Peripteros 2.

76 Baalbek: Tempel der Atargatis/Venus von Osten. Freitreppe und Tor zur Cella (13×7,5 m). Im Bilde links schiebt sich ein Festungsturm aus arabischer Zeit auf die Treppe vor.

77 Baalbek: Große Basilika südöstlich des Tempelbezirks während der Rekonstruktion (1972). Auf diesem Terrain lagen auch die Pilgerunterkünfte und die Wirtschaftsgebäude der Tempel.

78, 79 Baalbek: Das Quellheiligtum von Ras el-Ain im Zustande der Wiederherstellung (1974). [78] Blick nach Osten auf die Vorberge des Antilibanon. Die Quelle ist im Bilde links, etwas von Zweigen verdeckt, zu erkennen. [79] Das Bild zeigt den rechts außerhalb von Tafel 78 liegenden Teil der künstlichen Halbinsel und der Tempelruine mit Blick in westlicher Richtung.

80 Hesn Niha: Blick auf Tal und Tempelbezirk. Der Prozessionsweg von den unteren Niha-Tempeln steigt von links her auf.

81 Niha: Ort und Tempel. Im Bildzentrum der seit 1967 in Rekonstruktion befindliche Tempel des sonst wenig bekannten Gottes Hadaranus (Außenmaße 32×14 m). Der kleinere stark zerstörte Tempel (folgende Tafel) ist links unten zu erkennen. Die Verehrung des Jupiter Heliopolitanus (in diesem Tempel ?) bezeugen Funde von zwei Kultstatuen dieses Gottes.

82 Niha: Der kleine Tempel. Von rechts nach links ober-

halb der Ruine der nach Hesn Niha aufsteigende Prozessionsweg.

83 Niha: Wiedererrichtete Südostecke des Giebels des großen Tempels.

84, 85 Ksarnaba (Kasr Neba): [84] Reliefbüste vom Tempelgiebel, wahrscheinlich den Stifter des Bauwerks darstellend. [85] Der neben der Ruine wieder aufgestellte Giebel.

86 Ksarnaba (Kasr Neba): Tempel nach Abschluß der Restaurierung (1974). Im Vordergrund Reste eines Altars (vergleiche Tafel 59).

87 Temnin el Foka: Quellheiligtum.

88, 89 Ain Akrine (Kasr Naus): Der Osttempel und der gänzlich zerstörte Helios-Tempel. (Tor, Umfassungsmauer und im Vordergrund Trümmer der Cella).

90 Edde: Die an Stelle eines antiken Tempels erbaute Kirche.

Fotonachweis: Akademie der Wissenschaften der DDR, Geographisches Institut, Leipzig: 3, 4, 16; Volkmar Herre, Leipzig: 11–14; Musée du Louvre (Clichés des Musées Nationaux), Paris: 9, 10, 28, 29, 70; Nationalmuseum, Beirut: 30–33; Staatliche Museen zu Berlin: 19, 42.

Alle übrigen Vorlagen stellte der Autor zur Verfügung.

Register

(Arabische topographische Namen sind in vereinfachter Schreibweise unter Berücksichtigung der – freilich nicht immer einheitlichen – einheimischen Aussprache wiedergegeben.)